TINA **PFEIFENBERGER**

Ich bin glücklich, ich lebe, obwohl ich nicht hätte sein sollen

novum ◢ pro

Dieses Buch ist auch als e-book erhältlich.

Bibliografische Information der Deutschen Nationalbibliothek:

Die Deutsche Nationalbibliothek verzeichnet diese Publikation in der Deutschen Nationalbibliografie. Detaillierte bibliografische Daten sind im Internet über http://www.d-nb.de abrufbar.

Gedruckt in der Europäischen Union auf umweltfreundlichem, chlor- und säurefrei gebleichtem Papier.

© 2024 novum Verlag

ISBN 978-3-99146-033-6
Lektorat: Alexandra Eryiğit-Klos
Umschlagfoto:
Ruslan Huzau I Dreamstime.com
Umschlaggestaltung, Layout & Satz: novum Verlag
Innenabbildungen: Tina Pfeifenberger

Die von der Autorin zur Verfügung gestellten Abbildungen wurden in der bestmöglichen Qualität gedruckt.

www.novumverlag.com

Druckprodukt mit finanziellem **Klimabeitrag**
ClimatePartner.com/16547-2311-1001

Inhaltsverzeichnis

Vorwort

Ich möchte mein oft schwieriges Leben mit viel Leid, aber auch mit viel Freude und lustigen Ereignissen, mit vielen Kränkungen und Krankheiten deswegen schildern, weil ich glaube, dass ich damit Menschen, die ähnliche Probleme haben, Mut mache und ihnen die Kraft gebe, Krankheiten und Gemeinheiten zu besiegen und besser damit umzugehen.

Ich schreibe alles geradeheraus, deswegen mögen sich manche Leute angegriffen fühlen, zum Beispiel meine langjährige Chefin. Ich hatte in den ersten sieben Jahren eine harte Zeit. Ich habe viel gearbeitet und wenig verdient. Aber nachher, als ich ausgeholfen habe, hatte ich es sehr schön. Sie hat ihre Einstellung mir gegenüber geändert und davor habe ich Respekt – wie generell, wenn sich Menschen zum Guten ändern. Ich schätze meine ehemalige Chefin jetzt sehr und bewundere, was sie noch alles leistet. Ich bekomme oft zu hören, dass meine ehemalige Chefin sehr positiv über mich spricht, zum Beispiel dass ich die fleißigste von allen war.

Bei vielen Menschen geht eine bestimmte Einschätzung Mitmenschen gegenüber leider schon vom Elternhaus aus. So wie es auch bei meinen Urgroßeltern gegenüber der eigenen Tochter (meiner lieben Großmutter) und gegenüber meinem lieben Großvater war. Dabei waren beide fleißige, aufrichtige und sehr liebe Menschen. Großmutter wurde enterbt, und von der Familie ausgeschlossen, nur weil Großvater von einem armen Elternhaus war. Großvater hatte schon bevor er Großmutter kennengelernt hatte, schon einiges erspart. Zusammen hatten sie bald genug, dass sie genug für die Anzahlung für ihren Bauernhof aufbringen konnten. Solche Menschen verdienen eine viel höhere Wertschätzung als Geld und Gut.

Ich danke von ganzem Herzen allen lieben Menschen, die mir in meiner schwersten Zeit zur Seite gestanden sind, insbesondere meinem Mann und der lieben Schwester Ilse (sie war im Bezirkskrankenhaus für das geistige Wohl der Patienten verantwortlich) – ihr habe ich als Erste meine Lebensgeschichte erzählt und sie hat mir geraten, ein Buch darüber zu schreiben. Sie hat mich verstanden und mir Mut gemacht.

Es heißt, verstehen kann dich nur, wer Ähnliches erlebt hat, aber die meisten Menschen haben kein Verständnis. Bei Renate habe ich die ersten Kurse gemacht, als ich merkte, dass Tabletten und Spritzen absolut nicht mehr halfen, stattdessen verschlechterten sich meine Leberwerte zusehends. Bei Renate habe ich Bachblütenkurse, Homöopathie Kurse, kosmische Energien und vieles mehr gemacht. Jahr für Jahr kamen Kurse dazu, wie Ernährungskurse, Massage, 5 Tibeter etc. die meine Gesundheit sehr förderten.

Andrea mit Familie und der ganzen Runde habe ich ebenfalls viel gelernt und Verständnis gefunden. Magister Ulrike hat mir unglaublich viel geholfen und beigebracht, des Weiteren meine Psychotherapeutin Petra, einige sehr hilfreiche Naturheiler, sehr gute Masseure, die maßgeblich für meine Gesundheit verantwortlich waren, Dr. Machart Senior und Junior, Unseren langjährigen Hausarzt bin ich sehr dankbar, dass er mich regelmäßig auf Kur geschickt hat. Von Allen habe ich viel gelernt, wie ich mir selbst helfen kann.

Ich bedanke mich bei meinem sehr lieben Klassenvorstand, bei dem sehr netten und überaus großzügigen Ehepaar Dr. Großherzig, den vielen lieben Gästen, meiner allerliebsten Chefin Frau Bach, meinen sehr lieben und großzügigen Chefleuten in Bayern und auch bei dem sehr netten Herrn Martini. Nicht zuletzt bei meiner Mutter, sie hat immer sehr gut auf meine beiden großen Kinder aufgepasst; auch bei meinem Vater für die Hilfe beim Hausbau und für die wenigen netten Stunden, die er mit uns Kindern verbracht hat; bei meinen Großeltern und bei meinem Onkel und den netten Menschen, die ich als Heimhelferin betreute, sowie bei unseren vielen lieben Hausgästen. Danke für die vielen schönen Stunden. Aber vor allem bedanke ich mich bei meinem wunderbaren und verständnisvollen Mann. Alle diese Menschen haben mich gelehrt, an das Gute zu glauben.

Kurzfassung

Du hättest nicht sein sollen, wurde mir sehr oft gesagt.

Meine Lebensgeschichte fängt bei meinen Großeltern an, die Zuwanderer aus dem Norden Österreichs waren; damit verbunden waren Ausgrenzungen und Ungerechtigkeiten, und dass über Generationen hinweg.

Mit fünf Jahren hatte ich einen schweren Unfall durch ein Kriegsrelikt. Das jahrelange Stottern und die Schreie meiner Mutter haben mich geprägt.

Ich war viele Jahre gerne im Hotelgewerbe, bis ich wegen meiner Wirbelsäule gesundheitliche Probleme bekam; danach war ich einige Jahre als Heimhilfe tätig.

Ich habe vier Kinder und acht Enkel; aufgrund von Intrigen war mein Leben sehr turbulent.

Ich habe viele Fehlbehandlungen erlitten. Dadurch habe ich gelernt, mich selbst mit Naturheilmitteln zu kurieren. Trotzdem bin ich glücklich und zufrieden und habe große Freude mit unseren Enkelkindern.

Meine Kindheit

Geboren wurde ich als drittes Kind, ich sollte eigentlich nicht sein, meine Mutter nahm deshalb Tabletten. Aber anscheinend war ich damals schon zäher als andere Embryos, bei denen diese Tabletten gewirkt hatten. Ich muss dazu sagen, dass ich bis zur ersten Klasse überhaupt keine Erinnerung habe und alles nur aus Erzählungen meiner Mutter weiß.

Verschiedene Personen wollten mich adoptieren, doch mein Vater wollte anscheinend Geld für mich. Er sagte: „Man kann sie doch nicht einfach verschenken, sie ist ja keine Katze."

Im Keller Stöckl, wo wir wohnten, befand sich nur ein Raum. Die Obstpresse stand uns als Abstellplatz zur Verfügung. Dafür musste meine Mutter einen halben Monat für die Miete im Weingarten arbeiten. Was im Winter nicht möglich war, musste sie im Sommer einbringen.

Zum Essen hatten wir nicht viel. Die Besitzerin war geizig, sie schlug das Obst oft noch unreif von den Bäumen. Aber da gab es einige andere Familien, die uns Fallobst zur Verfügung stellten.

Als ich zwei Jahre alt war, bekam ich eine kleine Schwester, Ria. Ich hatte sie sehr gerne. Doch schon nach ein paar Monaten verstarb sie an Keuchhusten. Ich hatte auch Keuchhusten. Ich suchte meine kleine Schwester lange nach ihrem Tod. Sie war genauso wie ich ein unerwünschtes Kind. Meine Mutter wurde vom Vater gezwungen, Medikamente zur Abtreibung zu nehmen, aber wir zwei kamen trotzdem gesund auf die Welt.

Meine Mutter hatte als Erbteil eine kleine Landwirtschaft mit Kühen, Ziegen, Hühnern und Kaninchen bekommen. Das Haus und die Scheune waren zusammengebaut. Unter der Scheune war der Stall und unter den Wohnräumen der Keller, das Haus war mit Schindeln gedeckt und wir hatten einige Jahre noch keinen Strom.

Auf dem Anwesen hatte früher ein Spinner gewohnt. Er hat verschiedene Kriegsmaterialien gesammelt und dort liegen gelassen. Mein großer Bruder Tom hat einen Zeitzünder von einer Handgranate gefunden und daran herumgeschraubt und ihn dabei entschärft. Tom und ich waren gerade auf der kleinen Veranda beim Haus, mein Vater sah das vom Hof aus und rief zu Tom: Schmeiß das Zeug sofort weg!" Tom warf es einfach auf den Boden unmittelbar hinter mir, mich traf die Hauptladung und Tom hatte viele Splitter in den Beinen. Ich blutete sehr stark und war sofort bewusstlos. Meine Mutter machte die Erstversorgung, sie hatte nämlich im Krieg ein paar Jahre die verletzten Soldaten versorgt. Mein Vater packte mich in Tücher und fuhr mit dem nächsten Autobus zum Arzt, nach der ärztlichen Versorgung wurde ich gleich weiter in die Klinik überwiesen. Ich habe sehr viel Blut verloren und man wusste lange nicht, ob ich es überleben würde. Meine Eltern besuchten mich in der langen Zeit, die ich im Krankenhaus war, nie. Sie sagten, sie stirbt ohnehin.

Als meine Mutter mich abholte, erkannte sie mich nicht, weil ich so abgemagert war. Ich hatte komplett das Gedächtnis verloren und kannte niemanden mehr. Ich kann mich auch an den Krankenhausaufenthalt und die Zeit danach nicht erinnern. Erst von der ersten Klasse an kann ich mich ein wenig zurückerinnern.

Mein Vater musste den gesamten Spitalaufenthalt für mich und die Arztkosten für Tom selbst bezahlen. So wurde es mir gesagt, weil ich so viel Geld gekostet habe, aber mein Bruder sagte mir, dass solche Sachen von einer Stelle für Nachkriegsverletzungen bezahlt wurden. Doch mir wurde von Mutter erzählt, dass mein Großvater und mein Onkel einen Großteil der Kosten übernommen haben. Mein Großvater war ein kluger Mann. Er wusste vieles, wovon andere keine Ahnung hatten. Vor allem in seinem Beruf als Holzfachhändler und Arbeiter. Mein Vater hatte einen Firmenwechsel und da hatte er es versäumt, sich in der Zwischenzeit arbeitslos zu melden; deswegen hat es geheißen, dass die Eltern selbst für meine Kosten aufkommen mussten.

Ich konnte nicht mehr richtig sprechen, ich stotterte arg und musste erst wieder sprechen lernen.

Die Volksschulzeit

In der ersten und zweiten Klasse ging es mir relativ gut. Ich hatte sehr nette, rücksichtsvolle Lehrerinnen und konnte auch ein gutes Zeugnis vorweisen. Nur in Lesen hatte ich eine Zwei, wegen des Stotterns. Außerdem hatte ich da ein paar nette Burschen, die mich beschützten und mir im Winter sogar die Schultasche trugen, denn ich hatte oft zu kämpfen mit den Schneemassen. Einer ging damals in die Bauernberufsschule und der andere in der letzten Klasse.

Obwohl ich stotterte, fragte mich meine Lehrerin, ob ich zwei älteren Mädchen das Lesen beibringen könnte. Ich glaube, dass sie mir auch helfen wollte, damit ich sah, dass ich trotz Stotterns jemandem etwas beibringen konnte. Das war eine liebe Lehrerin, sie erzählte mir in späteren Jahren oft von meinem lieben Klassenvorstand aus der Hauptschule, denn sie war für die Ausbildung dieser Person zuständig. Sie wohnte im gleichen Ort wie wir. Wir haben uns immer beide gefreut, wenn wir uns getroffen haben. Sie war eine bewundernswerte Frau.

Ich setzte mich mit den beiden Mädchen auf die Kirchenstiege hin und versuchte ihnen das Lesen beizubringen, doch die kapierten das Lesen einfach nicht. Ich haute ihnen das Lesebuch um die Ohren und sagte: „Bei euch ist Hopfen und Malz verloren!" Das zeigte anscheinend Wirkung, denn auf einmal besserten sie sich zusehends. Beide sind heute sehr nette Frauen und haben tüchtige Kinder.

Die Erstkommunion war für mich nur wegen des guten Kakaos und der Kipferl schön. Ich bekam ein weißes Erstkommunionkleid, aber ich hatte keine Freude damit, die zwei Tage, wo ich es anziehen konnte. Bei der Erstkommunion hat es beim Nachhauseweg geregnet, ich war patschnass, da fuhr auch noch ein Auto an mir vorbei und hat mich von oben bis unten mit Dreck bespritzt bei der damaligen Schotterstraße und den Pfützen. Alle anderen Kinder gingen mit ihren Eltern nach Hause. Nur ich war allein. Mein Vater saß höchstwahrscheinlich im Gasthaus. Die Mutter wird zu Hause eine Menge Arbeit gehabt haben. Die Tiere versorgte Mutter immer bestens, auch der Garten war ihr sehr wichtig. Ich lernte schon sehr früh, alle Pflanzen, die wir für den Garten brauchten, selbst zu ziehen.

Von meiner Taufpatin habe ich ein schönes blaues Kleid mit roter Stickerei bekommen, ich hätte es so gerne in der Schule getragen, aber ich durfte es nur zum Kirchgang anziehen.

Für die Schule hatte ich nur die abgetragenen alten Sachen von den Brüdern. Die Mädchen verspotteten mich. Im Winter trug ich auch fast immer die alten Schuhe von den Brüdern, leider drückten die oft schon an einigen Stellen, Peter war ja nur ein gutes Jahr älter als ich. Nur einmal bekam ich neue Schuhe, da durfte ich selbst zum Schuster gehen, das war ein sehr netter Mann. Er nahm Maß und erklärte mir ausführlich, wie so ein Schuh entsteht. Die neuen Schuhe waren viel wärmer.

Im Winter wollte ich gerne Ski fahren, aber ich bekam keine Skier und die Skier meiner Brüder durfte ich mir nicht ausborgen, also nahm ich sehr lange, alte Bretteln, wo bei einem Ski die Spitze abgebrochen war, und natürlich musste ich die großen Stiefel vom großen Bruder nehmen, um in der Bindung Halt zu haben. Ich zog mehrere Paar Socken an, damit ich einigermaßen Halt hatte.

Ich stapfte voller Zuversicht den Berg hoch. Ein paar Mal fuhr ich den Berg hinunter und marschierte dann wieder hoch. Zwischendurch gab es immer wieder ein paar Stürze, es war sehr anstrengend mit den langen Skiern und den großen Stiefeln. In den nächsten Tagen ging ich öfter den Berg hoch, aber nach einigen Tagen war der Schnee tagsüber etwas geschmolzen und in der Nacht ist der Schnee wieder gefroren, das Hinunterfahren war schon sehr schwierig, teilweise schauten schon die Maulwurfhaufen heraus, ich verlor die Kontrolle über die Skier und umarmte einen Baum, leider bekam es meiner Nase nicht gut. Ich blutete stark am Nasenrücken und hatte lange ganz arge Schmerzen. Von da an verzichtete ich aufs Skifahren.

Wir hatten einen sehr netten Kaplan und leider einen weniger netten Pfarrer. Ab der dritten Klasse hatten wir Jugendstunde, da machten wir lustige Spiele und gingen wandern. Der Kaplan konnte so gut Geschichten erzählen. Aber ich durfte nicht zweimal am Tag in den Ort. Das waren allein Gehzeit fast zwei Stunden, so habe ich mich für die Jugendstunde entschieden, aber der Pfarrer durchschaute mich und verbot mir, in die Jugendstunde zu gehen, wenn ich nicht in die Kirche ginge. Unser Kaplan fragte mich, warum ich nicht in die Kirche gehen würde. Ich erzählte ihm, dass mich meine Mutter zu Hause zum Arbeiten brauchte. Also sagte der Kaplan zum Pfarrer: „Ich habe Tina gesehen, ganz hinten ist sie gesessen." Eine Zeit lang ging es gut, aber dann war ich so dumm und bin zum Pfarrer beichten gegangen, denn beim Kaplan war eine lange Warteschlange und Stehen und Warten waren noch nie meine Stärke. Ich dachte: „Es gibt ja das Beichtgeheimnis und dann bete ich halt ein paar Gebete als Buße." Doch der Pfarrer hat getobt, sodass man es bis zum Altar gehört hat. Der arme Kaplan, an den hatte ich nicht vorausschauend gedacht. Nun gab es keine Jugendstunde mehr für mich, aber in die Kirche bin ich trotzdem nur gegangen, wenn ich grad Lust hatte.

Am Schulweg war ein Kreuz und an diesem Kreuz hing schon sehr lange ein dürrer Blumenstrauß; dieser hässliche Strauß hatte eine schöne blaue Masche, genauso eine hätte ich gerne für meinen Haarzopf gehabt. Da bin ich auf das Kreuz geklettert und habe mir die Masche geholt, doch kaum hatte ich die Masche am Zopf, da entdeckte sie die vermeintliche Besitzerin des Kreuzes und hat mich furchtbar ausgeschimpft. Ich hatte immer gedacht, das sei eine ganz liebe Bäuerin aus unserem Dorf; als ich ihr die Geschichte erzählte, lachte sie und sagte: „Von mir aus hättest du diese Masche gernhaben können, aber ich habe sie nicht dort hingehängt, denn ich war zu dieser Zeit noch nicht hier." Dann hat mir die Bäuerin gesagt, wer das gemacht hatte, denn derjenigen gehörte auch das Kreuz. Jetzt konnte ich ihre Reaktion besser nachvollziehen.

Ich hatte schon als Kind eine gewisse Abneigung gegen scheinheilige Christen, obwohl ich hinzufügen muss, dass es sehr wohl auch anständige und sehr liebe Christen gibt.

Alle Dirndlkleider, sowie auch die meisten anderen Kleider, nähte und strickte meine Mutter früher selbst, doch jetzt hatte sie zum Nähen keine Zeit mehr. Meine Mutter konnte wunderschön singen, doch leider ist ihr das Singen bald vergangen.

Mein Vater misshandelte ständig die Mutter und mich, aber sonntags ging er fast immer in die Kirche und die Großmutter väterlicherseits ging sogar fast täglich in die Kirche. Sie kam öfter zu Besuch. Ich hätte sie nicht bewirtet, denn sie hat immer wieder vor meiner Mutter über sie geschimpft, sie wäre faul und anderes mehr. Mutter hat mich dann immer geschickt, um für sie zur Jause Weißbrot, Wurst und Tee zu kaufen; einmal habe ich vom Weißbrot ein ordentliches Stück abgebissen, da habe ich dann ordentlich eins übergezogen bekommen. Vater hat mich vor der Großmutter wieder einmal, wie so oft, mit dem Riemen geschlagen, ich hatte dann von den Eisenteilen richtig offene Stellen und habe es immer irgendwie verheimlicht und mich vorm Turnen gedrückt, weil ich mich geschämt habe, obwohl ich Turnen immer sehr gernhatte. Ich konnte diesbezüglich Mutter nicht verstehen, mich hat dieses Schimpfen sehr erzürnt, denn meine Mutter war sehr fleißig. Ich dachte mir, wenn ich an Mutters Stelle wäre, würde ich Großmutter ordentlich die Meinung sagen. Und ich hätte Großmutter keine Jause gerichtet. Mitgebracht hat uns die Großmutter nie etwas, ich kann mich nur erinnern, dass sie jedes Mal über Mutter geschimpft hat. Und nachher hat mein Vater wieder meistens Mutter geschlagen oder bei den Haaren gepackt und durch die Gegend geschleift. Dabei war Mutter sehr fleißig, das habe ich erst registriert, als ich erwachsen war. Meine Mutter konnte mit den Tieren sehr gut umgehen.

Der Großvater väterlicherseits war von Mutters Erzählungen her ein sehr gutmütiger Mensch. Leider starb er schon in meinem Geburtsjahr. Meine beiden Brüder kamen dort auf die Welt, und wohnten dort bis mein Onkel Heinz vom Krieg zurückkam. Ich kam schon im Winzerhaus auf die Welt. Mutters Vater lobte Mutter immer sehr und erzähle immer wieder, wie fleißig Mutter war. Auch die Tochter unserer damaligen Vermieterin erzählte erst vor Kurzem, wie fleißig Mutter war. Obwohl sie erst zehn Jahre alt war, als wir vom Winzerhaus weggezogen sind, konnte sie sich noch erinnern, wie hässlich und grob Vater zu Mutter war. Ein anderer Mann aber schimpfte immer über Mutter und sagte, die würde spinnen, denn einmal hatte er sie gesehen, wie sie fast nackt vom Dachboden hinunterspringen wollte, aber dieser Mann war ähnlich wie mein Vater, auch er betrog seine liebe, fleißige Frau und die hatten auch drei ganz liebe Kinder. Erst als ich krank war und nicht schlafen konnte, wurde mir bewusst, wie fleißig Mutter war. Obwohl, Vater war auch fleißig, in jeder Hinsicht.

Vater hatte öfter eine Freundin; als er auswärts arbeitete, kam er oft nicht nach Hause und blieb bei seiner Freundin und zu Hause blieb dann die schwere Männerarbeit an Mutter hängen. Natürlich fehlte zu Hause dann auch das Geld, das Vater mit seinen Freundinnen durchbrachte. Ich hörte Mutter oft in der Nacht weinen. Mutter musste zum Beispiel immer das Wasser für die Tiere weit in den Stall tragen, dabei wäre es für Vater ein Leichtes gewesen, das Wasser in den Stall zu leiten.

Ich versorgte mit Vorliebe die Kaninchen, ich suchte immer Gras mit besonders vielen Blättern und ging schon als kleines Mädchen mit der Sense oder der Sichel Kaninchengras mähen. Mein Vater schimpfte immer mit mir, wenn ich nur dort mähte, wo die guten Blätter waren. Wir hatten auch einen großen Garten mit viel Gemüse. Mutter legte immer einen Vorrat für den Winter an. Wir sammelten Heidelbeeren, Brombeeren, Kirschen und vieles mehr und kochten es ein. Ferner hatten wir ein Maisfeld und ein Kartoffelfeld und das wurde alles händisch bearbeitet. Meine Brüder brauchten nur draußen zu helfen, aber für mich ging die Arbeit in der Küche weiter.

Am meisten habe ich es gehasst, wenn ich in der Heuscheune das Heu weitertransportieren musste, meine Brüder haben mich mit dem staubigen Heu förmlich bombardiert und ich musste schnell das Heu zurückbefördern, sonst bekam ich dazwischen kaum Luft. Teilweise war das Heu ineinander verdreht, weil der Hang vor dem Heu Stadl so steil war, dass wir es anfangs hinunterschieben mussten, aber dann fing es von selbst an zu rollen und dadurch bekamen wir es oft nur schwer wieder auseinander.

Einmal musste ich eine Ziege heimtreiben.

In der Regel kam ich mit Tieren gut zurecht, aber diese Ziege war so was von bockig! Sie setzte sich hin und meckerte, ich wollte sie mit guten Kräutern weiterlocken, aber es war zwecklos. Ein Gewitter war im Anzug, das blöde Vieh rührte sich nicht von der Stelle. Auf einmal prasselte der Hagel herunter, es tat mir richtig weh am Körper, ich hatte nur ein dünnes Leiberl an, denn zuvor war es sehr heiß gewesen, ich war schon patschnass und mir war sehr kalt. Erst nach einiger Zeit war es der Ziege recht weiterzugehen, da wurde es mir dann gleich wärmer.

Ich war ein richtiger Wirbelwind und so passierte mir öfter einmal etwas. Ich sprang in eine Gartenhacke und der Eisenspitz bohrte sich bei meinem Sprunggelenk von unten hinein, sodass die Spitze oben herausschaute. Erst vor kurzem wurde festgestellt, dass ich dort einen alten Trümmerbruch habe.

Meine Mutter holte die Harke selbst heraus und goss einen Schnaps darüber. Ich hatte Glück, dass keine Sehne verletzt war. Ich hatte eine schöne Zeit und konnte unterm Baum sitzen und lesen, faulenzen und die Natur beobachten; so sah ich, dass der Nussbaum kränkelte, die Ursache war anscheinend ein Loch im Baum. Ich schmierte eine ganze Tube Zahnpaste ins Loch und siehe da, der Baum erholte sich sehr gut und wurde groß und stark. Die Zahnpaste wurde aber allgemein vermisst, denn damals hatten wir alle zusammen eine Tube.

Ich hatte eine große graue Katze, das war eine ganz besondere Katze: Sie ging mit mir morgens bis vor die Schule und mittags wartete sie auf mich vor der Schule. Diese Katze ging wildern. In unserem Maisfeld fing sie Feldhasen und brachte sie nach Hause. Leider war die Katze eines Tages verschwunden. Es hat sie wohl ein Jäger erlegt.

Sonntags gingen wir sehr gerne zu den Großeltern auf den Bauernhof. Einmal sprang mein Bruder aus Protest, weil wir nicht zu den Großeltern durften, mit seinem Sonntagsanzug in den Waschbottich, wo meine Mutter zuvor die Schmutzwäsche gewaschen hatte.

Wenn ich freie Zeit hatte, setzte ich mich an den Bach, holte Lehm vom Bachbett und formte damit verschiedene Tiere; auch zeichnete ich sehr gerne. Wenn Vater zu Hause war, hat er mit uns manches Mal Schiffel versenkt oder Karten gespielt, das war lustig. Er konnte auch gut zeichnen; leider gab es solche Zeiten sehr selten.

Einmal habe ich Brot mit dem Schnaps vom Vater aufgeweicht und an die Hühner verfüttert, aus Protest, weil mein Vater Schnaps getrunken hat und dann Mutter noch mehr geschlagen hat. Die Hühner hatten einen ordentlichen Rausch, sie sind wild und laut gackernd in alle Richtungen gerannt und ich habe dann natürlich wieder ordentlich den Riemen bekommen.

Ich kann mich nicht erinnern, dass ich diese böse Großmutter je arbeiten gesehen habe, nur in die Kirche ist sie fleißig gegangen, und von Erzählungen weiß ich, dass sie ihre Schwiegertochter nicht einmal ins Haus gelassen hat, als sie ein Baby hatte. Das muss man sich mal vorstellen, es war ja ihr eigener Enkel! Er musste im Wirtschaftsgebäude schlafen, und es war Januar und da war nur ein Bretterverschlag.

Ich mochte meine Tante gern; sie war zwar sehr viel krank, aber sehr nett und sehr fleißig, ständig hat sie etwas genäht oder gebastelt. Sie führte mit meinem Onkel eine sehr harmonische Ehe. Obwohl meine Tante unglaublich oft operiert worden ist und so viel krank war, hat sie meinen Onkel überlebt, aber nur für kurze Zeit. Ich sagte einmal zur Tante: „Geh doch einmal auf Kur, mir hat es unglaublich viel geholfen." Doch die Tante sagte, sie könne doch ihren Mann nicht allein lassen. Dieser Onkel war mein absolut liebster Verwandter aus Vaters Familie. Er dürfte die Gene seines Vaters gehabt haben, denn er war immer lustig und sehr hilfsbereit.

Das ursprüngliche Heimathaus haben die Großeltern getauscht mit einem Haus, das in einem besseren Zustand war, aber das Grundstück war um ein Vielfaches kleiner und auch die Lage des ehemaligen Besitzes war viel schöner gewesen und hatte schon allein dadurch einen viel höheren Wert. Das andere Haus pickt so zwischen den anderen Häusern und hat eine sehr schlechte und steile Zufahrt. Nur ein zweites kleines Holzhaus war einige Kilometer weiter, aber es wog sicher nicht den schönen Grund auf.

So etwas hätte meine Mutter nie gemacht, und ihre Eltern schon gar nicht. Die waren beide so lieb und fleißig. Meine Großmutter hat Brot gebacken sowie Käse und Butter gemacht. Oft hat sie mich in ihr Käsekammerl mitgenommen und mir gezeigt, was sie wieder alles Gutes gemacht hat. Natürlich haben wir immer eine Menge Köstlichkeiten mitbekommen. Auch wenn sie auf Besuch kam, hat sie immer etwas mitgebracht. Meine Großmutter ist leider schon mit 61 Jahren auf dem Feld zusammengebrochen und starb kurz danach an den Folgen eines Sonnenstichs. Der Bauer, wo Vater 20 Jahre als Knecht war, hat meinen Onkel damals angezeigt. Er sagte, er hätte seine Mutter beseitigt, doch so etwas hätte mein Onkel nie gemacht. Deshalb wurde Großmutter seziert. Es war für mich schlimm, wie meine Großmutter in das Loch versenkt wurde, ich konnte ihr gütiges Gesicht und ihre roten Backen durch ein Glasfenster im Sarg sehen, als ob sie schlafen würde. Mein Großvater hat bis 92 Jahre ständig irgendetwas gemacht und sogar als er nach einer Operation sehr geschwächt war, hat er sich noch immer irgendwie nützlich gemacht. Mein Großvater war ein sehr lieber, guter und gescheiter Mann. Mit Holz kannte er sich so gut aus wie

kaum ein anderer. Das hat mir auch erst vor Kurzem ein Holz-
fachmann erzählt. Mein Onkel hat Holz gefällt, als Großvater
schon 91 war, und da hat er im Winter zwei junge Arbeitslose
mitgenommen zum Bloch entrinden (schöpsen), mein Großvater hat doppelt so viel gemacht wie die zwei Jungen. Nach Groß-
mutters Tod hatte Großvater eine Menge Frauen zur Auswahl,
die ihn gerne haben wollten, aber Großvater hat sich für keine
interessiert und ist allein geblieben.

Nach einem starken Regen hatten wir von unserem Hang herunter einen riesigen Erdrutsch. Wir Kinder standen wie ge-
bannt vor unserem Haus und sahen zu, wie sich die Erdmasse
herunterbewegte, eigentlich kam die Masse direkt auf uns zu,
zuerst lenkte der Gartenzaun die Erdmasse nach links und danach der große Kirschbaum und dann donnerte die Erdmasse
ins Nachbarhaus. Die obere Seite, wo das Schlafzimmer war, hat
es komplett zusammengeschoben. Die Nachbarn hatten großes
Glück. Sie waren fünf Minuten vorher vom Mittagsschlaf aufgestanden. Die Holzwand vom Schlafzimmer hat es komplett zu-
sammengequetscht. Die Nachbarn haben uns das gezeigt. Das
Zusammengequetschte war circa einen Meter breit. Eine dicke

Zwischenmauer vom Vorraum hat dieser Wucht standgehalten. Mutter ist mit uns Kindern hinunter in den Stall gesiedelt und wir haben dort die ganze Nacht bei den Tieren verbracht, weil sie Angst hatte, dass noch mehr abrutschen könnte.

Peter hatte ich als Kind immer lieber als Tom. Tom sekkierte mich oft, sodass ich schrie. Er sagte immer, er hätte mich nur in den Schwitzkasten genommen. Das Resultat war, dass mir meine Mutter ein paar Ohrfeigen gab. In Bezug auf Peter hat mir meine Mutter erzählt, dass ich beim Spaziergang oft nicht mit den andern mithalten konnte und zurückgeblieben bin, und dann hat Peter gesagt: „Wertet ihr Tina mitnehmen." Aber wenn wir zur Schule gegangen sind, hat sich keiner meiner Brüder um mich gekümmert.

Die zwei Jahre in der dritten Klasse waren für mich hart. Der Lehrer verspottete mich und dadurch auch die Kinder. In dieser Zeit habe ich so einige Streiche geliefert. Der Lehrer wollte mich zum Kohlentragen in seine Wohnung im Nebengebäude einteilen. Doch ich wollte das nicht umsonst machen, also fragte ich ihn: „Was kriege ich dafür?" Es waren starke Buben da, warum sollte ich als geschwächtes Mädchen die Kohlen schleppen? Der Lehrer wird sich gedacht haben, das Aschenputtel soll die Kohlen tragen. Reiche Geschäftssöhne und Bauernsöhne konnten doch nicht Kohlen schleppen! Ich bekam dann die Fünfer, obwohl ich bei den Tests weniger Fehler hatte als andere, die trotzdem bessere Noten bekamen.

Einmal hat mich der Lehrer in die Klasse gesperrt und erst als es dunkel war, herausgelassen. Ich hatte Durst und Hunger und mir war fürchterlich kalt. Denn das Feuer im Ofen war aus, und es war auch nichts mehr vorhanden, womit ich Feuer hätte machen können. Es war Winter, so musste ich circa vier Kilometer in der Dunkelheit durch den Schnee stapfen. Zu Hause bekam ich auch noch Schläge, denn die Eltern glaubten mir nicht.

Ich packte heimlich einen Strick in die Schultasche und als mich der Lehrer das nächste Mal wieder einschloss, schlang ich den Strick an das Eisen an der Fensterbank und ließ mich hinunter. Der Lehrer wollte wissen, wie ich da rausgekommen war, denn die Tür war ja verschlossen gewesen und beim Fenster ging es einige Meter hinunter, springen wäre da nicht ratsam gewesen; doch ich gab mein Geheimnis nicht preis. Ich wollte nie mehr wieder hungrig und durstig eingesperrt in der kalten Klasse bis zur Dunkelheit ausharren und dann in der Dunkelheit mit knurrendem Magen heimstolpern müssen.

So bin ich aus der Klasse verschwunden. So hat ein Lehrer die Buben bei den Haaren gerissen.

In den höheren Klassen musste ich immer nachsitzen, aber das störte mich nicht, denn da konnte ich meistens mit unserem Nachbarsmädchen nach Hause gehen. Der Lehrer in der fünften Klasse war richtig brutal zu manchen Buben. Er nahm sie bei den Haaren und sagte: „Du tust tanzen, ich tu spielen." Manches Mal nahmen die Buben Reißaus, sprangen über die Bänke, dass es nur so krachte, und liefen davon.

Der Lehrer ab der sechsten Klasse war sehr nett. Den mochte ich sehr. Er hat mich oft verteidigt, wenn mein Lehrer mich wieder einmal bestrafen wollte.

Einmal waren zwei Mädchen aus Vorarlberg da, es waren Verwandte einer Schulkollegin von mir, die auch massenhaft Fehler machte und die gute Noten bekam, weil ihre Mutter dem Lehrer alle möglichen Nahrungsmittel schenkte. Ich mochte das Mädchen, aber es ist einfach gemein, wenn ein Lehrer so ungerecht ist. Letztendlich hat er damit auch dem Mädchen keinen Gefallen getan.

Die Vorarlberger Mädchen verspotteten mich wegen meines Stotterns und der Kleidung, aber ich war auch nicht auf den Mund gefallen und konnte ganz schön kontern. So packte mich die eine und hielt mich fest und die andere schlug auf mich ein. Ich war aber immer schon sehr agil und reagierte schnell. Ich hatte einen Handarbeitskoffer mit abgerundeten Blechkanten, damit schlug ich wild um mich und so konnte ich mich befreien und dann lief ich davon. Am nächsten Tag kam die Mutter meiner Schulkollegin mit den großen Mädchen in meine Klasse zu meinem Lehrer und natürlich war wieder einmal ich allein schuld. Da kam der Lehrer der Mädchen und fragte meinen Lehrer nach dem Mädchen, das diese beiden so zugerichtet hatte, und mich fragte er nach dem Hergang. Er bog sich vor Lachen und sagte: „Dieses kleine Mädchen hat euch zwei Große so zugerichtet, und recht hat sie gehabt, sie muss sich ja verteidigen!" Dadurch bekam ich von meinem Lehrer keine Strafe und die anderen hatten auch ein wenig Respekt vor mir.

Auf dem Plumpsklo waren immer zwei große Mädchen von der sechsten, siebten oder achten Klasse. Die wurden eingeteilt, um für Reinheit zu sorgen. Da wollte ich aufs WC und sah gleich, bevor ich die Tür zumachte, dass es arg beschmutzt war, und habe mich umgedreht und wollte gehen, aber die zwei Mädchen haben mich beschuldigt, das WC verdreckt zu haben, und ich sollte es jetzt reinigen; ich sträubte mich dagegen und sagte: „Ihr müsst doch gesehen haben, dass ich das nicht war, ich habe ja nicht einmal die Tür geschlossen." Doch die brauchten jemanden, der diese Schweinerei wegmachte, und so tat ich halt so als ob, zum Glück läutete in dem Moment die Glocke. Das eine Mädchen ging in die Klasse zurück und das andere wollte schauen, ob ich geputzt hatte; als sie ins WC hineinging, habe ich rasch die Tür hinter ihr zugesperrt, denn der Schlüssel steckte gerade außen, und bin schnell in die Klasse gelaufen. Das eine Mädchen in der Klasse hatte anscheinend ein schlechtes Gewissen und sagte nichts. So hatte das Mädchen im Plumpsklo eine Stunde Zeit zum Putzen, Putzmittel war ja da. Der nette Lehrer von der Oberstufe hatte nur ein Schmunzeln dafür übrig, als ich ihm meine Version erzählte. Die zwei Mädchen ärgerten sich fürchterlich, dass ich aus dem Schneider war.

Ein andermal war ein größeres Mädchen auch immer sehr gehässig zu mir und da machte ich an einem Vormittag (wo ich wieder einmal die Schule schwänzte, denn das kam sehr oft vor aus Protest, weil der Lehrer so ungerecht war) eine Schlinge aus Dornen, ich versteckte mich im Dickicht und als sie vorbeiging, zog ich an und schon hatte ich sie in der Schlinge. Ich kam raus aus dem Dickicht und sagte zu ihr: „Siehst du, ich kann dir auch etwas machen, und wenn du mir keine Ruhe lässt, gerne immer wieder." Rennen konnte ich sehr schnell, aber immer war Davonrennen nicht möglich.

Warum der Lehrer so gemein zu mir war, wusste ich nicht. Jedenfalls bin ich die zwei Jahre in der dritten Klasse höchstens die halbe Zeit in die Schule gegangen, ich bin einfach durch den Wald gestreift, auf Bäume geklettert, habe Schwammerl gesucht, Beeren gepflückt und bin auf einen Hochsitz geklettert, da habe ich dann gehört, wie die Glocke zwölf Uhr geschlagen hat, und dann bin ich nach Hause gegangen.

Mit meinen Brüdern habe ich so einiges erlebt. Einmal haben wir beim Engelweingarten die Speisekarte gelesen. Da standen unter anderem eine Schildkrötensuppe und Froschschenkel. Die Brüder sagten: „Suppe haben wir zu Hause immer, aber Froschschenkel wären nicht schlecht." Da haben sie Frösche gefangen und bei der Aussichtswarte mit einem Spirituskocher gebraten, die waren gar nicht mal so schlecht, sie schmeckten ähnlich wie Kaninchen.

Damals, als wir Kinder waren, sind die meisten Bäume auf unserem Schulweg noch klein gewesen, die Brüder und noch ein paar Jungs sind mitsamt der Schultasche auf die Bäume geklettert und haben sich oft von einem Baum zum nächsten geschwungen, so ähnlich wie Tarzan. Ich habe das auch gemacht, aber ganz heimlich, dass mich die Jungs nicht sahen, denn ich glaube, die hätten es mir sonst verboten. Ich kletterte schon immer sehr gerne auf Bäumen herum. Doch eines Tages passierte es einem Jungen, dass ein Baumwipfel brach und er sich am Bauch aufspießte, gesehen habe ich es nicht, ich weiß es nur aus Erzählungen, von da an hat das niemand mehr gemacht. Gott sei Dank hatte der Junge Glück, es waren keine argen Verletzungen.

Ich war schon ein kleines Gangerl. Einige Jungs badeten in einem Hausteich, wo ich öfter Milch holte. Es waren auch die beiden netten Burschen dabei, die mir öfter im Winter die Schultasche trugen. Da wusste ich vor lauter Schabernack nicht, was ich anstellen sollte. Die Burschen hatten ihre Hosen und Hemden auf die Büsche rund um den Teich gelegt. Sie hatten einen solchen Spaß im Wasser, dass sie nicht bemerkten, wie ich ihre Kleider nahm und damit auf die herumliegenden Bäume kletterte, wo ich sie auf die Gipfel hängte.

In der vierten Klasse hatte ich einen netten Lehrer, doch meine Mitschülerinnen schlossen mich weiterhin aus. Richtig gelernt wurde fast nur mit denen, die in die Hauptschule versetzt würden. Ich saß hinten in der letzten Reihe und zeichnete meistens. Rechnen konnte ich sowieso gut, aber dass ich in die Hauptschule gehen könnte, obwohl ich die dritte Klasse hatte wiederholen müssen, kam mir nicht in den Sinn. In Deutsch ist mir der versäumte Lernstoff später schon sehr abgegangen. Diese Satzanalysen und die ganzen Regeln, warum man Wörter so oder so schreibt. Herr Dir. Strohmeyer hat meine Zeichnung mit dem Frühlingsstrauß auf Backpapier einrahmen lassen und ich habe sie dort hängen sehen, als meine Kinder in die Schule gingen, das hatte ich in der vierten Klasse gezeichnet. Ob mein Name darauf steht, weiß ich nicht.

Ende des Schuljahres fuhren wir mit der Klasse für zwei Tage ins Salzkammergut, der Ausflug war sehr schön, wir waren im Salzbergwerk, das war sehr interessant, ich war ja vorher immer nur zu Hause, bei den Großeltern oder im Spital gewesen. Wir übernachteten in Admont. Da waren im Schlafsaal nur Doppelbetten und überall war schon ein Mädchen, ich fragte mich durch, wo ich schlafen dürfe, doch jede sagte: „Es ist schon reserviert", obwohl das meistens nicht stimmte; eine nette junge Aushilfslehrerin beobachtete mich und fragte mich, ob ich bei ihr schlafen wolle. Ich freute mich sehr darüber. Am nächsten Tag in der Früh wusch und kämmte ich mich gleich als Erste. Die anderen Mädchen konnten sich fast alle nicht selbst kämmen, die Lehrerin bat mich, ihnen beim Kämmen zu helfen. Ich tat es nicht gerade sanft. Ich habe mir fest gewünscht: „Ich will nicht mehr weiter in diese Schule gehen!" Als wir wieder Unterricht hatten, fragte der Lehrer: „Will noch jemand die Aufnahmeprüfung für die Hauptschule machen?" Ich meldete mich spontan, das wäre die Lösung! Ein Junge meldete sich auch. Der Lehrer sagte: „Ihr zwei könnt ohne Aufnahmeprüfung in die Hauptschule."

Ich ging allein in die Hauptschule, um mich einzuschreiben, bei allen anderen Kindern war ein Elternteil mit, deswegen hatte ich ein bisschen Angst, ob sie mich wohl nehmen würden, aber es funktionierte alles bestens. Mich hat die Lehrerin dafür bewundert, dass ich ganz allein gekommen bin. Zu Hause habe ich gar nichts gesagt, erst am ersten Schultag habe ich gesagt, dass ich nun in die Hauptschule ging. Ich bekam es immer wieder vorgeworfen, dass die Bücher für die Hauptschule so viel kosten würden.

Erst vor kurzem kam mir der Gedanke in den Sinn, ob wohl jene liebe Lehrerin mit meinem Klassenlehrer darüber gesprochen hat, wie mich alle Mädchen ausgeschlossen haben, denn eigentlich war es unüblich, dass man sich so kurz vor Schulschluss noch für die Hauptschule einschreiben konnte. Ich bin rückblickend allen meinen Mitschülerinnen unendlich dankbar, dass sie mich überall ausgeschlossen haben und mich „die Sitzenbleiberin" geheißen haben, denn sonst wäre ich wohl nie auf die Idee gekommen, in die Hauptschule zu gehen. Damals gingen nämlich nur sehr wenige Kinder in die Hauptschule.

In der Hauptschule hat es mir sehr gut gefallen, die meisten Lehrer waren sehr nett, meine Klassenvorsteherin war einfach wunderbar, sie hat unendlich viel für mich getan sowie auch für viele andere Mädchen, vorwiegend für solche aus armen Verhältnissen. Vor allem hatte ich schon ab 16 Jahren sehr häufig mit der englischen Sprache zu tun. Auch heute freue ich mich noch darüber, wenn ich mich zum Beispiel im Urlaub oder sonst wo mit jemandem auf Englisch unterhalten kann. Fast jeder Europäer kann Englisch. Auch als ich später vermietete, habe ich mit fast allen Menschen auf Englisch korrespondiert. Ich hatte viele Gäste aus den verschiedensten Erdteilen. Ich habe sogar heute noch über Facebook mit Gästen aus Australien, Kanada, Schweden und anderen Ländern Kontakt.

Die Cousine meiner Mutter war in der Volksschule Handarbeitslehrerin. Als sie erfuhr, dass ich in die Hauptschule gehen würde, sagte sie: „So kannst du nicht in die Hauptschule gehen!" Deswegen änderte sie einen Teil ihrer Kleidung für mich um, damit ich in der Hauptschule einigermaßen passabel erscheinen würde. Das werde ich der lieben Kordula nie vergessen. Ich hatte vor ihr oft Angst, weil sie so streng war. Ich machte beim Fadeneinfädeln den Faden mit Spucke nass, da packte sie mich immer bei den Ohren und sagte: „Das macht man nicht." Jedes Mal, wenn ich heute, so wie früher, den Faden einfädle, denke ich an die liebe Kordula. Als ich in die Hauptschule ging, habe ich einige Zeit bei ihr gewohnt, auch danach hatten wir noch Kontakt miteinander. Ich hatte keine Ahnung, dass sie Krebs hatte; als wir uns das letzte Mal sahen, hat sie mich ganz innig gedrückt. Kurze Zeit später ist sie verstorben.

Bei einer jungen Frau, die ganz in der Nähe von uns wohnte, bin ich öfter vorbeigegangen. Von ihr bekam ich auch häufig

Kleider, die ihr selbst zu klein waren. Ich half ihr wiederholt bei verschiedenen Arbeiten. Aber diese Frau war ein richtiges Luder. Als sie heiratete, habe ich im Gasthaus servieren geholfen, da hat sie gleich mit einem anderen Mann herumgeschmust, daraufhin hat sich ihr Mann betrunken und ich musste ihn heimbegleiten, da ging es bei einem steilen Abhang um die Kurve und ich musste den Mann so kräftig festhalten, ich hatte den leisen Verdacht, dass er da hinunterfallen wollte. Der Mann war sehr nett, er war Elektrotechniker und hatte einen Sohn mit in die Ehe gebracht. Der arme Junge musste im Winter mit eiskaltem Wasser die Windeln seiner Geschwister im Bach waschen.

Diese Frau war auch sonst sehr hinterhältig, einmal hat sie mich beauftragt, ihrer Schwägerin ein Paket zu bringen, die ganz in der Nähe wohnte. Darin hatte sie Hühnerkot (wir sagten dazu „Hiabierl") eingepackt. Sie sah vom Berg aus hinunter, wie ihre Schwägerin am Gartentisch das Paket öffnete, und rief hinunter: „Hiabierl-Sophie." Ich schämte mich, aber Sophie sagte: „Du kannst ja nichts dafür." Ich mochte Sophie nämlich gerne.

Eine liebe fleißige Tischlermeisterin machte bei ihrem neuen Haus die Fenster und Türen; als die junge Tischlermeisterin kassieren wollte, sagte die Frau zu ihr: „Du bekommst kein Geld, denn ich habe schon alles deinem Vater bezahlt." Na ja, abgedient hat sie es halt. Ich kann mich noch gut erinnern, wie die junge Tischlermeisterin geweint hat, denn sie musste das Material und die Arbeiter bezahlen.

Zuvor hat sie einer älteren Freundin von ihr einen alten vermögenden Mann abgeluchst, von dem sie das Geld zum Bauen hatte. Er hatte ihr alles vererbt, starb aber bald danach.

Ein anders Mal kam eine nette junge Frau Strom ablesen. Diese Frau attackierte sie arg und drohte ihr mit einer Anzeige und mich wollte sie als Zeugin dafür haben, doch ich sagte ihr gleich, dass ich auf keinen Fall lügen würde. Da war nämlich ein verheirateter Polizist bei ihr und den hat sie auch als Zeugen angegeben, denn sie war nicht davon abzuhalten, diese Frau anzuzeigen, obwohl ich ihr immer wieder sagte, dass ich nur die Wahrheit sagen würde. Der Polizist wurde vom Dienst suspendiert. Bei der Verhandlung entfuhr ihr ein Aufschrei, als ich die Wahrheit sagte. Sie war fuchsteufelswild und stinksauer auf mich, aber das machte mir nichts aus, denn so etwas macht man einfach nicht, außerdem war das schon gegen Ende meiner Hauptschulzeit und wir würden ohnedies bald wegziehen. Als ich später im Ort arbeitete, kam sie auf mich zu und umarmte mich; mir war das so was von peinlich, denn jeder wusste, was für einen miesen Charakter sie hatte.

Hauptschulzeit

In die Hauptschule ging ich sehr gerne; ich hatte zwar sehr strenge, aber fast nur gerechte Lehrer. Nur die Englischlehrerin schrie mich immer an wegen der Aussprache und dann stotterte ich wieder. Physik und Chemie gehörten zu meinen Lieblingsfächern. Die Lehrerin machte viele Versuche mit uns im Labor. Doch leider ging sie in Pension und die neue Lehrerin war genau das Gegenteil von ihr. In Turnen, Zeichnen, Schönschreiben, Steno und Rechnen war ich besonders gut, da hatte ich auch meine liebste Lehrerin und sie war zugleich unser Klassenvorstand. Ich ging immer zu Fuß in die Schule, und weil ich schon sehr früh in der Klasse war, fragte mich mein Klassenvorstand, ob ich mit einigen, die auch schon früh mit dem Bus kamen, Mathematik üben könnte, weil sie bald merkte, dass ich da sehr gut war, und dadurch mochten mich die Schülerinnen gerne. Aber leider bekam ich oft schlechtere Noten für meine Schularbeiten als die Schülerinnen, mit denen ich lernte, denn meine Eltern rauften und stritten sehr viel, vorwiegend in der Nacht, sodass ich kaum schlafen konnte, dadurch unterliefen mir dann oft Konzentrationsfehler.

Ich hatte sogar eine richtig gute und sehr liebe Freundin. Ich durfte mit ihr nach Hause und bei ihren Großeltern schlafen, sie waren Bauern und hatten einen schönen großen Hof ganz in der Nähe von ihren Eltern. Eines Tages sagte meine Freundin, das nächste Mal wolle sie zu mir, ich sagte zu ihr, dass das leider nicht gehe, weil wir ja keine Schlafgelegenheit hatten, aber davon ließ sie sich nicht abhalten und wollte wenigstens am Nachmittag zu mir. So habe ich schon frühmorgens angefangen aufzuräumen, aber bis zum Mittag hat es immer noch ausgeschaut, als hätte der Blitz eingeschlagen, ich habe mich so geschämt vor meiner Freundin. Ich glaube, das dürfte in der zweiten Klasse gewesen sein. Wir haben uns zwar nach wie vor gut verstanden, aber mit den Besuchen war es aus.

In der ersten und zweiten Klasse lernte ich sehr gut, nur in Deutsch hatte ich meistens eine Vier; in Englisch hatte ich bei einer sehr strengen Lehrerin auch eine Vier, aber sie war oft in Karenz, und wenn wir den netten jungen Englischlehrer hatten, dann hatte ich eine Zwei. Andere mussten die Klasse wiederholen und wurden sogar in die Volksschule zurückversetzt. Aber nicht nur in Deutsch, sondern alle drei Hauptgegenstände. Die Deutschlehrerin bewunderte ich sehr, obwohl sie sehr streng war und mir in Deutsch die Satzanalysen und so manches Weitere fehlten, wo ich in der Volkschule so gar nicht hingehört hatte und meine Deutschnote immer mit Literatur und Aufsätzen gerettet habe. Aber eine andere aus meinem Ort, die hat kaum ein Diktat unter 30 Fehlern geschrieben, und da kam dann ihre Mutter mit Eiern und Schinken, so wie beim Direktor von der Volksschule, dem Lehrer von der dritten Klasse, aber meine Deutschlehrerin hat zu ihr gesagt: „Zu essen habe ich genug, vergeuden Sie nicht Ihre Zeit damit, lernen Sie besser mit Ihrer Tochter, damit sie wenigstens einen normalen Fünfer kriegt und nicht nur Römische."

Einmal hatte ich vergessen, meine Deutschhausaufgaben zu machen, da bin ich einfach zu meinem Arzt gegangen, denn wir waren richtig gute Freunde, es waren noch eine Menge Splitter im Körper, und die holte mein Arzt immer raus. So ging ich nun zu ihm und druckste erst herum und gestand ihm schließlich, dass ich meine Hausaufgaben zu machen vergessen hatte. Da machte mein Arzt mit mir meine Deutschhausaufgaben und die Patienten mussten warten. Aber meine Deutschlehrerin durchschaute mich, denn ich hatte ja keinen einzigen Fehler, was sonst nicht vorkam. Ich gestand ihr, dass ich die Aufgaben mit dem Arzt gemacht hatte. Da bekam ich eine Strafaufgabe. Ich musste tagsüber arbeiten und am Abend war ich dann oft so müde, dass ich meine Hausaufgaben vergaß, oft schrieb ich sie schnell morgens vor der Schule.

Ich war einige Zeit bei der Cousine meiner Mutter, der Handarbeitslehrerin, die meine Kleider für die Hauptschule genäht hat, sie war damals schon mit ihrem späteren Mann, einem Arzt, liiert, vor dem hatte ich auch immer Angst, obwohl es keinen Grund dazu gab. Ihre Mutter war die Schwester meiner lieben Großmutter, sie war schon sehr lange gelähmt. Ich las ihr vor und unterhielt mich sehr angeregt mit ihr, sie war genauso lieb wie meine Großmutter. Vor Kordula hatte ich noch immer ein wenig Angst, aber ganz unbegründet. Als sie nachmittags Schule hatte, sagte sie zu mir, ich solle für mich Eierspeise machen. Aber ich fand das Salz nicht, denn sie lagerte es in der Holz Lade unterm Ofen, damit es nicht feucht würde. Die Eierspeise ohne Salz war gar nicht gut, ich schüttete sie weg. Es war aber trotzdem eine schöne Zeit. Dann musste ich jedoch wieder nach Hause. Mutter brauchte mich, denn ich bekam eine kleine Schwester.

Ab der dritten Klasse ging es mir dann nicht mehr so gut. Ich kümmerte mich sehr viel um meine kleine Schwester. Ich stand in der Nacht auf und machte ihr das Fläschchen und wickelte sie. Großmutter war in diesem Jahr in ihrem 61. Lebensjahr auf dem Feld aufgrund eines Sonnenstichs zusammengebrochen und verstorben, das hat Mutter auch sehr zu schaffen gemacht. Ich mochte meine Großmutter sehr gern. Ich ärgerte mich oft über die Tratschereien der Leute über Großmutter. Sie hatten alle keine Ahnung, was für ein wunderbarer Mensch sie war. Sie konnte unglaublich viel. Sie versorgte die vielen Tiere, wusste immer, wenn sie krank waren, wie ihnen zu helfen war, machte selber Butter und mehrere Sorten Käse, backte köstliches Brot und konnte sehr gut nähen.

In der Stube hing ein schönes Foto von ihr. Sie war eine wunderschöne Frau. Sie hatte auf diesem Foto eine selbst geschneiderte Tracht an mit einer selbst gemachten Goldhaube. Wir bekamen immer viel von ihren selbst gemachten Köstlichkeiten. Kordula, die Cousine meiner Mutter, mochte sie auch sehr gerne. Sie weinte beim Begräbnis sehr. Ich vermute, dass meine Großmutter ihre Schwester und ihre Nichte sehr unterstützt hat. Ich war damals böse auf die ganzen Geschwister und sonstigen Verwandten, denn ich wusste, dass meine Großmutter sehr darunter litt, dass alle Geschwister (außer Kordula, ihre Mutter, die bei uns in der Nähe wohnte) den Kontakt zu ihr abgebrochen hatten, weil sie Großvater als Partner gewählt hatte. Ich fragte mich: „Warum sind sie dann jetzt beim Begräbnis da und nicht früher? Da hätte sie ihre Verwandten mehr gebraucht!" Kordula hat zwar gemeint, von der Obersteiermark war das früher eine Weltreise, doch schon ein Briefverkehr hätte Großmutter sicher gutgetan.

Von Anfang an hatte es Großmutter sehr schwer, zuerst von zu Hause die Ausgrenzung, dann in der neuen Heimat noch mehr Ausgrenzung. Einen Bruder meiner Großmutter habe ich später in seinem Uhrengeschäft getroffen. Er hat mich sofort erkannt. Er fragte mich, ob ich die Kleine bin, die damals beim Begräbnis so grimmig dreinschaute. Mein Bruder kannte die Familien unserer Großeltern gut, denn er war einige Jahre während seiner Schulzeit bei den Großeltern oben gewesen. Dort hatte er schon Kontakt mit den Verwandten; als er dann in Murau in die Berufsschule ging, war er jedes Wochenende bei irgendwelchen Verwandten von den Großeltern.

Der Geschäftsmann, von dem sie den Bauernhof gekauft haben, war beinhart; wenn sie die Raten nicht pünktlich bezahlten, hätte er ihnen gnadenlos die Tür gewiesen; bei zwei Vorbesitzern hatte er das schon so gemacht; zusätzlich hatte er den Nachbarn aufgetragen, ihnen jede Hilfe zu verweigern. Kleinbauern waren jedoch angewiesen auf Nachbarschaftshilfe.

Ein Nachbar war trotzdem stets bereit, den Großeltern zu helfen, und deren Kinder waren ein Leben lang Freunde. Großmutter hätte oft gerne etwas fürs Haus gehabt, aber Großvater sagte: „Das bringt nichts." Er hatte recht, denn sonst hätten sie alles verloren.

Großvater ist in Armut aufgewachsen, Großmutter hingegen hatte einen sehr guten Lebensstandard. Aber am meisten hat Großmutter darunter gelitten, dass mein Onkel vermisst war und in dieser Zeit die Russen den Hof besetzten und Großvater und Großmutter in der Futterkammer schlafen mussten, weil die Russen das Haus benutzten. Es war schlimm, die Russen schlachteten die Tiere, aßen nur das Beste davon und ließen den Rest verderben. Obendrauf versetzten sie das ganze Haus in einen wüsten Zustand. Es waren Wanzen und Flöhe im Haus.

Außerdem vermuten wir, dass sie die Großmutter vergewaltigt haben, denn Großmutter ist nie mehr ins Haus zurück zum Schlafen, sondern schlief Zeit ihres Lebens nur mehr in der Futterkammer. Außerdem hat sie nie mehr ein neues Kleidungsstück gekauft, sondern hat nur immer alles ausgebessert, aber das konnte sie sehr geschickt. Sie hat das Haus nur mehr zum Arbeiten betreten und ist oft umhergeirrt und hat den Leuten von ihrem Leid erzählt, aber so verworren, dass die meisten nichts damit anfangen konnten. Ich habe bei meinen Seminaren eine Weisheit gelernt, die viel aussagt: Verstehen kann dich nur jemand, der Ähnliches erlebt hat. Verständnis kann jemand für deine Lage haben, aber Verständnis haben die wenigsten.

Ich schlief im Schlafzimmer der Eltern, denn wir hatten nur ein Zimmer und eine Küche. In der Küche hatte mein Bruder Peter sein Nachtquartier. Tom war schon einige Zeit bei den Großeltern, denn damals wollte Großvater, dass er sein Nachfolger würde. Tom hat noch sehr viel von Großmutter gelernt: Brot backen, einkochen, sehr gute Würste machen und anderes mehr.

In der dritten Klasse bekam ich an meinen Füßen und am Hintern plötzlich lauter Abszesse. Der Arzt sagte: „Jetzt haut es noch den ganzen Mist des Sprengkörpers raus." Deshalb konnte ich sehr lange nicht in die Schule gehen, da ich nicht sitzen konnte; meine Mutter freute sich natürlich, so hatte sie zu Hause mehr Hilfe. Wir hatten in Mathe zu diesem Zeitpunkt gerade Algebra und das war für mich dann nicht mehr einzuholen.

Mutter ging es immer schlechter. Meine Schwester war zwischendurch bei einer Tante, die wollte meine kleine Schwester Verena adoptieren, aber Mutter wollte sie nicht hergeben. Die beiden kriegten sich auf dem Markt in dem Ort, wo ich in die Hauptschule ging, in die Haare, woraufhin meine Mutter ins Sonderkrankenhaus kam. Dort blieb sie, wie meistens, einige Monate und meine kleine Schwester wurde während dieser Zeit in die Obhut meiner Tante gegeben. Viele meiner Mitschülerinnen haben von dieser Rauferei gewusst, nur ich nicht. Als ich bei unserem Klassentreffen erwähnt habe, dass ich es oft nicht leicht gehabt habe in meiner Kindheit und deswegen meine Lebensgeschichte aufschreiben möchte, haben mir meine ehemaligen Klassenkameraden von der Rauferei auf dem Marktplatz erzählt; es war befreiend, dass ich jetzt so offen mit ihnen darüber sprechen konnte. Ich sagte ihnen, dass es sich in letzter Zeit immer wieder ergibt, dass ich etwas über mein Leben erfahre, von dem ich vorher nichts gewusst habe, und dadurch viele Ereignisse besser verstehe. Das Gespräch mit meinen lieben Klassenkameraden hat mir sehr gutgetan und mein Selbstwertgefühl gestärkt.

Firmung

Ich wollte zur Firmung eine besondere Frisur und so ging ich zur Nachbarin, die hat mich dann noch schlechter frisiert als ich mich selbst, und so habe ich mir nochmals selbst die Haare gemacht. Dann musste ich schnell durch das lange und nasse Tal den Berg hinauflaufen, denn dahin kam meine Firmpatin zusammen mit ihrem Mann mit dem Auto herunter und ich musste pünktlich sein. Ich war bis zur Unterhose nass und mir war kalt und dann musste ich doch noch einige Zeit auf meine Firmpatin warten.

Nach der Firmung gingen wir ins Gasthaus essen. Der Mann meiner Patin war ein reicher Bauer. Mein Vater war dort 20 Jahre als Knecht beschäftigt. Der Bauer bestellte für mich eine Flecksuppe, diese Suppe war so was von grauslich. Mir wurde speiübel und ich erbrach. Bei der Heimfahrt ließen sie mich dann unten an der Straße aussteigen. Meine Firmpatin hatte für mich zwei Torten gebacken, die durfte ich nun nach Hause schleppen. Mir war so elend. An diesem Tag hatte ich keinen Appetit auf Torte und am nächsten Tag war alles weg, kein einziges Stück haben mein Vater und der Bruder für mich übriggelassen. Meine Patin war eine sehr liebe Frau und eine exzellente Konditorin, ich war zuvor schon in den Genuss ihrer köstlichen Torten gekommen; im Gegensatz zu ihrem Mann war sie auch nicht geizig. Er wollte mir nur abgetragene Sachen von seiner Nichte schenken, doch meine Patin fuhr mit mir heimlich einkaufen. Ich bekam eine Uhr und eine weiße Bluse und einen hübschen grauen Trägerrock, aber ich durfte es nicht ausplaudern.

In den Ferien war ich bei meiner Tante, ich half ihr dabei, auf meine Schwester aufzupassen, und bei leichten Arbeiten. Die Tante war sehr nett, aber im Haus wohnte auch meine Großmutter, ich musste bei ihr im Zimmer schlafen, sie hatte Flöhe, meine Tante war sehr reinlich, aber meine Großmutter hatte keine Unterhose an, dafür einen Rock, der bis zum Boden ging, und da stellte sie sich einfach hin und ließ es rinnen. Na ja, ist ja kein Wunder, wenn man da Flöhe hat, vor allem beim Schlafen kamen mich ihre Mitbewohner besuchen. Es war sehr heiß und ich ging mit der Tante und der kleinen Schwester Verena aufs Feld Bohnen pflücken und da zog ich meine kurze Turnhose an; als wir zurückkamen, sah mich Großmutter und kam auf mich zu und hat mir eine geknallt, so kräftig, dass an der Wange der Abdruck ihrer Hand zu sehen war und mir der Kopf wehtat. Das war das Einzige, was ich jemals von meiner Großmutter väterlicherseits bekommen habe: eine kräftige Ohrfeige. Ich wusste zuerst nicht warum; es war wegen der kurzen Hose. Das machte ein Mädchen angeblich nicht, so herumlaufen. Als meine Mutter aus dem Sonderkrankenhaus zurückkam, kam die kleine Schwester wieder nach Hause.

In der dritten Klasse kamen die Mädchen vom Markt zu unserer Klasse dazu, da saß ich neben einem netten Mädchen, deren Eltern hatten eine Fleischerei und von ihr bekam ich oft eine köstliche Jause. Mit einem anderen Mädchen entwickelte sich eine Freundschaft.

Irgendwann in der zweiten oder dritten Klasse haben mir Vaters Schläge mit dem Riemen gereicht. Ich habe Vaters neuen Riemen in lauter kleine Stücke geschnitten und damit auf seinem Platz am Tisch ein Häufchen gemacht.

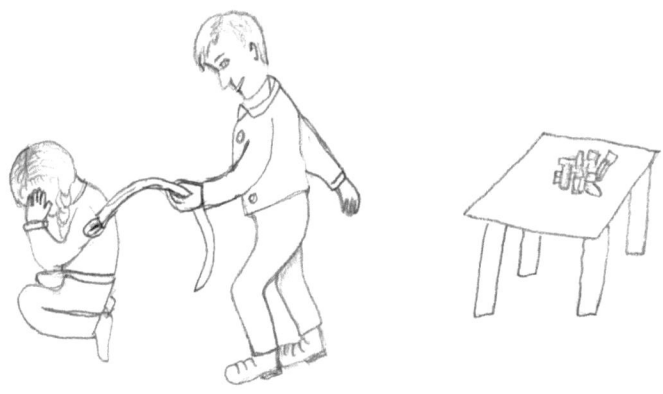

Da habe ich so richtig ein Zeichen gesetzt. Er hat mich nie wieder mit dem Riemen geschlagen. Vor allem hatte es mich vorher immer sehr geärgert, dass ich deshalb aufs Turnen verzichten musste, weil ich mich nicht traute, mich auszuziehen, da ich mich sehr schämte wegen der Striemen, die ich am ganzen Körper hatte.

In den Ferien war ich dieses Mal bei meinem Onkel und meinem Großvater auf dem Bauernhof. Das war ein schöner Sommer; obwohl wir den ganzen Tag hart gearbeitet haben, hatte ich viel Freude und Spaß. Ich durfte mit dem Traktor fahren und bekam auch noch Geld für meine Arbeit. Wir haben Korn geschnitten und Garben gemacht, das war die härteste Arbeit. Am ganzen

Körper kratzte es. Beim Mähen bin ich hinterhergerannt und habe lebendige Mäuse gefangen und in die alte Milchkanne gegeben, nachher wurden sie an die Katzen und Hühner verfüttert, denn die Katzen kamen nicht nach.

Einmal bin ich mit dem Traktor mit Hänger so schnell um die Kurve gefahren, dass die Anhängervorrichtung verbogen war, doch mein Onkel hat mich nicht geschlagen, so wie ich es zu Hause gewohnt war, und das oft ohne Grund. Mein Onkel hat mir nur in aller Ruhe gesagt, dass ich vorsichtiger um die Kurven fahren müsse, sonst dürfe ich nicht mehr fahren, und so habe ich es dann auch gemacht.

Ein anderes Mal haben wir Getreide aufgeladen. Ich habe die Getreidegarben etwas schief geschichtet, da hat der Onkel gesagt, mit dieser schiefen Fuhre darfst du nicht fahren, und hat angeordnet, dass ich mich auf der einen Seite von der Fuhre hinaufgehängt habe, damit sie nicht umkippt, so machte ich es auch, und als wir in der Scheune am richtigen Platz zum Abladen waren, da ließ ich mit Schwung den Strick los und die ganze Fuhre fiel genau dorthin, wo wir sie sonst mühevoll hätten abladen müssen. Ich sagte zum Onkel: „Siehst du, so lädt man richtig auf!" Obwohl, bewusst hatte ich es ja nicht so schief gemacht, außerdem hätte sich die Fuhre ja auch unterwegs entladen können. Mit dem Traktor durfte ich fast die ganzen Ferien fahren, obwohl ich so einige Hopplas hatte, mein Onkel sagte mir dann immer in Ruhe, wie ich solche Fehler vermeiden konnte.

Ein anders Mal wollten wir Harpfenstangen heimfahren. Ich musste immer zwischendurch anhalten und mein Onkel hat hinten die Harpfenstangen aufgelegt, ich war schon fast oben, aber auf einmal konnte ich nicht mehr bremsen und der Traktor rutschte zurück, da gab ich Gas und fuhr das letzte Stück den Hang hinauf und blieb erst stehen, als ich das ebene Gelände erreichte. Die ganzen Harpfenstangen kollerten den Abhang in den Bach hinunter. Ich hatte wieder Angst, dass mich diesmal mein Onkel vielleicht schlagen würde. Doch er kam ganz beruhigend auf mich zu und lobte mich für meine gute Reaktion. Nicht auszudenken, wenn ich da mit dem Traktor womöglich in den Bach gestürzt wäre, mein Leben stand bei ihm im Vordergrund. Er sagte noch, ab jetzt fahre er selbst auf den steilen Hängen und zum Auflegen von schweren Sachen bekomme er schon jemand zu Hilfe. Aber der meiste Grund war ja relativ flach.

Mein Onkel hatte eine Lederhose an, die war schon ziemlich zerrissen, deswegen neckten ihn die Leute beim Milchliefern. Aber der Onkel wollte sich nicht von dieser Lederhose trennen. Da ist gerade beim Most Krug ein Stück herausgebrochen. Da habe ich den Most Krug nicht ganz gefüllt und die Scherben vorsichtig hineingedrückt und am Essplatz des Onkels positioniert. Als mein Onkel vom Feld kam, hat er gleich Durst gehabt, und als er trinken wollte, da ist der ganze Most auf seine Lederhose geflossen. Das war ein allgemeines Gelächter, mein Onkel fuhr mit dem Motorrad einkaufen, wir hatten gerade keine wichtigen Arbeiten und so durfte ich mitfahren und ich bekam eine neue kurze Turnhose.

Mein Großvater hat sich immer sehr auf das Essen gefreut, ich habe immer geschaut, dass er etwas bekommt, das leicht zu kauen war, denn meinem Großvater haben sie im Krieg die Zähne samt dem Kiefer herausgeschossen, deshalb hatte er nur eine Platte im Mund. Zusätzlich hatte er sich bei den Holzarbeiten am Oberschenkel verletzt, sodass er nicht richtig sitzen konnte. Er hatte an seinem Platz ein eigenes Polster und daran lehnte er sich dann. Trotzdem war Großvater immer gut gelaunt und vor allem sehr fleißig bis ins hohe Alter. Gewaschen haben wir uns alle am Brunnentrog. Bei den Arbeiten war ich oft sehr schmutzig und die langen Haare waren umständlich zu waschen. Wenn die Haare noch feucht waren, hat es oft schon wieder wo gestaubt, und dann waren sie erst recht verklebt; deshalb habe ich mir die Haare abschneiden lassen.

Als ich dann in die Schule kam, war mein Klassenvorstand enttäuscht. Sie hatte mich nämlich für eine Theaterrolle eingeplant, für die man lange Haare brauchte. Für die vierte Klasse hat mich mein Klassenvorstand überredet, sonst hätte ich in der dritten Klasse aufgehört, wie eine Freundin. Mein Klassenvorstand hat sich sehr viel um mich gekümmert. Sie hatte am 16. Dezember Namenstag, ich hatte am nächsten Tag Geburtstag und da habe ich immer sehr viele Sachen bekommen.

Wir hatten in der vierten Klasse einen Sportwettbewerb und da musste man alle Sportarten können, um daran teilnehmen zu können, aber ich konnte nicht schwimmen, weil ich früher nie ins Wasser durfte wegen meiner ständigen Splitter, die vor allem im Sommer zum Vorschein kamen, und jetzt wollte mir meine Lehrerin unbedingt das Schwimmen beibringen, da ich ja sonst im Turnen sehr gut war, aber es war einfach zu wenig Platz, um schwimmen zu lernen, und sonst durfte ich nicht zum Schwimmen gehen, leider war die Mühe meines Klassenvorstandes umsonst.

Beim Völkerball waren wir eine gefürchtete Truppe. Wenn meine Eltern rauften und stritten, nahm ich öfter mal Reißaus in den Nachbarort und dort spielten wir Mädchen zusammen mit einigen Jungs Völkerball. In der Volksschule bin ich öfter mal zu verschiedenen Nachbarn abgehauen. Zum Beispiel zu einem Gasthaus, da habe ich entweder Kegel aufgesetzt oder im Gasthaus etwas geholfen oder bei einem Bauern, da habe ich dann immer etwas bekommen, entweder ein paar Schilling oder ein gutes Essen. Ich kam jetzt nicht mehr beim Wirt vorbei, aber wenn er mich brauchte, schickte er mir eine Nachricht.

In die Schule fuhr ich mit einem alten Herrenrad vom Vater einen Umweg und nahm zwei Völkerballspielerinnen mit in die Schule, bis wir einen kleinen Unfall hatten. Eine Schultasche fiel vorne von der Lenkstange hinunter. Genau in diesen Augenblick hörte ich ein Auto hinter mir, so war es wohl das Beste, in den Straßengraben zu fahren. Wir hatten alle drei nur Schürfwunden. Der Autofahrer fuhr uns zu meinem Freund, dem Arzt. In der Schule bekamen wir eine Rüge und natürlich mussten wir eine Strafarbeit über die Regeln beim Radfahren schreiben. Die Mädchen bekamen dann beide eigene Fahrräder.

Zu Pfingsten, als ich in die vierte Klasse der Hauptschule ging, sind wir umgesiedelt. Da hatte ich kurz vor Schulschluss auf dem Schulweg einen schweren Sturz mit dem Rad. Ich fuhr von zu Hause fort den Berg hinunter, als hinter mir auf der Schotterstraße ein Lastwagen vom Steinbruch kam. Ich beschleunigte, damit ich noch vor dem Lastwagen in den Wiesenweg einbiegen könnte. Aber um die Kurve lag ein größerer Stein und ich überschlug mich. Das Rad war komplett verbogen und mein Knie blutete stark. Der Lastwagen hielt an. Der Fahrer und ein Steinbrucharbeiter, der mich gut kannte, stiegen aus und fragten mich, ob sie mir helfen könnten. Ich fragte, ob sie mein Rad wieder zurechtbiegen könnten. Das machten die beiden dann auch mit vereinten Kräften. Ich lief schnell nach Hause und verarztete mein Knie. Als ich zurückkam, waren die beiden Männer gerade fertig mit dem Zurechtbiegen. Die zwei fuhren weiter und ich schwang mich aufs Rad und nahm so schnell ich konnte die Abkürzung über den Feldweg zur Hauptstraße und dann zur Schule.

Bei der letzten Anhöhe holte mich der Lastwagen mit den zwei Männern ein. Die waren so erstaunt, dass sie stehen blieben. Sie konnten es kaum glauben, dass ich mit meinem verletzten Knie schon so weit gefahren war, aber mein Spruch war immer, nur die Harten kommen durch. Am nächsten Tag hatte ich über den ganzen Körper verteilt Blutergüsse.

Ich wollte Malerin werden, so wie mein Bruder, aber davon hat mir meine Lehrerin abgeraten. Sie hat mir empfohlen, weiter in die Schule zu gehen. Sie schickte meinen Eltern einen Brief, dass wenigstens einer in die Schule kommen solle, denn zum Elternsprechtag ist nie jemand hingegangen. Meine Mutter ging dann zu meiner Lehrerin und die hat ihr so lange zugeredet, bis sie endlich einwilligte, dass ich in die Stadt durfte; natürlich nur weil wir diese Schule ausgesucht haben, da konnte ich mein Schulgeld und meine Unterkunft selbst verdienen.

Wir hatten alle ein Mitteilungsheft und das wurde einmal in der Woche verlangt, ganz gleich, ob wir Eintragungen hatten oder nicht. Unser Klassenvorstand war krank und so hat unsere Deutschlehrerin die Unterschriften kontrolliert. Schon in der Pause habe ich bemerkt, dass ich es vergessen hatte, Mutter war zu dieser Zeit wieder einmal im Sonderkrankenhaus und deshalb hatte ich für die Schule nicht viel Zeit. Meine Schulkolleginnen sagten zu mir: „Schreib doch selbst die Unterschrift, du kannst alles so gut nachmachen", und so bildete ich die Unterschrift meines Vaters perfekt nach. Doch als die Lehrerin kontrollieren kam, musste ich lachen, und so fragte sie mich gleich, ob ich die Unterschrift gefälscht hätte. Ich gab es gleich zu, denn lügen war nicht meine Art.

Später kam ich oft beim Arzt mit meiner Deutschlehrerin zusammen und wir haben uns immer sehr angeregt unterhalten. Auch meine Englischlehrerin habe ich oft getroffen. Sie erzählte mir, dass sie immer so arg Rheuma habe, ich konnte sie sehr gut verstehen, da ich ja selbst jahrelang das gleiche Problem hatte. Später erzählte sie mir, dass sie jetzt Zucker habe, aber interessanterweise jetzt keine Rheumaschmerzen mehr. Heute weiß ich, dass alles, wenn man sich an die Diät für Diabetes hält, sich die Rheumaschmerzen wesentlich verringern. Meine Englischlehrerin kam öfter mit der Schulklasse, an Wandertagen bei der Pension wo ich servierte, vorbei. Dabei hat sie es wahrgenommen, wie gut ich inzwischen Englisch sprechen konnte, denn ein Gast hatte Besuch aus dem Sudan mit seinen vier Kindern. Mit diesen habe ich mich köstlich unterhalten. Meine Englischlehrerin hat mich dabei stets beobachtet, und mir nachher ihre Bewunderung zum Ausdruck gebracht. Von diesem Augenblick an, ist sie mir stets entgegengekommen und hat gerne mit mir geredet.

In Handarbeit hatte ich eine Lehrerin, die ich nicht besonders mochte. Ich habe sie nicht ernst genommen. Da haben wir zum Beispiel ein Nachthemd genäht, aber das konnte man nicht anziehen, denn man kam nicht hinein, weil der Ausschnitt zwar irrsinnig aufwendig genäht wurde mit Rüschen, aber er war zu eng, und wenn man doch reingekommen wäre, dann hätte das Rüschenzeug ja gedrückt beim Schlafen. Als wir uns dem Abschlusszeugnis näherten, standen einige Schülerinnen zwischen Eins und Zwei – so auch ich. Die Handarbeitslehrerin gab uns Knopflöcher zum Nähen, um unsere Note zu verbessern. Ich nähte die schönsten Knopflöcher. Da sagte die Lehrerin zu mir: „Wenn du willst, kannst du es ja." Ich erwiderte darauf: „Wenn ich will, kann ich alles." Daraufhin bekam ich in Handarbeit einen Dreier im Abschlusszeugnis. In der Schule in der Stadt war ich die Beste in Handarbeit, da fragte mich meine Lehrerin, warum ich eine Drei in der Hauptschule hätte. Ich erzählte ihr die Geschichte. Daraufhin hat meine Handarbeitslehrerin von der Schule in der Stadt die Handarbeitslehrerin von der Hauptschule gesprochen. Das war Letzterer dann schon peinlich, denn sie war auch von dem Ort, wo ich in die Hauptschule ging.

Unser Klassenvorstand war zum Abschiedsessen eingeladen. Ich weiß nimmer, was es sonst noch zum Essen gegeben hat, aber als Dessert gab es ein Kirschkompott mit Schlagsahne, die eigentlich keine Sahne, sondern Butter war. Ich habe unseren Klassenvorstand beim Essen beobachtet. Sie hat in dem Nachtisch herumgestochert und ich habe mich geschämt, obwohl ich diese butterige Schlagsahne gar nicht gemacht hatte. Nicht einmal Kompott mit normaler Schlagsahne mundet mir, aber Kirschkompott mit Butter ist noch schlimmer.

Die Wienwoche war sehr schön und die Ausflüge sehr sehenswert. Unser Klassenvorstand hat sich besonders bemüht und wir haben viel mehr zu sehen bekommen als andere Klassen. Der Tierpark Schönbrunn ist mir auch noch in lustiger Erinnerung. Ein Mädchen hat seinen Spiegel an den Gitterzaun eines Affenkäfigs gestellt und sich die Haare zurechtgemacht, da hat sich der Affe den Spiegel geschnappt und die Gebärden des Mädchens imitiert, dann auf den Spiegel gepinkelt und ihn danach in die Ecke geworfen. Wir waren auch in der Spanischen Hofreitschule sowie im Palmenhaus. In der Staatsoper haben wir „Fidelio" gesehen, im Burgtheater wollte er sich einen Jux machen. Danach waren wir in der Kaisergruft und in einigen Museen. Viele Wiener Gäste haben gesagt, dass nicht einmal sie dort überall waren, was wir in einer Woche geschafft haben.

Angelika, eine ehemalige Angestellte bei einer gräflichen Familie, hat mir erzählt, dass Anita mit ihrem Hausmädchen in die Küche essen gegangen ist, weil ihre gräfliche Schwägerin etwas dagegen hatte, dass Anita ihr Mädchen mit zum gräflichen Esstisch nahm. Als wir unser erstes Klassentreffen hatten, war ich die Einzige, die keinen Beruf hatte. Ich habe mich dafür geschämt. Da hat Anita gesagt: „Tina, du bist so tüchtig, du hast als Einzige allein angefangen, ein Haus zu bauen." Anitas Vater war immer sehr streng mit ihr gewesen.

Ich hatte ihren Vater sehr gern als Lehrer und auch die meisten Kinder mochten ihn gern und ihr Großvater war lange ein sehr gütiger und lieber Bürgermeister in unserem Ort. Ihr Großvater hat einmal zu mir gesagt: „Eine so tüchtige Frau wie deine Mutter hätte ich gerne zur Frau gehabt."

Als ich im Winter stempelte, wollte ich für eine Woche nach Tirol fahren. Da bin ich zu ihm gegangen und habe gefragt, was ich machen soll. Da hat der Herr Bürgermeister gesagt: „Weißt du was, Tina? Du lässt deine Stempelkarte bei mir und ich stemple." Denn dienstags und freitags musste man immer stempeln gehen. Das könnten sie bei den Flüchtlingen auch so machen, dann wüssten die Behörden, wo die sich aufhalten. Kontrolle schadet nicht.

Zu Pfingsten, vor Schulschluss, sind wir umgezogen. Nun gehörte meinem Vater die Hälfte des Besitzes. Denn Vater bekam von den Bauerntöchtern, wo er 20 Jahre Knecht war, einen Anteil ihres Erbes. Der Grund war hier sehr schön, befand sich in Ortsnähe und es gab eine gute Zufahrt, aber das Haus war in keinem guten Zustand. Wir bekamen einen Fuhre Sand. Kurz darauf zog ein Gewitter auf. Die Wassermassen schwemmten den Sand bei der Haustür herein und in die Küche und im Zimmer war nun der ganze Sand verteilt. Denn die Haustür glich eher einem Bretterverschlag, deshalb konnte der Sand leicht hinein.

In den Ferien war ich wieder bei meinem Onkel auf dem Bauernhof. Jeden Tag am Abend lernte mein Onkel mit mir eine halbe Stunde Deutsch. Beim Onkel und beim Großvater war es einfach schön und lustig, trotz der vielen Arbeit.

Im Herbst hatte ich dann meine Nachprüfung in Deutsch, weil meine Deutschlehrerin der Meinung, dass in mir mehr stecke, und weil sie mitbekommen hatte, dass ich in der Stadt weiter in die Schule gehen würde. Meine Deutschlehrerin war sprachlos, denn obwohl sie schon sehr lange ihren Beruf als Lehrerin ausübte, war es bis dahin noch nie vorgekommen, dass jemand alles ohne Fehler geschrieben hatte. Sie fragte mich, ob ich in den Ferien die ganze Zeit gelernt hätte. Ich habe ihr geantwortet, dass ich die ganzen Ferien beim Onkel auf dem Bauernhof gearbeitet habe und jeden Tag immer nur am Abend eine halbe Stunde gelernt habe. Sie hat gemeint, sie hätte mir die Nachprüfung schon in der ersten Klasse geben müssen. Ich persönlich glaube auch, dass dies besser gewesen wäre, dann hätte ich vielleicht alles besser gespeichert; so verfalle ich immer wieder in meine alten Fehler. Andererseits stellt sich die Frage, ob ich zu Hause diese Ruhe zum Lernen gehabt hätte, um so einen guten Erfolg zu erzielen.

Schulzeit in der Stadt

Ich besuchte eine Vorschule für Frauenberufe, wie zum Beispiel Krankenschwester, Familienhelferin, Handarbeitslehrerin. Ich kam zu einer Doktorfamilie. Der Herr war ein besonders netter und lustiger Mann. Er sagte zu mir: „Ich bin so ein Doppeldoktor, wie ihr auf dem Land oft sagt." Er hatte tatsächlich zwei Doktortitel, war aber unkompliziert, und seine Gattin war eine Schweizerin, ich verstand sie oft nicht und sagte oft sehr unpassend Ja, aber das hat sie mir auf eine nette Art gleich abgewöhnt, ich durfte immer wieder nachfragen, bis ich wusste, was sie sagte.

Dann war da noch ein Sohn. Ich fand, er war für seine 18 Jahre sehr unbeholfen. Ich hatte zuerst noch etwas Geld vom Onkel, aber das meiste habe ich verbraucht für Kleidung, Hefte, Handarbeitssachen und so weiter. Von zu Hause habe ich nichts bekommen. Ich machte dort den Haushalt, dafür hatte ich mein Zimmer frei und die Doktorfamilie bezahlte für mich circa 650 –, Schilling Schulgeld. Ich lernte viel und durfte samstags in der Werkstatt helfen. Es war ein Seilwarengroßhandel, dessen Sitz in der Schweiz war, und da machte ich zum Beispiel die damaligen Traggriffe für Pakete, auch Werbeadressen schrieb ich, zusätzlich half ich Josef, einen Angestellten, da gab es oft interessante Arbeiten, dafür bekam ich ein schönes Entgelt. Sonntags gingen wir in die Kirche, und machten wir oft einen schönen Ausflug und gingen gut essen. Es ging mir rundum gut.

Nach circa 14 Tagen kam die Frau Doktor zu mir und sagte: „Komm mit, ich zeig dir etwas", und dann schaute sie ganz verwundert hinters Nachtkästchen. Sie sagte mir, dass noch nie ein Mädchen hinterm Nachtkästchen den Staub weggeputzt habe. Das hatte ich von meiner Mutter so gelernt. Ich bekam später ein wunderschönes, neu hergerichtetes Zimmer mit Terrasse, einem eigenen Bad und einem Vorraum mit einem Fernseher, und das im Jahr 1961! Aber während der Renovierung, bei der ich natürlich fleißig mithalf, wusste ich noch nicht, dass alles für mich war.

Ich besaß keinen Regenschirm; sobald sie es mitkriegten, bekam ich einen geschenkt. Mit dem Herrn Doktor habe ich Apfelstrudelteig gemacht. Wir haben richtig Ball gespielt mit dem Strudelteig quer durch die Küche. Er hat oft gekocht und das war immer sehr lustig und abwechslungsreich. Die Küche war hochmodern, sogar einen Geschirrspüler hatten sie schon. Im Wohnzimmer hing ein Kristallluster, es war eine Doubleanfertigung vom Luster des persischen Schahs. Ich putzte den Luster, dass er nur so funkelte. Die Doktorleute hatten immer eine große Freude, wenn ich meine Arbeit gewissenhaft machte, und ich bemühte mich sehr, diese netten Leute zufriedenzustellen.

Eine sehr nette Lehrerin vom Ort, wo auch mein Klassenvorstand wohnte, hat mich abends öfter ins Theater oder zu sonstigen netten Veranstaltungen eingeladen. Wir hatten zusammen viel Spaß. Ich vermute, mein Klassenvorstand hatte sie darum gebeten. Auch die meisten anderen Lehrer waren sehr nett. Ich habe sehr gern stenografiert und alles nebenbei gelernt, aber eine blöde Lehrerin verbot es mir. Sie konnte es vermutlich nicht lesen, darum setzte sie dieses Verbot auch in den anderen Fächern durch. Die Schulleiterin war auch sehr nett und ich hatte einige gute Freundinnen. Wir sind oft mit unserer Netzkarte durch die Stadt gegondelt.

Als der erste Schnee kam, ging ich noch mit meinem löchrigen Schlüpfer, den ich mir selbst gekauft hatte. Mir war schrecklich kalt. Ich hatte mir kurz vor Schulbeginn mit dem Geld, das ich beim Onkel verdient hatte, zwei schöne, lange Samthosen gekauft, aber die durfte ich in der Schule nicht anziehen, Hosen waren nicht erlaubt. Meine Beine waren besonders kälteempfindlich, mit den Hosen hätte ich wesentlich weniger gefroren. Jemand, der so ein Verbot erlassen hat, der hat meiner Meinung nach kein Hirn im Schädel.

Dann brauchte ich noch Winterschuhe. Ich schrieb nach Hause und bat um Geld für Winterschuhe. Mein Vater schickte mir 100 –, Schilling. Die billigsten Schuhe kosteten aber 165 –, Schilling. Inzwischen hatten die Doktorleute bemerkt, dass ich noch immer mit den Sommerschuhen ging. Ich habe ihnen meine Geschichte erzählt, ich wollte halt noch sparen, bis ich mir die Winterschuhe kaufen konnte. Die Doktorleute wollten mir gleich einen größeren Betrag Geld geben, aber ich habe nur das genommen, was ich für die billigsten Schuhe brauchte.

Ich hatte für den Winter nur eine selbst gestrickte Jacke, die Röcke waren eher für den Sommer geeignet, außerdem war man mit den Hosen doch viel wärmer eingepackt als mit einem dünnen Kleid. In der Volksschule habe ich im Winter immer die sogenannte „Leib-und-Seel-Hos'" getragen, damit war ich dann schön warm eingepackt. Vom Doktor wollte ich nichts nehmen, so haben sie mich überredet, doch noch einmal nach Hause zu schreiben, aber der Mantel war wesentlich teurer als die Schuhe. 100 –, Schilling bekam ich wieder. Sie schüttelten nur den Kopf und gingen mit mir einen Mantel kaufen; ich hätte auch einen teureren bekommen, aber ich wollte den billigsten. Es war mir peinlich.

Einmal wollte die Doktorfamilie sonntags zu mir nach Hause fahren, aber ich sagte ihnen, dort würden sie nicht hinkommen mit dem Auto, es wäre ein unwegsames Gelände. Dabei wohnten wir nur zehn Gehminuten vom Ort entfernt. Ich wollte mir schlechtweg eine solche Blamage, wie ich sie bei meiner Freundin erlebt hatte, ersparen. Ich glaube, dass die Doktorleute meine Lüge sehr wohl durchschaut haben, mir meine Notlüge aber verziehen haben.

Mein Bruder Peter ging in derselben Stadt in die Berufsschule und kam mich öfter besuchen. Zu jener Zeit ähnelten wir einander sehr; als er vor der Tür stand, rief die Frau Doktor gleich: „Tina, dein Bruder ist da." Einmal wollte er mich mit ins Kino nehmen. Ich vertraute ihm und die Doktorfamilie natürlich auch. Der Film stand leider unter Jugendverbot.

Die Polizei stand da und wollte meinen Ausweis sehen, ich machte mir leider keine Gedanken und zeigte meinen Ausweis. Die Polizei nahm mir den Ausweis ab. Ich war einfach zu blauäugig. Am nächsten Tag marschierten die Klosterschwestern bei der Doktorfamilie auf. Ich hatte ehrlich gesagt keine Ahnung gehabt, dass mich mein Bruder in eine Jugendverbot-Kinovorstellung mitnehmen wollte, ich war noch keine 16 Jahre, aber mein Bruder war auch noch keine 18 Jahre. Ich wollte mich rechtfertigen, aber bei den Klosterschwestern hat man seinen Mund zu halten, sonst war man „frech". Die Doktorfamilie glaubte mir, dass ich, wenn ich das gewusst hätte, nie meinen Ausweis hergegeben hätte und auch nicht versucht hätte, ins Kino zu kommen.

Kurze Zeit später haben Nachbarburschen bei meinem ehemaligen Zimmer einen Fensterl Versuch unternommen. Sie haben ein Seil genommen und eine Stehleiter gemacht. Einer wollte den anderen zu meinem ehemaligen Zimmerfenster hinaufziehen, aber das Seil war nicht mehr so stabil, es riss, als der Bursche in luftiger Höhe war. Er krachte mitsamt der Leiter zu Boden. Die Doktorleute hörten das und riefen die Polizei, weil sie dachten, es wären Einbrecher. Der eine junge Bursche hatte sich irgendetwas gebrochen und deswegen kam auch die Rettung. Ich schlief tief und fest auf der Gegenseite des Hauses. Wenn die gewusst hätten, wo mein Zimmer war, hätten sie einfach nur ohne viel Mühe über ihr Grundstück zu meinem neuen Zimmer über das Terrassengeländer, das höchstens einen guten Meter hoch war, klettern können. Natürlich kam am nächsten Tag wieder die „Himmelpolizei". Sich verteidigen – keine Chance. Man hatte die Klappe zu halten. Obwohl die Doktorfamilie immer hinter mir stand, fand ich es eigentlich unverschämt, wie sich diese Klosterschwestern aufführten, vor allem die Doktorfamilie hätten sie anhören müssen. Melitta, eine Schulkollegin von mir, die gegenüber von meiner Unterkunft wohnte, und ich hatten zwar mit den Nachbarburschen gesprochen und sie ein wenig geneckt, aber wir haben den Burschen sicher keinen Anlass gegeben zum Fensterln.

Gott sei Dank waren die Lehrer in der Klasse normal. Die hatten höchstens ein leises Schmunzeln parat, aber sie waren alle sehr nett zu mir, außer der einen Lehrerin, von der ich das Steno verbot, bekam.

Kurze Zeit später waren Weihnachtsferien. Ich verbrachte die Ferien zu Hause. Als ich wieder zurückkam, hatte die Frau Doktor Gelbsucht. Sie hatte eine Krankenschwester im Haus. Die Heimleitung aber hatte beschlossen, ich müsse weg, denn auf so ein Luder, wie ich es sei, könne der Herr Doktor nicht allein aufpassen. Die Doktorfamilie hat mir den Vorschlag gemacht, mich zu adoptieren, sie sagten mir, ich könne dann in eine bessere Schule gehen, doch ich war so etwas von dumm. Ich lehnte ab. Ich kam mir unverständlicherweise so vor, als ob ich gekauft würde. Die Doktorfamilie war schon etwas enttäuscht von mir. Sie sagten, ich müsse sie aber unbedingt besuchen kommen. Doch leider fand ich in der neuen Familie nicht mehr die Zeit, die nette Doktorfamilie zu besuchen, obwohl ich es ihnen versprochen hatte. Bedauerlicherweise ist der Herr Doktor kurz darauf an einem Herzinfarkt gestorben. Ich denke oft an diese lieben Leute und was wohl aus mir geworden wäre, hätte ich ihr Angebot angenommen; wobei mein Mann meint, Vater hätte, ohne dass er Geld für mich bekommen hätte, nicht zugestimmt – so wie es sich schon damals zugetragen hat, als ich klein war, da wollten mich auch Leute adoptieren, aber Vater sagte: „Sie ist doch keine Katze, verschenken tu ich sie nicht."

Strafversetzt

Ich kam zu einer neuen Familie. Der Herr Doktor war sehr nett. Er war leitender Redakteur einer Zeitung. Aber sie war eine verwöhnte Lady. Sie hatten vier Kinder.

Paul, der Älteste, war zwölf. Er ging ins Realgymnasium und war ein sehr freundliches und stilles Kind. Dann gab es den Knud, der brachte mich oft zum Kochen. Ich glaube, er war Autist. Er schloss sich im WC ein und machte auch nicht auf, wenn sonst jemand auf die Toilette musste. Ich musste über die WC-Wand klettern, um die Tür zu öffnen, damit der Betroffene seine Notdurft verrichten konnte. Wie zu erwarten war er auch sonst sehr schwierig. Das Mädchen Heidi war auch sehr lieb. Mein absoluter Liebling war aber der vierjährige Tim. In jeder freien Minute kümmerte ich mich um ihn. Er war ein so goldiger und gescheiter Junge. Ich konnte nicht verstehen, dass sich seine Mutter weder um ihn noch um seine Geschwister kümmerte. Die Frau Doktor schlief jeden Tag bis elf, dann war sie bis zwölf im Bad. Um zwölf wurde gegessen. Danach machte sie ihren Mittagsschlaf.

Sie legte mir immer das Kochbuch hin und schrieb auf, was ich zu kochen hatte, was eingekauft werden musste und was sonst noch alles zu machen war. Einmal habe ich bei den Semmelknödeln zu viel Milch genommen, da habe ich dann halt etwas mehr Mehl und Brösel dazugegeben. Die Kinder haben ein wenig gemeckert, aber der Herr Doktor hat gleich zwei Knödel gegessen und gesagt: „Solche Knödel macht nur Tina!", und so hätten wir dann bald zu wenig Knödel gehabt.

Die Bettwäsche und die Hemden des Herrn Doktor kamen in die Wäscherei und natürlich die Abendgarderobe der Lady und auch die Anzüge des Herrn Doktor. Die andere Wäsche fiel in meinen Aufgabenbereich.

Zusätzlich waren oft Gäste eingeladen, entweder zum Mittagessen oder abends. Mein liebster Gast war ein hoher Politiker. Lustigerweise war ich mit meinen 15 Jahren gar nicht nervös beim Kochen. Ich weiß noch genau, was ich das erste Mal gekocht habe, als er zu Gast war. Da gab es Zander Natur mit Reis und Birne Helene, und Salzburger Nockerl als Nachtisch. Der nette Politiker war unglaublich sympathisch, ich habe von ihm immer 100 –, Schilling Trinkgeld bekommen. Ich hätte ihn aber auch dann gemocht, wenn ich kein Trinkgeld bekommen hätte. Nach circa sieben Jahren hat er mich sofort wiedererkannt, sogar meinen Vornamen hat er noch gewusst und mir geholfen bei Komplikationen mit dem Zollamt wegen meines Autos, das ich in Österreich gekauft hatte, da sollte ich auf einmal Zoll bezahlen. Leider war er nicht so oft Gast wie andere Leute, wo ich gar nichts bekam. Ich brauchte das Geld, denn bei dieser Familie bekam ich keinen Schilling, obwohl ich nicht nur die vorgeschriebenen Stunden arbeitete, sondern unzählige Stunden mehr. Oft habe ich noch am Abend Gäste bedient und abgewaschen, ab und zu habe ich Trinkgeld bekommen. In der Früh bin ich schon sehr zeitig aufgestanden, um mit der Arbeit fertig zu werden, mittags musste ich Paul noch das Essen warm machen und anrichten und dann bin ich gerannt, um rechtzeitig in die Schule zu kommen. Aber im Grund gefiel es mir trotzdem gut. Ich mochte drei der Kinder sehr gerne, den Autisten nahm ich einfach nicht ernst. Die viele Arbeit machte mir nichts aus, nur dass ich dafür von der Familie nichts bekam, das störte mich schon, denn ich musste jeden Pfennig zweimal umdrehen, um die benötigten Schulartikel kaufen zu können.

Mein Zimmer war eigentlich kein richtiges Zimmer, sondern eher eine Abstellkammer. Es gab kein Fenster, sondern nur ein Oberlicht im Vorraum. Und abends, wenn Gäste da waren, drang der Rauch und der Lärm zu mir; zum Schließen wäre es sehr umständlich gewesen, da hätte ich eine Stehleiter gebraucht. Außerdem war das Zimmer so klein, dass ich den Sessel auf den Tisch stellen musste, damit ich die Kastentür öffnen konnte. Na ja, ich war ja nur kurze Zeit verwöhnt gewesen; zu Hause wäre ich froh gewesen, wenn ich ein solches Zimmer gehabt hätte.

Wie bereits erwähnt, war es uns ja untersagt, lange, warme Winterhosen zu tragen. So kam es, dass ich mir bei meinen Füßen starke Erfrierungen einfing. Ich hatte richtige eitrige Löcher in den Beinen. Trotzdem habe ich weiterhin die viele Arbeit gemacht. Ich wohnte in der Nähe eines Flusses und musste dort auf die Straßenbahn warten. Es war ein sehr kalter Winter mit viel Schnee und so hatte die Straßenbahn des Öfteren Verspätung und der Wind pfiff um die Beine, zuzüglich der feuchten Kälte vom Fluss. Der Arzt verordnete mir warme Kleidung. Von da an war das Hosentragen im Winter erlaubt. Zusätzlich bekam ich Bäder und Salben verordnet, die fürchterlich stanken. Die Mitschülerinnen waren den Gestank schon gewöhnt, aber die Lehrer hatten ganz schön zu kämpfen mit dem Gestank und die Frau Doktor war in fünf Minuten fertig im Bad. Die Kinder hatten damit kein Problem.

Mit Tim ging ich öfter in den Stadtpark Ski fahren. Samstags und sonntags sollte ich eigentlich freihaben, aber ich habe genauso den Haushalt gemacht, nur nachmittags habe ich mich hauptsächlich um Tim gekümmert, und das habe ich gerne gemacht. Zu Ostern war ich dann wieder zu Hause. Mein Bruder Tom war auf Kurzurlaub aus Tirol auf Besuch. Ich erzählte ihm, wie ich da ausgenutzt wurde. Mein Bruder meinte, ich solle mit nach Tirol fahren und mir dort eine Arbeit suchen. Doch ich wollte durchhalten, ich wollte Säuglingsschwester werden.

Ich drückte also weiter die Schulbank und führte meine Arbeit fort, da brach eines Tages die Schüssel auseinander, mit der ich für Peter das Essen warmgehalten hatte. Die Frau Doktor verlangte von mir, dass ich die Schüssel bezahlte, dabei hatte die Schüssel schon einen Sprung, als ich dort hinkam. Ich hatte ohnedies zu wenig Geld für anstehende Handarbeitssachen, Schulsachen und Pflegeartikel. Ich war so wütend! Ich gab meine Schulsachen in den Kasten und legte einen Zettel auf den Tisch mit der Nachricht, dass ich nach Hause fahre. Dann packte ich das Notwendigste und zog los. Mit der Netzkarte konnte ich bis zum Stadtende fahren. Ich hatte nur mehr 4,50 Schilling. Damit konnte ich nicht weit fahren, also ging ich 25 Kilometer zu Fuß. Das letzte Stück wollte ich dann mit dem Autobus fahren, doch zum Glück traf ich meinen Onkel; ich erzählte ihm kurz und bündig, wie die Gnädige mich ausgenutzt hatte. Mein Onkel war mein Vormund, weil Vater meine Mutter entmündigt hatte, damit er allein an den Besitz käme. Aber das wurde mir erst viele Jahre später bewusst.

Zu Hause wartete schon die Polizei auf mich, die wollten mich gleich wieder zurückbringen, doch mein Onkel sagte: „Die Tina braucht da nicht mehr hin, denn sie hat mir alles erzählt, wie sie da ausgenommen wird." Mein Vater wollte schon, dass ich wieder zurückgehe, denn er bekam für mich ja Kinderbeihilfe und Familienbeihilfe, wovon ich nur einen Bruchteil abbekam. Mutter war auch auf meiner Seite. Nun musste ich aber noch einmal zurück, meine restlichen Sachen holen.

Tim weinte, er bat mich, zu bleiben. Ich hatte meine kleine Schwester Verena mit dabei, sie war gleich alt wie Tim, also auch vier Jahre. Tim rief mir vom Balkon aus nach und weinte, er tat mir so leid, aber Verena sagte: „Komm Tina, gehen wir nach Hause." Wenn ich Verena nicht mitgehabt hätte, wäre ich vielleicht wegen Tim geblieben. Dann musste ich noch in die Schule. Die Schulleiterin hat mich zu sich bestellt. Sie mochte ich schon immer gern. Sie hat mir zwei Stunden gut zugeredet, dass ich bleiben solle und eine andere Familie bekommen würde; es wäre schade um mich, weil ich so gut lernen würde und so weiter und so fort. Auf der einen Seite hätte ich doch Lust gehabt zu bleiben; wegen Tim wollte ich eigentlich nirgendwo anders hin, aber auf der anderen Seite hatte ich eine solche Wut auf seine Mutter. Meine Schwester machte mir meine Entscheidung leichter, sie sagte unzählige Male: „Komm Tina, gehen wir."

So habe ich mich in Seefeld in Tirol als Kochlehrmädchen beworben. Das Geld für die Zugfahrt habe ich mir beim Onkel verdient. Ich sollte am Pfingstsonntag draußen sein.

Am Bahnhof habe ich später einmal Heidi getroffen. Sie erzählte mir, dass sie jetzt den ganzen Abwasch erledigen müsse, da sie kein Mädchen von meiner Schule bekämen. Sie ist sicher eine sehr tüchtige Frau geworden. Leider habe ich vor einigen Jahren erfahren, dass Knud und Tim wegen Betrugs im Gefängnis waren. Bei dieser Mutter braucht man sich darüber auch nicht zu wundern.

Ab nach Tirol

Mein Bruder Peter und sein Freund fuhren zur gleichen Zeit wie ich nach Tirol. Peter war gelernter Maler und sein Freund war Tischler, beide hatten schon eine Stelle in ihrem Beruf; mein Bruder Tom war ebenfalls schon länger in Tirol. Die Zugfahrt war in der Nacht. Um vier Uhr in der Früh kamen wir in Innsbruck an. Mein Bruder und sein Freund gingen in den Waschraum für Männer, so war ich ganz allein auf dem Bahnhof, da waren lauter Betrunkene und die pöbelten mich an, am liebsten wäre ich in den nächsten Zug gestiegen und heimgefahren.

Um sechs Uhr morgens ging dann der Zug nach Seefeld. Es gefiel mir so gut. Es war ein sonniger Tag und ich fand die Umgebung wunderschön.

Ich wurde am Bahnhof von meinem zukünftigen Chef abgeholt. Aber dann kam die Enttäuschung: Sie wollten mich zum Servieren, da die andere nicht dafür geeignet sei; aber ich hatte nicht die passende Kleidung zum Servieren. Ich fragte meinen großen Bruder, ob er mir etwas Geld borgen könne für einen schwarzen Rock und eine weiße Bluse, aber mein Bruder hatte leider kein Geld. Ich hatte nur farbige Sachen und davon auch nur sehr wenig; die Chefs fragten mich sogleich: „Wo haben Sie Ihr ganzes Gepäck?"

Geisen Bach

So haben mich die vom „Sonnenhof" nach Geisen Bach vermittelt. Dort konnte ich in der Küche arbeiten, aber nicht lernen, denn dort war nur Sommerbetrieb. Aber die Fluris, meine neuen Chefleute, waren sehr nett. Frau Fluri war eine exzellente Köchin und ich durfte bald sehr viele Sachen selbstständig machen.

Herr Fluri war Landwirt und nebenbei Taxifahrer und der Sohn war ein richtiger Weiberheld. Ich bekam zusammen mit dem Stubenmädchen ein Zimmer. Der Sohn des Hauses kam öfter zu Besuch bei meiner Bettnachbarin; obwohl sie verlobt war, trieb sie es ständig mit ihm und dann wollte er gleich von ihrem Bett in meines, aber auf einen solchen war ich nicht scharf, so etwas widerte mich an. Ich glaube, dass die Chefs nichts von den Neigungen ihres Sohnes wussten.

Oft nahmen mich Gäste zum Tanzen oder zu Ausflügen mit, meine Chefs haben mich beraten, mit wem ich mitfahren sollte. Ich habe gern auf sie gehört, denn es waren immer sehr nette Gäste und ich habe dadurch sehr viele Sehenswürdigkeiten, Stars und vieles mehr gesehen. Es waren meist sehr nette und wohlhabende Gäste und sie haben alles für mich bezahlt. Ich habe mich langsam daran gewöhnt, auch annehmen zu können, und die Gäste hatten Freude daran, mir eine Freude zu bereiten. Im „Café Corso" in Seefeld spielten die Bambis, da kostete schon der Eintritt eine ganze Menge und einmal in der Woche gab es in Seefeld im „Karwendel-Keller" einen großen Star sowie Freddy Quinn, Jimmy Makulis und andere mehr.

Wir hatten circa 20 Hausgäste, aber à la carte kamen sehr viele Wanderer vorbei und so hatten wir mittags oft über 100 Essen. Wir hatten hauptsächlich einfache, aber sehr gute Speisen. Es war ursprünglich ein Jagdschloss des Kaisers Maximilian. Im Haus gab es kein fließendes Wasser, trotzdem hatten wir große Persönlichkeiten als Gäste. Da gab es nur einen Bahnhof, ein Sägewerk und den Gasthof, wo ich arbeitete. In den Ferien war ein Mädchen des Bahnhofsvorstehers bei uns als Aushilfe. Abends traute sie sich nicht allein nach Hause. Ich brachte sie gerne nach Hause. Ich hatte bis dahin keine Angst gekannt. Auf dem Rückweg fielen dann zwei Burschen über mich her. Ich wehrte mich.

Ich hatte Holzschlapfen an, irgendwie erwischte ich die Schlapfen und schlug wild um mich. Ich kam los und rannte, so schnell mich meine Beine tragen konnten. In der Nähe befand sich ein Sägewerk, die Burschen vom Sägewerk kamen oft zum Fluri zum Essen. Ich rannte Richtung Sägewerk und stürzte nur so durch die niederen Fenster der Burschen, das war ein Gelächter. Die Burschen machten sich lustig über mich und meinten, dass hätten sie niemals gedacht, dass ich zu ihnen fensterl kommen würde. Die Burschen begleiteten mich auf meine Bitte hin zurück zum Gasthof. Zuerst wollten sie mir alle nicht glauben, dass zwei Burschen mich überfallen hatten, aber später sah man meine blauen Flecken, außerdem waren die zwei Italiener, die bei uns wohnten, verschwunden, leider hatten sie noch keinen Meldezettel ausgefüllt. Von diesem Augenblick an hatte ich sehr viel Angst, vor allem vor Italienern. Das Mädchen brachte fortan unser Chef heim, oder sie wurde abgeholt. Leider fuhr ich deswegen nie mit ins schöne Südtirol.

Anfangs habe ich mich oft geärgert, weil viele mich „Geregte" oder „Letze" genannt haben, bei uns ist „Geregte" eine Bezeichnung für „die Schlechte" und „Letze" ist bei uns eine „Hintangebliebene". Ich habe darauf gesagt: „Ich werde euch schon noch zeigen, dass ich keine Letze bin", und so entstand eine Wette, dass ich mit einem großen, starken Polizisten um die Wette mähen würde. Das war eine Hetze, aber ich habe gewonnen, und zwar überlegen, doch inzwischen kam ich darauf, dass „Geregte" und „Letze" etwas Nettes in Tirol sind und mit „klein" und „lieb" in Verbindung gebracht werden.

Eines Tages mussten unsere Chefs für zwei Tage nach Südtirol zu einem Begräbnis. Ich kochte zusammen mit einem behinderten Mädchen für die ganzen Gäste. Die Chefin hatte nur Gulasch und verschiedene Salate vorgerichtet.

Dem Zimmermädchen und dem Kellner habe ich auch öfter geholfen, im Sommer hatten wir alle keinen freien Tag. Der Kellner war ein kleiner Gauner; erst durch mich kamen die Gäste darauf, dass der Kellner den ganzen Sommer mehr verlangte, als auf der Speisekarte stand. Er hat nämlich eine eigene Karte geschrieben.

Die Fluris wollten mich in ihr Winterquartier mitnehmen, dort war so eine Art Imbissstube. Ich war bisher erst einmal für einen Monat nach Hause gefahren. Mit 65 Kilo war ich zu Pfingsten nach Tirol gekommen und mit 50 Kilo bin ich am 1. November nach Hause gefahren. Ich hatte meine kleine Schwester so sehr vermisst! Ich brachte ihr allerhand Kleider und Spiele aus München mit, dort waren wir anlässlich eines Betriebsausflugs zum Oktoberfest gewesen.

Reith

Mein Bruder Peter hatte eine Freundin in Reith, Renate, eine ganz Hübsche, an ihrer Arbeitsstelle konnte ich als Stubenmädchen arbeiten. Anfangs gefiel es mir dort sehr gut. Renate war sehr nett. Und dann waren da noch Gitti und die blöde Ingrid oder Inge, wie sie gerufen wurde. Mit Inge zusammen sollte ich die Zimmer machen. Inge sollte mich anlernen, aber das war ein falsches Luder! Sie war eine starke Raucherin. Sie hat am Vormittag gebügelt, insgesamt zwei Schlüpfer, und ich habe geputzt und am Nachmittag für den Anfang gar nicht so wenig gebügelt. Dann hat die Chefin zu mir gemeint, wenn das so sei, dass ich mit dem Bügeln nicht zurechtkäme, dann solle ich die Putzarbeiten machen, wie alle Toiletten und die ganzen Gänge und Treppen. Ich fragte die Chefin gleich, ob sie mich schon einmal rauchen gesehen hätte. „Inge hat den ganzen Aschenbecher vollgeraucht und nur zwei Schlüpfer gebügelt und alles andere habe ich gemacht", sagte ich ihr. Die Chefin glaubte mir und die liebe Inge durfte daraufhin alles putzen. Ich habe im Dezember angefangen und bis Mai durchgehend gearbeitet.

Endlich lernte ich schwimmen. Gitti und Renate wollten mit mir schwimmen gehen, doch oje, ich konnte ja gar nicht schwimmen. Ich hatte Glück. Es regnete die ganze Woche und ich nutzte die Zeit. Bei strömendem Regen ging ich jeden Tag ins Freibad und jeden Tag kam ich etwas weiter. Meine Arbeitskollegen fragten mich, wohin ich jeden Tag gehen würde. Ich sagte ihnen, dass ich zum Zahnarzt gehen würde, doch zum Schluss wussten alle, dass ich ins Bad ging, um schwimmen zu lernen. In der Zimmerstunde gingen wir alle schwimmen. Ich war zuerst da. Ich schwamm gerade im Tiefen, als unser netter Koch kam. Er winkte und ich winkte zurück und plumps, ging ich unter. Der Koch sprang mitsamt seinen Kleidern ins Wasser, um mich zu retten, doch ich war schon wieder selbst hochgekommen. Ich war schon am Beckenrand und neckte unseren Koch, warum er mitsamt seinen Kleidern ins Wasser gehen würde. Na ja, stattdessen hätte ich mich eigentlich bedanken sollen.

Ich glaube, es war Ende Mai, da habe ich von zu Hause einen Brief bekommen. Ich solle nach Hause kommen, meine Mutter liege im Spital und ich würde dringend für meine Schwester gebraucht. Also fuhr ich nach Hause. Meine Mutter hatte sich mit einer Überdosis Schlaftabletten das Leben nehmen wollen. Sie war für zwei Monate im Sonderkrankenhaus und ich habe mich geschämt und traute mich nicht zu sagen, warum ich so lange zu Hause war. Es war schön zu Hause. Meine kleine Schwester Verena war ein sehr liebes und aufgewecktes Kind. Meine Brüder haben sie auf dem Tonband aufgenommen, wie sie bis 100 zählte, nur über die Zehnerstellen brauchte sie Hilfe.

Anfang Juli fuhr ich wieder nach Reith. Ich habe nicht einmal Peter, meinem Freund, gesagt, warum meine Mutter im Spital war. Meiner Chefin auch nicht.

Peter war ein netter Bauernbursch des Ortes. Ich war oft bei ihm auf dem Bauernhof. Die Chefin war eine blöde Kuh. Sie war verheiratet und viel älter als unser adretter Koch. Ich habe in unserem Koch nur einen guten Freund und Arbeitskollegen gesehen, trotzdem war die Chefin eifersüchtig auf mich. Ich habe zu Mittag in der Küche geholfen und mit dem Koch eine Gaudi gehabt, auch habe ich viele Sachen selbstständig machen dürfen. Einmal habe ich beim Kartoffelbrei einfach Butter genommen statt des komischen Tullys, und die Gäste haben dann alle gesagt: „Der Kartoffelbrei war noch nie so gut!" Natürlich habe ich von der Chefin Tadel bekommen.

Das erste Mal auf dem Berg

Mein Bruder Peter hat mich eingeladen, mit ihm auf die Reiterspitze zu gehen. Ich besorgte mir Bergschuhe und Bergbekleidung und startete am vereinbarten Tag um vier Uhr morgens nach Seefeld. Doch die Enttäuschung war groß. Auf einmal hatte keiner mehr Zeit. Mein Bruder musste arbeiten, die Tochter des Chefs schrieb in der Schule einen Fleck und so hatte jeder irgendetwas Wichtiges zu tun.

Also ging ich allein. Es war völlig ruhig und still, keine Menschenseele war zu sehen. Als ich oben auf dem Berg ankam, sah ich zwar die Markierung, aber der markierte Weg verlief unten im schattigen Teil. Oben auf dem Berg schien schon die Sonne und so kletterte ich auf den Berg, der Sonne entgegen. Eine Zeit lang ging es gut, doch auf einmal bröckelte der Fels überall ab, ich konnte nicht vor und auch nimmer zurück. So habe ich mich in den Felsen gekauert. Kein Mensch war weit und breit zu sehen. Circa zwei Stunden saß ich im Geröll fest.

Da, endlich, kamen zwei junge Burschen und riefen gleich zu mir hinauf, was ich da oben machen würde. Ich sagte ihnen, dass ich das erste Mal auf einem Berg war und ich weder vor- noch zurückkonnte, weil alles abbröckelte. Sie riefen mir zu, ich solle vorsichtig im Geröll hin und her rutschen und mit den Schuhen fest bremsen und dann auf sie zusteuern. Die zwei Burschen stemmten sich fest in den ausgetretenen Weg und fingen mich auf. Es war trotz meines starken Bremsmanövers recht schnell geworden und die zwei Seefelder Burschen hatten zu tun, dass wir nicht alle drei in die Schlucht hineinrutschten. Die Sohlen meiner neuen Bergschuhe waren hinüber, aber diesen einen Tag hielten sie noch aus.

Es wurde ein wunderschöner Tag. Die zwei Burschen gaben mir wertvolle Tipps, damit mir so etwas nicht mehr passieren würde. Sie meinten, dass ich trotz des Vorfalls doch sehr tüchtig unterwegs war. Ich erzählte ihnen, dass ich zu Hause bei einem kleinen Felsen öfter kraxelte und auch ständig auf die höchsten Bäume kletterte und sogar oft mitsamt der Schultasche auf die Waldbäume kletterte und mich von einem Baum zum nächsten schwenkte. Die zwei Burschen gaben mir den Spitznamen „Gamsinchen", denn sie sagten, ich könne klettern wie eine Gämse.

Wir verabredeten uns für den Abend, wir wollten meine Rettung feiern und ich wollte mich bei meinen Rettern revanchieren. Doch daraus wurde nichts. Mein Bruder Peter kam mit einem Freund von unserem Ort. Sie wollten mit mir ausgehen, doch ich sagte ihnen, dass ich heute mit meinen Lebensrettern ausgehen würde, und ging, um mich umzuziehen. Doch während ich mich fertig machte, sagte mein Bruder zu meinen Rettern, dass er ausrichten solle, dass ich nicht mit ihnen mitgehen würde, sondern mit ihm und seinem Freund. Als ich in die Gaststube herunterkam, waren die zwei Seefelder Burschen schon weg. Ich war schön sauer auf meinen Bruder und ging nicht mit ihm mit, sondern wieder zurück in mein Zimmer. Ich war ohnedies schon müde, aber schlafen konnte ich trotzdem nicht vor lauter Ärger. Leider habe ich die zwei nie mehr gesehen.

Wenn ich in der Zimmerstunde spazieren ging, hat sich meistens ein ganzer Schwarm Burschen um mich angesammelt. Ich hatte nichts gegen eine Begleitung bei meinen Spaziergängen und dann tranken sie noch meistens etwas im Gasthof. Zu Mittag half ich in der Küche. Ich war gerade beim Kartoffelschälen, da hörte ich, dass die Chefin sagte, ich sei heimgefahren mein Kind abtreiben, denn in der Zimmerstunde sei ich auf den Strich gegangen. Ich habe die Kartoffel hingeschmissen und habe meine Sachen gepackt und gekündigt. Ich wollte die Chefin anzeigen, doch ein bekannter Rechtsanwalt hat mir davon abgeraten.

Ich bin dann gleich in die nächste Ortschaft gefahren, um nach Arbeit zu fragen, und beim zweiten Hotel habe ich gleich etwas bekommen, aber erst in einer Woche. Ich durfte jedoch gleich dort schlafen und so hatte ich eine Woche lang einen herrlichen Urlaub. Anscheinend war meine Ex-Chefin schon als blöde Kuh bekannt, die neue Chefin hat mir gleich geglaubt. Es gefiel mir sehr gut auf der neuen Arbeitsstelle. Ich durfte sehr selbstständig als Stubenmädchen arbeiten. Zu Mittag und am Abend habe ich in der Küche geholfen. Das war auch interessant. Die Chefin von meiner früheren Arbeitsstelle musste jetzt meine Arbeit machen, weil sie keinen Ersatz für mich bekamen. Daraufhin wurde sie krank. Meine ehemaligen Arbeitskollegen traf ich immer im Schwimmbad. Sie erzählten mir alles und machten sich lustig über ihre Chefin.

Jeder Koch hat seinen eigenen Stil. Ich war die Jüngste im Küchenteam und auch die Keckste. Mir fiel auf, dass das Küchenpersonal sehr langsam arbeitete. Ich sagte: „Könnten wir nicht flotter arbeiten? Dann sind wir früher fertig." Alle waren damit einverstanden und durch meinen Schwung hatten wir unsere Arbeit bald erledigt. Da kam die Chefin und sah, dass wir schon fertig waren, und da wollte sie uns in den Keller schicken, um dort aufzuräumen. Ich kecke Göre sagte zu ihr: „Aber Chefin, statt dass Sie froh sind, dass wir Strom sparen, bestrafen Sie uns, wir könnten doch morgen mal zwischendurch in den

Keller gehen, um dort aufzuräumen." Die Chefin war damit einverstanden. Unser Koch schätzte mich sehr, dass ich mit meinen jungen Jahren schon so selbstbewusst war.

Montagabends bestellte er öfter einen Bus, dann fuhren wir alle zusammen zum Ötztaler Bahnhof, da war ein großartiges Lokal. Dort wurde super Musik gespielt, ab vierundzwanzig Uhr traten dann neue Sänger und Musikanten auf. Das war immer sehr lustig. In der Mitte der Tanzfläche wurde stets eine riesige Pfanne mit Kaiserschmarrn gemacht und jeder bekam etwas davon ab. Ein junger Ingenieur, der mit uns mitgefahren war, sang das Lied „Ave-Maria". Ein Produzent aus Amerika nahm den jungen Mann gleich mit nach Amerika.

Aber bald war Saisonschluss und ich wollte lieber servieren. So fragte ich im Caféhaus gleich nebenan um eine Jahresstelle als Servierkraft. Es wurde mir zugesagt und so kündigte ich. Aber meine Chefin informierte sich gleich bei ihrer Mutter, ob sie für mich eine Jahresstelle hätte.

So kam es, dass meine Chefin mit mir zum „Sonnenhof" in der Nähe von Innsbruck fuhr und mir das Hotel zeigte. Ihre Mutter fragte mich, ob ich da arbeiten möchte. Mir gefiel es dort sehr gut und ich dachte: „Wow, es wäre toll, in einem so schönen, großen Hotel zu arbeiten!"

Im „Sonnenhof"

Der „Sonnenhof" war ein schönes, großes, altes, aber sehr nobles und uriges Hotel. Da gab es einen romantischen großen Garten – ein Teil davon war überdacht –, der auch als Tanzfläche und für Musiker gedacht war, es waren viele nette Nischen abgeteilt mit einem eleganten Zaun, dann gab es eine sehr einladende Hotelrezeption, einen wunderschönen Speisesaal mit holzgeschnitzten Säulen, die jeweils einen Engel mit einer Laterne trugen, dadurch wirkte der Saal heimelig und urgemütlich. Dann gab es eine Bar, wo abends Musik gespielt wurde, und tagsüber diente die Bar als zweiter Speisesaal. Dann die Weinstube und das Gastzimmer, das in zwei Räume unterteilt war. Dann gab es noch die Eule, natürlich mit den passenden Schnitzereien, die Bauernstube und als Mittelpunkt den Schank. Das Haus hatte vier Stockwerke und hatte für circa 130 Hotelgäste Platz. Im vierten Stockwerk war das Personal untergebracht.

Im „Sonnenhof" habe ich meine schönste Jugendzeit verbracht. Mein erster Eindruck war: „Ui die Chefin ist aber streng!", aber ich hatte die wunderbarste Chefin, die man sich nur vorstellen kann. Sie war zwar tatsächlich sehr streng, aber auch sehr gerecht und hat gute Arbeit honoriert. Mit lieben Gästen, überwiegend Engländern und Amerikanern, habe ich die schönsten Bergtouren unternommen. Aber auch die einheimischen Gäste waren sehr nett, urig und teils sehr charmant.

Meine erste Chefkellnerin – ein schon etwas älteres Baujahr – war eine Schreckschraube. Sie traktierte mich, wo sie nur konnte. Ich dachte zuerst: „Da bleibe ich nicht lang!" Aber ich habe mich bald trotz dieser Schreckschraube gut eingelebt, die Arbeit machte mir einen Riesenspaß, obwohl mich manche Gäste auf die Palme brachten. Ich war erst 17 Jahre, aber ganz schön frech.

Es gab Gäste, die sich im letzten Winkel platziert haben und zuerst einmal ein Achtel Mineralwasser bestellt haben und dann gewunken haben und eine Zeitung zum Lesen wollten, den Aschenbecher voll mit Zigarettenresten. Dann haben sie auch noch gerufen: „Bitte Fräulein, einen neuen Aschenbecher!" Da ist mir beinhart ein Gedanke gekommen und ich habe alle billigen Sachen von der Karte gestrichen, weil ich mich schikaniert gefühlt habe. Ich weiß noch, dass die Schreckschraube von Kellnerin sich deswegen bei der Chefin über mich beschwert hat, anscheinend habe ich da schon vorübergehend selbst kassiert. Ich hatte schön Angst, was wohl die Chefin dazu sagen würde, doch ich hatte Massel, denn die Chefin hat gesagt: „Das ist eine gute Idee. Ich habe selbst schon den Gedanken gehabt, weil es doch ein sehr weiter Weg ist in den Garten, und wenn manche Gäste solche Ansprüche haben, wo man weit mehr Arbeitszeit hat als Verdienst, dann lohnt sich das nicht wirklich. Zwar hatte ich damals ein Fixum, aber ich habe mich trotzdem verarscht gefühlt. Es gibt auch nette Raucher, aber die meisten Raucher glauben, sie wären etwas Besonderes, und können einen schikanieren.

Doch die Zeiten änderten sich. Immer wenn ich nach Innsbruck fuhr, beauftragte mich der Besen einer Kellnerin, Schnaps vom Spirituosengeschäft mitzubringen. Ich dachte: „Die Schreckschraube ist also auch eine Schnapsdrossel!" Einmal sagte die Chefin: „Ich verstehe nicht, dass in der Gaststube auf einmal so wenig Schnaps geht." Ich erwiderte spontan: „Jetzt weiß ich, warum ich meiner Chefkellnerin immer Schnaps aus Innsbruck mitbringen musste." Die Chefin kontrollierte umgehend die Schnapsflaschen in der Gaststube und siehe da, es war ein billiger Fussel und nicht der gute Obstler, den die Chefin eingekauft hatte. Sie stellte meine blöde Kollegin sofort zur Rede und kündigte ihr fristlos.

Natürlich wusste sie sofort, wer sie verraten hatte. Auf einmal stand sie mit einem großen Küchenmesser hinter mir und blickte ziemlich grimmig drein. Ich machte kehrt und rannte bei der Gaststubentür hinaus auf die Straße – sie hinter mir her. Circa 30 Meter weiter war der nächste Wirt. Ich bei der Gaststubentür rein und sie mit dem Messer hinter mir her. Die Gäste brüllten vor Lachen, sie schämte sich und lief davon. Ein netter Gast begleitete mich zurück, nachdem ich den Gästen erzählt hatte, warum meine Kollegin mit dem Messer hinter mir her war. Gott sei Dank war sie verschwunden und ich war den Drachen los. Schon bald hatten wir einen Ersatz. Heidi war einmalig. Sie wurde meine allerliebste Arbeitskollegin und Freundin. Mit ihr konnte man im sprichwörtlichen Sinne „Pferde stehlen" gehen.

Einen sehr lieben Gast, einen alten Sattlermeister, werde ich ewig in bester Erinnerung behalten. Als ich fix kassieren musste, hatte ich plötzlich keine richtige Geldtasche zum Kassieren, da nähte der liebe Ludwig für mich schneller als der Wind eine ganz tolle Geldtasche mit vielen Fächern, da wir ja drei Währungen in der Börse unterbringen mussten. Wir akzeptierten das englische Pfund, die deutsche Mark und natürlich unseren österreichischen Schilling. Jene Geldtasche hatte ich unglaublich lang, ich glaube bis circa zu meinem 40. Lebensjahr, um etwa diese Zeit habe ich ja aufgehört zu servieren. Alle Gäste waren so lieb zu mir, auch ältere Leute. Ich sollte fast zu allen Du sagen. Es fiel mir anfangs schwer, da ich sogar meine Großmutter väterlicherseits mit Sie ansprechen musste. Aber da die Gäste zu mir sagten, ich müsste sonst einen Liter bezahlen, wenn ich weiter beim Sie bliebe, tat ich es halt. Sogar Barone und Grafen sollte ich duzen. Einer kannte den Grafen von unserem Ort sehr gut. Er beauftragte mich, ihm die besten Grüße auszurichten, aber ich kam nie dazu. Einen netten Bankdirektor hatten wir auch als Gast, er kam immer dorthin zum Essen, wo ich servierte. Er schätzte mich sehr, weil ich als so junger Mensch bereits so viel Geld auf der Bank hatte. An jedem Zahltag – damals bekamen wir das Geld noch direkt ausbezahlt – trug ich gleich alles plus mein erspartes Trinkgeld auf die Bank.

Die Chefin wollte schon lange, dass ich meine langen Haare abschneiden lasse, und ich wollte, weil ich etwas Husten hatte, auf die See Grube hinauf. Ich frisierte meine Haare absichtlich in die Stirn und am späten Nachmittag ließ ich meine Haare ganz kurz schneiden. Abends schaute ich bei der Chefin vorbei und präsentierte ihr meine neue Frisur inklusive meiner bleichen Stirn, denn ich hatte das Gefühl, einen freien Tag brauchte ich noch, oben war ein so großartiges Wetter und unten Nebel. Die Chefin sagte zu mir: „Du kleines Bradl, ab mit dir auf die Berge, damit deine Stirn auch etwas Farbe annimmt."

Wir hatten auch etwas eigenartige Gäste, so wie den ältesten Bobfahrer. Der hatte ein loses Mundwerk. Einmal waren fremde Gäste in der Gaststube, da sagte er zu mir: „Tina, komm deine Unterhose bei mir holen, die hast du bei mir vergessen." Ich habe gleich gekontert und gesagt: „Weißt du, Hans, die Einheimischen kennen dich, aber wenn Fremde da sind, darfst du dein Mundwerk gern zügeln." Das hat gewirkt. Hans hat mir gegenüber nie mehr etwas Unanständiges gesagt. Aber einmal habe ich ihn ein bisschen provoziert. Ich musste ihm von zu Hause einen Schnaps mitbringen. Da habe ich ihm von dem Doppelgebrannten gleich ein doppeltes Stamperl zum Kosten eingeschenkt und er hat es in einem Zug hinuntergekippt und gleich wieder ausgespuckt. Da hat er gemeint: „Du bist ein Luder!", und Monate später hat er gesagt: „Den guten Doppelbrand habe ich nur für medizinische Zwecke und für den Tee, aber ich trinke keinen Doppelten von dem starken Schnaps."

Einen Engländer werde ich auch nie vergessen. Er war ein Fabrikbesitzer. Ein kleiner, herziger Herr. Nach dem Mittagessen trank er immer einen Kaffee. Er nahm den Würfelzucker und kreiste mit dem Zucker über dem Kaffee und dann ließ er den Zucker circa von 20 Zentimeter Höhe in den Kaffee fallen. Natürlich war das Tischtuch dann jedes Mal zu wechseln und vom Kaffee blieb nicht viel übrig, aber sonst war er sehr nett, ich bekam immer ein schönes Trinkgeld. Jeden Tag telefonierte er circa eine Stunde lang in unserer hoteleigenen Telefonkabine nach London.

Da ich seit meiner Überfallgeschichte in Gießen Bach vor Italienern solche Angst hatte, musste Heidi stets mit zum Speisesaal gehen, denn da kam ein unheimlicher Italiener immer so spät zum Essen, das sonst niemand mehr da war. Die Gäste konnten von jeder Speise einen Nachschlag haben und der Italiener saß da und sagte jedes Mal so gruselig: „Fleisch." Mir kam es vor, als wollte er mich fressen.

Ich mochte die Engländer und Amerikaner sehr gerne. Wir hatten im Speisesaal immer für eine Woche Reisegruppen aus England. Der Koch war schon circa 20 Jahre im „Sonnenhof" und er war am Gewinn beteiligt, aber nie geizig. Er hatte immer das Bestreben, die Wünsche des Gastes zu erfüllen. Die Gäste bekamen alle das gleiche Essen, jedoch konnte jeder, je nach Wunsch, Fleisch, Salat oder Beilagen nachgeschöpft bekommen. Meine Kollegin kam allerdings oft kaum damit nach, die ersten Portionen zu servieren, obwohl sie einen kürzeren Weg hatte als ich. Ich war immer schon sehr schnell und so konnte ich den Gästen ihre Wünsche erfüllen und habe nebenbei immer auch noch einen Scherz übrig und ein Lächeln auf den Lippen gehabt. Ich habe meine Arbeit immer mit sehr viel Freude verrichtet, ohne dabei an das Trinkgeld zu denken.

Ich bekam enorm viel Trinkgeld. Heidi hat beobachtet, dass eine Kollegin von mir, welche die gleichen Gäste in der Bar hatte, nur höchstens 10 Schilling Trinkgeld erhielt, während ich von fast allen 100 Schilling bekam. Sie konnte perfekt Englisch, weil sie längere Zeit in England war; ich dagegen sprach anfangs mit Händen und Füßen, aber zum Schluss habe ich sogar teilweise englische Dialekte übersetzt. Ich zeigte den Engländern schöne Spaziergänge und machte an meinen freien Tagen oft herrliche Bergtouren mit ihnen. Sie haben mich dann massenweise fotografiert, ich selbst habe aber leider kein einziges Foto, denn meine Kollegen haben immer gesagt: „Bitte gib uns das Foto, du bekommst ja immer wieder welche."

Wenn andere Hotels schon zusperrten, war der „Sonnenhof" meistens noch voll besetzt, und wenn dann die Feriengäste nicht mehr da waren, dann ging es mit den Handwerkern weiter. Teilweise übernachteten diese auch im Hotel, wir hatten jeden Wochentag um die 150 Arbeiter zum Mittagessen. Die erste Zeit war Heidi noch da, aber dann ging sie auf Urlaub, da war ich dann in der Gaststube ganz allein, nur die Hilde an der Decke war sonst noch da. Aber ich habe es ganz gut gemeistert. Die Arbeiter waren alle sehr nett und ich habe alles super vorbereitet. Die Arbeiter tranken zum Essen fast alle ein Bier, so konnte ich das Bier und die anderen Getränke sowie den Salat schon mal auf die Tische stellen. Die Bierkisten für weitere Biere standen bereit, da konnten die Arbeiter dann selbst das Bier herausnehmen. Die Suppe musste nur in Schalen eingeschenkt werden und die kamen aus dem Drehkreuz direkt aus der Küche. Damals kostete ein Arbeiteressen 14 –, Schilling und ein Bier 4,10 Schilling. Die Arbeiter waren alle sehr ehrlich, mir blieb eine Menge Trinkgeld übrig. Unsere Chefin war großartig: Wenn ein Arbeiter ein Essen nicht wollte, bekam er stattdessen zum gleichen Preis ein Schnitzel oder einen Braten.

An den Wochenenden war auch immer sehr viel los, da kamen sehr viele Ausflügler von Innsbruck und Umgebung zum Essen oder zum Kaffee. Unsere Chefin war früher in Innsbruck im „Weißen Rössl" Kellnerin gewesen, dort war sie sehr beliebt, und als sie dann selbstständig wurde und den „Sonnen-hof" pachtete, kamen viele ihrer Gäste aus Innsbruck zu ihr in den „Sonnenhof".

Als das Reisebüro in London mitbekam, dass die Pacht vom „Sonnenhof" bald auslaufen würde, bekamen wir auf einmal einen solchen Schund von Gästen. Sie hinterließen in den Zimmern und in den Geräuften einen Mordssauhaufen und die meisten waren ständig betrunken. Als der Hausmeister die Tür aufmachte, fielen sie ihm schon halb ohnmächtig in die Arme. Da packte der Hausmeister eine betrunkene Frau über seine Schultern und wollte sie ins Zimmer tragen, aber sie erbrach über seine Kleidung, deswegen legte er sie einfach im Flur hin. Als frühmorgens unsere liebe Lina, die fleißige Putzfrau, kam und diese Bescherung sah, packte sie die Wut und sie schlug auf die betrunkene Frau ein, bis diese aufstand und laut schimpfend davonrannte. Unsere Chefin beschwerte sich bei dem Reisebüro. Sie sagte, sie habe in der Nähe von Seefeld zwei Hotels und werde sie aus dem Vertrag entlassen, wenn sie nicht sofort angenehme Gäste schicken würden. Beim nächsten Turnus bekamen wir dann wieder nette Engländer.

Es gab noch eine lustige Geschichte. Der Kellner vom Sporthotel war zeitweise auch ein Saufkumpan. In der Bar gab es im Sommer eine Tür zum Garten hinaus und im Winter befand sich ein dicker Vorhang davor. Dazwischen war fast ein Meter Zwischenraum. Da ist der Kellner stockbetrunken drinnen gelegen. Als am nächsten Tag die Kellnerin den Kollegen entdeckte, entfuhr ihr ein fürchterlicher Schrei, denn sie dachte, er wäre tot. Das Nachbarhotel hatte den Kellner schon vermisst, weil er nicht zur Arbeit erschienen war. Unsere Chefin hat ihn mit einer Sodaflasche angespritzt, daraufhin war der Gute gleich putzmunter.

Das war eine Wohltat, unter Heidi zu arbeiten, wir hatten es richtig lustig; wenn ich zwischendurch freihatte, ging ich richtig gern wieder arbeiten. Ich unternahm mit Heidi auch sehr viel in der Freizeit. Wir ritten fast jeden Tag zusammen aus, gingen Blumen pflücken auf der Blumenwiese des nächstgelegenen Bauern und verteilten dann die Blumen im Hotel. Wir wanderten zusammen auf die Berge, Heidi konnte so gut jodeln und auf den Almhütten gab es verschiedenste Instrumente, Heidi konnte alle spielen. Es war einfach eine wunderschöne Zeit mit ihr.

Heidi – meine liebste und beste Arbeitskollegin aller Zeiten. Sie war um die zehn Jahre älter als ich. Sie war sehr attraktiv, hatte dunkle, halblange Haare und war mit einem feschen blonden Skilehrer liiert. Sie bauten gerade zusammen ein Haus. Doch der fesche Skilehrer konnte seinen feschen Schihaserl nicht widerstehen und so erwischte Heidi ihn einmal in flagranti.

Heidi kaufte eine Flasche französischen Cognac und ich und ein paar andere Kolleginnen tranken damit ihren Kummer an einen Sonntagmorgen weg. Die Gäste sagten zu mir: „Tina, dass Sie Schwung haben, das wissen wir schon lange, aber heute haben Sie einen besonderen Schwung drauf." Obwohl ich sonst kaum Alkohol trank, hatte ich mich trotz der vielen Arbeit gut im Griff. Ich war stolz, dass nichts zu Bruch ging, und vor allem, dass ich keinen Gast irgendwie übergoss.

Ich war für meine jungen Jahre schön keck. Ich sagte zum Küchenpersonal: „Könnt ihr ein bisschen Gas geben, damit die Gäste ihr Essen etwas schneller bekommen?" Die in der Küche meinten, ich hätte keine Ahnung von ihrer Arbeit. Doch ich entgegnete, dass ich sehr wohl Ahnung davon hätte. So ergab es sich, dass ich eine kurze Zeit in der Küche half.

Dadurch lernte ich meine liebe Freundin Franziska kennen. Sie war Köchin. Der Küchenchef und alle anderen waren von mir begeistert, weil ich auch in der Küche sehr schnell war und wirklich Ahnung von Küchenarbeit hatte. So hat sich die Freundschaft mit Franziska entwickelt, wir verstanden uns sehr gut und gingen in der Zimmerstunde sehr oft zusammen spazieren. Dabei ergab es sich immer wieder, dass wir von feschen Burschen angesprochen und in der Folge von ihnen eingeladen wurden. Wir fuhren oft mit den Burschen mit nach Innsbruck, wo wir mit ihnen in ein bestimmtes Lokal gingen. Das Lokal hatte zwei Ausgänge. Wir hatten schon im Vorfeld den Plan, unbemerkt zu verschwinden. So auch bei zwei netten Burschen aus Deutschland.

Aber als ich am nächsten Tag im Garten bediente, saßen die zwei da. So lernten wir die beiden besser kennen und daraus wurde eine wunderbare Liebe. Mein Freund hieß Michael und war Medizinstudent und Franziskas Freund war der Sohn eines Hoteliers vom Bodensee.

Michael war einfach wunderbar. Ich erzählte ihm, dass ich eigentlich Krankenschwester werden wollte. Er sagte gleich darauf: „Das passt ja wunderbar! Dann kannst du, wenn ich Arzt bin, meine Arzthelferin werden."

Eines Tages wollte mich Michael an meinem freien Tag mit nach Deutschland nehmen und mich seinen Eltern vorstellen. Damit wir den ganzen Tag zur Verfügung hätten, wollten wir gleich abends nach Deutschland fahren. Doch auf einmal bekam ich Bedenken. Wie sollte ich meine Eltern vorstellen? Wie war das mit meinen Großeltern? Großmutter litt ein Leben lang unter der Ausgrenzung ihrer Familie.

Michael wartete auf mich im Gastgarten und ich saß in meinem Zimmer und sah vom vierten Stockwerk aus genau auf ihn hinunter. Er saß eine Ewigkeit da, sicher einige Stunden, und ich konnte mich nicht überwinden hinunterzugehen. Sein Freund erzählte mir am übernächsten Tag, dass Michael krank war. Er hatte eine ganze Woche lang Fieber.

Ich überlegte, wie ich ihm erklären sollte, dass aus uns nichts werden konnte. Da kam mir Moritz gerade recht. Er wollte schon immer mit mir ausgehen, und als Michael wieder gesund war und ins Hotel kam, da ging ich einfach mit Moritz fort. Ich dachte mir, dass sei die beste Lösung.

Doch ich bereute es bald. Moritz war ganz anders als Michael. Moritz unternahm tagsüber nie etwas mit mir; sicher, ich hatte am Wochenende kaum frei, dafür hatte ich aber oft bis zu drei Stunden am Nachmittag frei, ich ging dann mit Gästen oder allein spazieren und er saß währenddessen irgendwo in einem Gasthaus herum; ihm war nur wichtig, was er sagte und tat. Immer wieder wollte ich mich von ihm trennen, doch sein charmantes Lächeln faszinierte mich. Abends lud er mich oft nach Innsbruck ein, da gingen wir meistens ins Kino oder in ein Lokal.

Ich war viel mit dem Schäferhund vom Haus unterwegs. Die Chefin fragte mich, ob ich vielleicht den Hund mitnehmen würde, wenn der Chef auf Reisen war. So kam es, wenn ich Zimmerstunde hatte, dass sich der Hund gleich an die unterste Stufe setzte und auf mich wartete. Der Hund war ein sehr guter Beschützer; wenn sich jemand zu mir gesellte und ich nichts zu Akba (so hieß der Hund) sagte, dann fuhr er mit seiner Schnauze zwischen den Begleiter, knurrte und fletschte die Zähne. Wenn ich aber sagte: „Ist schon gut, Akba", dann ging er auf die andere Seite und trottete neben mir her. Aber am liebsten war es ihm, wenn ich mit ihm umhertollte oder über einen Abhang kugelte, da freute er sich sehr. Einen Studenten, der leider tödlich verunglückte, suchte die Bergwacht zwei Tage lang vergebens. Dann hat der Hund an seiner Kleidung den Geruch aufgenommen und obwohl der junge Mann mit dem Bus und der Straßenbahn unterwegs gewesen war, hat Akba ihn gefunden.

Als der Chef wieder da war, sollte er nicht mehr mit mir mitgehen, aber er verschwand oft einfach und kam mir nach. Wenn ich nach Innsbruck fuhr, saß er bei der Bushaltestelle und hielt den Kopf schief und hatte einen traurigen Blick.

Heidi nahm mich mit zum Reiten. Das faszinierte mich, aber gleichzeitig war es mir einfach zu teuer. Ich sagte zum Juniorchef des Reitstalls, dass es mir einfach zu teuer sei. Da machte er mir ein Angebot. Ich durfte bei ihm im Reitstall die Pferde pflegen und dafür konnte ich umsonst reiten. So ging ich gleich mit in den Reitstall und er zeigte mir, was ich zu tun hatte. Ich machte die Arbeit gerne. Ein kohlrabenschwarzes Pferd gefiel mir besonders gut, es schnupperte mit seinem Kopf sanft an meinem Körper. Auf einmal kam der junge Chef aufgeregt herbeigeeilt und sagte zu mir, dass ich zu diesem lieben Pferd nicht hingehen solle, denn es wäre zu Fremden grob. Er staunte nicht schlecht, als ich ihm zeigte, wie lieb der schwarze Hengst mit mir umging; so durfte ich mit diesem großartigen Pferd ausreiten, da es sonst zu wenig Bewegung gehabt hätte.

Einmal ritten Heidi und ich wieder einmal unsere Lieblingsstrecke, wir ritten nebeneinander flott dahin. Ein Tor, das sonst immer offen war, war auf einmal geschlossen. Mein Pferd sprang leicht, wie eine Feder darüber und obwohl Heidi eine viel bessere Reiterin war als ich, bäumte sich ihr Pferd vor dem Tor auf und warf sie ab. Gott sei Dank passierte Heidi nichts. Mein Pferd war nämlich das Reit- und Sprungpferd des Juniorchefs und er war sehr froh, dass er jemand hatte, der mit seinem Pferd umgehen konnte, denn sonst wäre es zu wenig bewegt worden. Es war einfach herrlich, mit diesem Pferd zu reiten. Ich merkte den Unterschied sehr deutlich und war überglücklich, dass ich mit diesem großartigen Pferd reiten durfte.

Rodeln gingen wir öfter nach Heiligwasser (das ist der halbe Weg auf den Patscherkofel) hinauf. Einmal hatten wir Hausball und ich hätte eigentlich nicht mitgehen können, weil wir so viel Arbeit hatten. Ein Gast saß an der Theke und meinte, er möchte gerne mit mir nach Heiligwasser gehen. Das hörte die Chefin und sie sagte umgehend: „Tina, kannst mitgehen", und so marschierten wir um circa 22.30 Uhr los.

Oben angekommen, hatte ich einen Riesendurst, aber Peters Reservoir gab nur noch alkoholhaltige Getränke her. Da riefen ein paar Bekannte: „Komm her Tina, unser Glühwein ist nur mehr lauwarm, grad richtig süffig." Ich Rindvieh trank den ganzen Liter in einem Zug aus und dann später auch noch einiges an Glühwein. So hatte ich meinen ersten ordentlichen Schwips.

Es war Februar und alles war zu Eis gefroren. Moritz sagte zu mir, ich solle bremsen, doch ich war so übermütig, dass ich, statt zu bremsen, antauchte. So hat es uns bei der Heiligwasserkurve ausgetragen und wir sind zwischen den Bäumen ganz schön weit hinuntergestürzt. Unsere Kleidung hat es zerfetzt. Wir hatten ein riesiges Glück, dass uns nicht mehr passiert ist. Ich hatte arge Kopfschmerzen und die Knochen taten mir weh. Die Rodel war weit und breit nicht zu sehen, es war Gott sei Dank Vollmond, so gingen wir zu Fuß nach Hause. Am nächsten Tag suchten wir die Rodel, doch wir fanden sie nicht, also fuhren wir zum Rodelverleih und wollten die Rodel bezahlen, da kam gerade ein Bauer mit der Rodel; weil diese ja den Stempel trug, wusste er, wohin sie gehörte. Durch den gefrorenen Schnee war die Rodel weit durch den Wald bis vor den Bauernhof geschlittert. Moritz machte mir arge Vorwürfe. Wir stritten uns und ich fuhr nach Hause. Meine Chefin schrieb mir einen Brief und bat mich, wiederzukommen. So fuhr ich gleich wieder hinaus. Schade, dass Moritz nicht weitergesponnen hat, das wäre mir im Nachhinein betrachtet lieber gewesen. Dann wäre ich diesen Egoisten endlich los gewesen.

Einmal passierte ein schreckliches Unglück. Ich wurde eingeladen, anlässlich einer Geburtstagsfeier mit nach Heiligwasser zu fahren. Sigis Freundin musste länger arbeiten, deswegen fuhren Michael und Sigi die Kollegin holen. Es war Nebelwetter und da passierte das Unglück. Michael war tot und Sigi verletzt. Unser Direktor gab mir die Schuld am Tod von Michael. Ich wusste nicht einmal genau, wer er war. Aber unser Direktor sagte, ich hätte ihm den Kopf verdreht. Dabei war er verlobt. Obwohl die anderen alle sagten, ich solle den Direktor nicht ernst nehmen, machte mir eine solche Beschuldigung doch ganz schön zu schaffen. Ich war immer zu allen Gästen nett und freundlich und ich lachte gerne und viel.

Bei Michaels Messe ging ich mit Stöckelschuhen und da verkantete ich meinen Knöchel. Die Chefin glaubte zuerst, ich hätte mich beim Eislaufen verletzt, da ich erst vor Kurzem eislaufen gelernt hatte. Zuerst hatte ich viele Stürze und blaue Flecken am ganzen Körper, aber nach circa 14 Tagen war ich auf dem Eis so schnell, dass mich auf dem See, wo ich mehr Fläche hatte, kaum jemand einholte. Moritz lachte mich nur aus. Was ich auch anging, Moritz verspottete mich immer und überall. Als ich mit Skifahren anfangen wollte, sagte er: „Was? Du und Ski fahren?!" Normalerweise hätte er doch sehen müssen, wie schnell ich eislaufen konnte.

Ich hatte eine arge Angina. Ich konnte kaum noch gehen, so geschwächt war ich. Die Chefin, Heidi und Franziska kümmerten sich sehr liebevoll um mich. Dann bin ich wohl doch zu schnell wieder aufgestanden, obwohl mir der Arzt Bettruhe verordnet hatte, aber Heidi hatte ihren Urlaub schon einmal verschoben und nun müsste sie ihn nochmals verschieben. Da hatte ich sehr lange danach Halsschmerzen und vor allem einen starken Husten. Der Arzt hat mir dann geraten, hinauf auf den Patscherkofel zu fahren, und wenn es noch so kalt ist, warm anziehen und eine Zeit lang oben bleiben. Ich bekam gleich frei, zog mich schön warm an und fuhr mit der Seilbahn zum Hausberg. Es war sehr windig und kalt, aber ich ging tapfer einige Runden. Es war unglaublich, der Husten war weg. Doch durch den Rauch bekam ich leider immer wieder Husten.

Ich habe im Sommer den Garten übergehabt. Zwei Absolventinnen von Bad Gleichenberg haben mir dann geholfen. Man musste bei dem großen Garten stets auf der Hut sein, damit man alles kassierte, denn diese praktischen digitalen Hilfsmittel, wie es sie heute gibt, hatten wir damals noch nicht, da musste man alles im Kopf haben. Zusätzlich hatte der Garten einzelne Nischen, dadurch überblickte man nicht den ganzen Garten. Einmal passierte es, dass eine ganze Gruppe Belgier verschwinden wollte, ohne zu bezahlen. Ich überlegte kurz, was ich machen sollte, als ich sie an der Bushaltestelle stehen sah. Da die Polizei direkt gegenüber vom „Sonnenhof war" und ich sehr gut mit den Polizisten war, lief ich schnell zur Polizei hinüber und sagte zum Revierinspektor: „Was soll ich machen? Die Belgier stehen bei der Bushaltestelle und haben noch nicht bezahlt." Er sagte: „Lassen wir sie erst einsteigen und dann holen wir sie uns, weil sonst sagen sie, sie wären ja wiedergekommen." Also stieg die ganze belgische Gruppe ein und beim Revier herüben stoppte der Inspektor den Bus. Ich machte schnell die Rechnung fertig. Der Inspektor sagte zu ihnen: „Entweder Sie bezahlen alles doppelt oder ich mache eine Anzeige." Ich meinte, dass dies zu viel wäre, gleich alles doppelt, aber er meinte: „Ja natürlich, sonst hättest du die ganzen Kosten gehabt." So hatte ich an diesem Tag den besten Verdienst aller Zeiten, denn sie hatten ja ganz schön was konsumiert.

Eines Abends fragten mich die zwei Hotelfachabsolventinnen, wo ich denn so gut servieren gelernt hätte. Ich lachte und sag-

te: „Voriges Jahr habe ich erst angefangen." Obwohl, ich habe ja
schon als Kind gekellnert. Da war bei uns zu Hause in der Nähe
ein kleines Gasthaus und sonntags habe ich oft geholfen. Beim
Kegeln musste ich den Männern etwas zu trinken bringen und
das durfte ich dann gleich kassieren, denn rechnen konnte ich
immer schon gut. In Gießen Bach hatte ich auch öfter gekellnert
und kassiert. Die beiden gingen am nächsten Tag zur Chefin und
beschwerten sich, dass sie als Hotelfachabsolventinnen unter
mir arbeiten müssten. Die Chefin sagte zu mir: „Tina, warum
sagt du ihnen das?" Ich sagte: „Ich habe damit kein Problem. Sie
können ruhig kassieren; ich vermute allerdings, dass sie nicht
damit zurechtkommen werden." So machten wir es dann auch.
Ich gab jetzt erst recht mein Bestes, damit die beiden keinen
Anlass zur Beschwerde hätten, aber nach circa 14 Tagen waren
sie so blank, dass sie die Losung nicht mehr bezahlen konnten.
Sie baten mich, ob ich doch wieder kassieren könnte.

Die Chefin merkte bald, dass ich mit Moritz nicht besonders
glücklich war. Sie machte mir einen Vorschlag. Ich könnte nach
London in eine Hotelfachschule gehen, sie hatte auch schon
eine Gastfamilie für mich. Es waren liebe Gäste vom „Sonnenhof". Die hatten in London eine Wäschefabrik. Ich hätte bei ihnen ein Zimmer bekommen mit Familienanschluss. Geld hatte
ich schon viel gespart. Finanzielle Probleme so wie in der Stadt
hätte ich dort also nicht gehabt. Außerdem waren diese Leute liebe und sehr großzügige Gäste. Im Sommer hätte ich mich
anmelden können und im Herbst wäre Schulbeginn gewesen.

Doch es kam anders. Ich war schwanger. Zuerst wusste ich
es selbst nicht genau, denn ich hatte die ersten drei Monate
noch leichte Blutungen. Ich traute mich nicht, es Moritz zu sagen. Ich hatte Angst. Ich hatte eine Arbeitskollegin, die war auf
Moritz ganz scharf.

Die Tochter der Chefin wollte mich oben in Reith haben als
Kellnerin. Doch ich wollte lieber herunten bleiben, bei Heidi,
Franziska und der Chefin. Mit dem Sohn Egon hatte ich auch
ein sehr gutes Verhältnis. Er war für mich wie ein Bruder. Einmal ist Egon beim Barfenster hinausgestiegen, weil seine Mutter

ihn nicht ausgehen lassen wollte; erst hatte die Chefin mich beschuldigt; immerhin sind dadurch einige Blumen abgefroren und etwas mehr an Heizkosten werden es wohl auch gewesen sein.

Ein anderes Mal, als Egon mit uns auf den Berg gehen wollte, kam er drauf, dass er keine Kniehose hatte, so wie man sie damals trug. Da kam Egon zu mir: „Bitte Tina, schneid mir diese Hose ab und mach mir eine Bundhose." Dabei war das die Hose von seinem besten Anzug, leider wusste ich das nicht. Die Rüge dafür habe wieder ich bekommen.

Ich muss zugeben, Egon war eine Flasche, aber sein Vater eine noch größere. Sein Vater gab ihm immer Geld, aber von der Mutter bekam er nur Geld, wenn er etwas leistete. Normalerweise mochte ich solche Typen nicht, aber bei Egon war das anders, er war mir einfach sympathisch. Er bestellte oft eine Zweierplatte mit vielen Köstlichkeiten und lud mich ein, mit ihm zu essen.

Egons Vater mochte ich nicht. Erstens hat er für meinen Geschmack zu viel getrunken. Er war Gott sei Dank oft auf Urlaub. Gearbeitet hat er null. Mit der Chefin hatte er auch kein gutes Verhältnis. Ich glaube, er war schon in Pension. Noch dazu war er mir unsympathisch. Wenn er jemanden ausgehen sah, hat er geschrien. Ich bin immer über die Terrasse hinuntergestiegen, dabei kamen mir oft die Polizisten zu Hilfe, obwohl ich sie nicht gebraucht hätte, ich war immer schon gut beim Klettern.

Der Chef hat meistens in der Bauernstube gefrühstückt. Schon zum Frühstück hat er ein Glas Wein getrunken. Einmal sagte die Chefin spaßhalber: „Gib ihm einen Himbeersaft." Das habe ich dann tatsächlich gemacht. Der Chef hat mir den Himbeersaft gleich nachgeschüttet, er hat mich aber Gott sei Dank nicht getroffen. Schon wegen des Hundes war der Chef nicht gut auf mich zu sprechen, denn, angefangen mit dem Hund spazieren zu gehen habe ich ja, als er im Urlaub war. Aber der Hund setzte sich auch danach, als er wieder zurück war, schon immer zur Stiege und wartete auf mich, wenn ich umgezogen vom Zimmer herunterkam. Er war fast jeden Nachmittag mit mir unterwegs gewesen; Wir kugelten oft gemeinsam über Hänge spielten mit Holzstücken etc. Beim Chef hingegen musste der Hund immer in irgendwelchen Gasthäusern unterm Tisch sitzen. Jetzt musste er den Hund vorher einsperren, damit er ihn selbst hatte.

Wenn ich nach Innsbruck zum Shoppen fuhr, war der Hund ganz traurig, denn er wusste, er durfte nicht mit. Da saß er dann bei der Bushaltestelle und hielt seinen Kopf ganz schief, das machte er immer, wenn er traurig war. Der Hund war so klug.

Wir hatten einmal einen Studenten, der leider tödlich verunglückte. Die Bergwacht fand den jungen Mann nicht, aber der Hund nahm die Spur auf und verfolgte sie; obwohl der Student mit dem Bus und der Straßenbahn gefahren war, fand der Hund den Verunglückten.

Ich trug oft ein Dirndl zum Servieren und das mochten die Gäste sehr, speziell die Engländer und Amerikaner. Deswegen hatte Heidi die Idee, dass einige von uns zusammen nach Innsbruck fahren und uns ein Dirndl kaufen, aber wir mussten zuerst die Chefin fragen, denn wir hatten ja nicht alle gleichzeitig frei. Als die Chefin das hörte, war sie hellauf begeistert. Sie sagte, wir sperren ein paar Stunden zu und fahren alle zusammen nach Innsbruck. Aber Heidi sagte zur Chefin, dass sie Dagmar nicht dabeihaben möchte, da Dagmar sehr oft gemein zu mir war. Da sagte die Chefin gleich: „Wenn das so ist, dann soll Dagmar doch nach Reith hinauf." Die Chefin bestellte ein Taxi und wir fuhren nach Innsbruck zu einer Schneiderei. Die Chefin bezahlte den Großteil der Dirndl. Der Stoff unserer Dirndlkleider war schwarz mit roten Rosen drauf und dazu bekamen wir zwei rote Schürzen zum Wechseln. Der Stoff war sehr teuer, echte Kaschmirseide, sehr angenehm zum Tragen, weil er kühl war, wenn es heiß war, und auch angenehm, wenn es kühler war.

Dagmar holte sich einfach bei mir das geputzte Besteck und die polierten Gläser. Einmal habe ich sie dabei erwischt, da habe ich ihr das Tablett mit den Gläsern abgenommen, da hat sie mich einfach gepackt und mitsamt den Gläsern über ein Pult geworfen. Ich bin aber gut geflogen und gut gelandet, nur die Gläser waren kaputt und die durfte Dagmar bezahlen, sie wollte es zwar abstreiten, aber ein Gast saß zufällig noch hinter einer Säule und hatte es gesehen.

Dagmars Freundin war rattenscharf auf Moritz. Als wir die Dirndl anprobierten, hat sie bemerkt, dass ich schwanger war. Als wir dann die Dirndl trugen, da sagte Moritz zu ihr, als sie um ihn herumschwänzelte: „Aber die Feschste von euch allen ist halt Tina." Sie sagte darauf: „Dir wird es schon noch vergehen, wenn du blechen darfst." Am Abend waren wir bei Moritz' Freund eingeladen. Da stellte Moritz mich zur Rede. Als ich sagte, dass ich schwanger war, fing er an zu schreien mit mir. Er sagte: „Du hättest es mir sagen müssen, mein Onkel hätte es abtreiben können." Die Freunde haben es sicher alle gehört. Denn laut genug hat er ja geschrien. Ich lief in mein Zimmer und weinte die ganze Nacht. Ich hatte zwar schon so eine Ahnung, dass er auf diese Art reagieren würde, aber so arg hatte ich es dann doch nicht erwartet. Moritz war häufig sehr eifersüchtig, er hat oft getobt, wenn mich ein Bursch nur am Schürzenband gezogen oder mich angelächelt hat, ich war immer zu allen freundlich, das war mein Beruf, aber mehr nicht.

Eine Zeit lang kam Moritz nicht mehr ins Hotel, und als er dann eines Tages wiederkam und mit mir reden wollte, da wollte ich nichts mehr von ihm wissen. Ich wollte sicher nicht so leben wie meine Mutter. Irgendwann in dieser Zeit machte mir ein netter, fescher Bursche, er war Koch und Kellner und ein Freund von Moritz, einen Heiratsantrag. Ich lehnte ab, denn erstens kannte ich ihn kaum und zweitens hatte ich momentan überhaupt keine Lust auf irgendeine neue Partnerschaft. Trotzdem stieg mein Selbstbewusstsein dadurch.

Meine Chefin erfuhr gleich davon. Sie achtete darauf, dass ich keine schweren Tabletts tragen musste, denn sie meinte, ich müsse mich schonen. Sie schickte die Kolleginnen in den Speisesaal zum Geschirrabräumen. Ich bekam ein besonders vitaminreiches Essen und ein eigenes Zimmer. Die Chefin hatte selbst ein uneheliches Kind. Eben jene Tochter in der Nähe von Seefeld, wo ich vorher arbeitete.

Im Sommer saß eines Tages Tom Seller in der Weinstube. Eine Kollegin von mir sagte zu den anderen Gästen: „Seht, in der Weinstube sitzt Tom Seller." Ich sagte zu ihr: „Bitte lass ihn doch in Ruhe essen." Am nächsten Tag sagte meine Chefin, ich solle für Tom Seller und seinen Kollegen das Essen in die Schule bringen, dort drehten sie einen Film. Er habe ausdrücklich gesagt, die Kleine soll ihm das Essen bringen, damit hatte er mich gemeint. Ich bekam gleich am ersten Tag 100 –, Schilling Trinkgeld; ich ging davon aus, das wäre für die ganze Zeit, doch ich bekam jeden Tag 100 –, Schilling! Ich war schon sehr stolz, denn er war auch unglaublich nett und ich hatte ihn schon immer bewundert und nun bekam ich auch noch so viel Trinkgeld. Ich habe in jenem Winter noch einige andere Skifahrer kennengelernt; wir sind sogar einmal zusammen in die Milchbar nach Innsbruck gefahren. Wir hatten einen sehr schönen Abend, diese Sportler waren alle unglaublich nett.

Jener einmalige Koch, der 20 Jahre im „Sonnenhof" gearbeitet hatte, eröffnete in Salzburg ein eigenes Lokal. Noch viele Jahre später habe ich oft erzählt bekommen, wie gut sein Lokal bei den Gästen ankam. Aber der blöde Direktor hat in Innsbruck ein Hotel übernommen und hat in kurzer Zeit Pleite gemacht, da war ich noch im „Sonnenhof", und dann wollte er wieder zu meiner Chefin zurück, denn die Chefin hatte ja in der Nähe von Seefeld zwei Hotels errichten lassen. Aber die Chefin hat zu ihm gesagt: „Es tut mir leid, aber Sie kann ich nicht mehr anstellen, denn das wäre kein gutes Image für uns." Wir hatten nämlich, als der blöde Direktor weg war, den Weltenbummler Richard als Aushilfe. Wenn wir freihatten, bekamen wir von Richard immer sehr viel Trinkgeld ausgehändigt, aber beim Direktor bekam niemand etwas. Das haben wir unserer Chefin erzählt.

Die Zeit verging sehr schnell, die Gäste und das meiste Personal, die Chefin und Egon waren alle sehr nett zu mir und ich hatte viel Arbeit. Bis Ende September hatte ich viele Gäste im Speisesaal und ich servierte noch immer mit dem Dirndlkleid, aber inzwischen platzte ich aus allen Nähten. Der Speisesaal wurde zugesperrt, Hilde vom Schank ging in Urlaub und meine neue Arbeitsstätte war nun der Schank. Ich trug einen weißen Mantel und fühlte mich darin wohl. Jetzt wussten alle, dass ich schwanger war. Die Gäste und auch die beiden älteren Brüder von Moritz waren sehr nett zu mir. Sie waren ganz anders als Moritz. Moritz war ein Nachzügler und er glaubte, alles müsste nach seinem Kopf gehen. Moritz kam zwar jeden Tag ins Hotel, aber ich konnte ihm nicht verzeihen. Immer wieder musste ich bei seinem Anblick an meinen Vater denken. Tagsüber gab ich mich sehr fröhlich, aber abends brach dann alles aus mir heraus.

Am Allerheiligentag kam Moritz' Mutter und wollte unbedingt mit mir sprechen, doch ich hatte keine Zeit, ich hatte viel Arbeit, oder vielleicht wollte ich nicht. Viele glaubten, dass ich ins nahe gelegene Mutterheim gehen würde, aber ich kannte zwei Mütter, die dort waren, und mit diesen Müttern wollte ich mich nicht auf die gleiche Stufe stellen. Eine von denen war von unserem Ort. Als ich sie auf der Straße traf, sah ich gleich, dass sie schon entbunden hatte. Ich gratulierte ihr, aber sie sagte, dass ihr Kind tot auf die Welt gekommen war und sie froh darüber sei. Mir lief ein kalter Schauer über den Rücken – was war das für eine Mutter?! Zu Hause wurde ich beschimpft. Sie heiratete kurz nach der Totgeburt ihres Kindes einen Hotelier aus Kärnten. Zu Hause wusste niemand, dass sie eine Totgeburt hatte.

Über mich wurden Gerüchte verbreitet, dass ich ein Kind mit einem verheirateten Mann hätte. Verheiratete Männer kamen für mich nie infrage. Nach Jahren habe ich die Mutter derjenigen, die eine Totgeburt hatte, auf dem Friedhof getroffen. Sie hat mir erzählt, dass die Ehe ihrer Tochter nur sehr kurzgehalten hat.

Ich hatte schon vor circa einem Monat nach Hause geschrieben, ob ich nach Hause kommen könne, und habe auch gleich geschrieben, dass ich sehr viel Geld gespart hatte. So fuhr ich am 2. November nach Hause.

Zu Hause

Als ich nach Hause kam, hatte Vater bereits neue Haustüren einbauen lassen. Ich war sehr froh darüber, denn so wäre es im Haus nicht mehr so kalt. Es war aber trotzdem eine Überraschung, denn gefragt hatte mich Vater nicht, ob er mein Geld ausgeben dürfe. Mutter hat gemeint: „Du hättest Tina schon fragen können, bevor du ihr Geld ausgibst." Verena, meine kleine Schwester, freute sich sehr, als ich nach Hause kam. Sie war mittlerweile fast sieben Jahre und ich habe ihr immer schöne Sachen zum Anziehen mitgebracht. Sie ging jetzt schon zur Schule.

Ich fuhr gleich in die Stadt Babysachen einkaufen und bezahlte auch gleich die beiden neuen Haustüren und einige andere Kleinigkeiten. Zum Arzt musste ich ebenfalls. Der Arzt wollte gleich über mich verfügen und mich als sein Haus- und Kindermädchen einstellen, so nach dem Motto: „Du brauchst ja eine Arbeit und bei mir kannst du eine haben." Er war dann schön schockiert, wie ich es wagen konnte, abzulehnen.

Zu Hause spürte ich gleich, wie wenig Respekt mir entgegengebracht wurde. Als ich in die Kirche ging, hat mir die Hebamme, die mich auf die Welt gebracht hatte, über den Kirchhof laut zugerufen: „Wo hast du denn das aufgefangen?" Damit meinte sie mein Kind. Da habe ich es schon das erste Mal bereut, heimgefahren zu sein. Diese verächtlichen Blicke und das Tuscheln hinter meinem Rücken Es wurde mir richtig bewusst, mit wie viel Würde ich dagegen in Tirol behandelt worden war.

Aber meine kleine Schwester war ein Lichtblick. Sie war ein sehr kluges, liebes und wissbegieriges Kind. Eine besondere Freude machte mir die Engländerfamilie, wo ich ursprünglich hatte hinfahren wollen. Ich bekam ein riesiges Paket mit Handtüchern, Bademänteln mit Stickereien in Englisch und ganz süßen Babysachen. Die Rettungsfahrer, ein älteres Ehepaar, das nebenbei noch ein Friseurgeschäft hatte, waren sehr lieb zu mir, genauso wie die Frau vom „Spar", sie führte das Lebensmittelgeschäft zusammen mit ihrem Mann im Ort. Sie hatte einen Sohn, Hans. Auch unser Bürgermeister war sehr nett zu mir. Ich hatte zuvor nie etwas mit ihm zu tun gehabt und war daher überrascht über seine nette Art mir gegenüber. Er war der Vater meines Lehrers aus der vierten Volksschulklasse und seine Enkelin ging mit mir in die gleiche Klasse. In der Volksschule hatten wir kaum Kontakt miteinander gehabt, aber in der Hauptschule verstanden wir uns gut. Es gab aber auch noch einige andere Leute vom Dorf, wo ich aufgewachsen bin, die ich schon seit meiner Kindheit kannte und gern mochte. Diese Leute gaben mir viel positive Energie. Ich hatte schon längst meinen Koffer fürs Krankenhaus gepackt.

Mitte Dezember kam meine Tochter Margit auf die Welt. Doch weil ich einen Blasensprung gehabt hatte, war ich so aufgeregt, dass ich meinen Koffer und meine Handtasche mit dem Geld zu Hause vergessen hatte. Ich hatte keine natürlichen Wehen, deswegen mussten künstliche Wehen eingeleitet werden. Die haben bei mir so schnell gewirkt, dass alle Geburtshelfer überrascht waren. Dadurch habe ich nachher etwas Schwierigkeiten gehabt, weil es alles zerrissen hat, wo die Ärzte sonst einschneiden, damit das Kind besser auf die Welt kommt.

Ich lag gleich beim Eingang eines großen Saals mit 15 Müttern, die Babys hatten damals noch am Fußende der Mutter ihr Bettchen. Wenn ich doch nur meinen Koffer und meine Handtasche bei mir gehabt hätte, dann wäre alles etwas einfacher für mich gewesen! So aber lag ich da mit dem weißen Hemd, das hinten offen war, keine Unterhose, keinen Morgenmantel, keine Hausschuhe, kein Geld, nicht einmal eine Zahnbürste hatte ich – und mit einem Kind, das wie am Spieß schrie. Die ganzen Besucher starrten mich an. Ich kam mir vor wie eine Aussätzige.

Die Schwestern und Ärzte waren alle sehr nett, aber damals gab es überhaupt nichts für solche Patienten wie mich. Ein Arzt sagte zu mir: „Ihre Tochter ist das erste Kind, das man von einem zum anderen Saal schreien hört." Ich sah den Arzt entsetzt an, aber der Arzt meinte: „Sie brauchen nicht so entsetzt zu schauen, Ihre Tochter hat eine sehr gute Lunge."

Jeden Tag glaubte ich, jetzt müsste jemand von zu Hause kommen und mir meine Sachen bringen. Wenn sie doch wenigstens den Rettungsfahrern meinen Koffer mitgegeben hätten, meine Mutter musste doch wissen, wie dringend ich meine Sachen brauchte, der Koffer war ja nicht zu übersehen und es wusste doch ein jeder, dass man im Krankenhaus so einige Sachen braucht. Wir hatten nur eine Wohnküche und ein Schlafzimmer. Mutter ging es oft nicht gut, aber Vater war ja im Winter wetterbedingt immer arbeitslos. Jetzt wurde mir wieder bewusst, wie egal ich meinen Eltern war, besonders meinem Vater. Das Geld durfte ich immer hergeben, aber wenn ich mal etwas brauchte, konnte ich lange warten. Dadurch, dass ich einige Risse hatte, dauerte es länger, bis ich nach Hause konnte, und natürlich kam mir diese Zeit endlos vor. Erst am letzten Tag, bevor ich nach Hause durfte, kam meine Mutter. Es war kurz vor Weihnachten.

Die Rettungsfahrer kamen mich jetzt auch besuchen, das war praktisch, denn da konnte ich mit ihnen nach Hause fahren; wenn Mutter und die Rettungsfahrer nicht gekommen wären, hätte ich gar nicht heimfahren können, denn meine Kleidung war teilweise wegen meines Blasensprunges nass und Geld hatte ich ja auch keines dabei.

Zu Hause angekommen, ging die Arbeit für mich los. Meine beiden Brüder kamen nämlich aus Tirol zu Besuch. Ich freute mich. Mein Bruder Tom brachte seine Freundin Luise mit. Er nahm sich im Ort ein Zimmer mit Frühstück. Peter wurde zu Hause untergebracht. Aber tagsüber waren alle im Haus. Ich ging für alle einkaufen und kochte für alle. Zuerst dachte ich, zu Mittag kochen sei genug, doch meine zukünftige Schwägerin fragte mich gleich mittags, was ich abends kochen würde. Sie saßen alle gemütlich am Tisch und unterhielten sich und Luise nebelte die ganze Küche ein mit ihren Zigaretten, während ich Rindvieh die ganze Arbeit machte. Wie eine Sklavin. Kochen, putzen und waschen und nebenbei ein Baby betreuen. Leider konnte ich nachts kaum schlafen, denn Margit schlief bei Tag und nachts schrie sie. Mein Bruder ging in das elterliche Schlafzimmer schlafen, denn ihm war die Schreierei zu viel. Wir hatten nur die zwei Räume. Ein großes Schlafzimmer und die Wohnküche und dazwischen den Vorraum. Kein Bad und kein WC, sondern draußen ein Plumpsklo (solche Toiletten gibt es mittlerweile wieder auf Almhütten, Skipisten und am wunderschönen Höhenweg von Bad Hofgastein nach Bad Gastein).

Wir hatten zwar im Vorraum eine Waschmaschine, aber kein fließendes Wasser, das Wasser musste im Freien vom Brunnen herausgepumpt werden. Damals gab es noch keine Wegwerfwindeln, zumindest keine, die für Babys geeignet waren. Einmal habe ich gesagt, dass mir die Arbeit zu viel wird, da hat sich Luise angeboten, die Windeln und die Babysachen fertig zu schwemmen und auf dem Dachboden aufzuhängen. Ich musste zufällig etwas auf dem Dachboden holen und da sah ich, dass bei den Ecken der Windeln vom Waschpulver Blasen waren, so könnte ich die Wäsche für Margit nicht verwenden, also nahm ich die Wäsche wieder ab und schwemmte sie noch einige Male durch. Luise war beleidigt, aber eigentlich hätte ich gleich ganz konkret sagen müssen, dass erstens nicht geraucht werden darf und dass sie sich zweitens das Essen gefälligst selbst kochen sollen oder zumindest mehr mithelfen sollen, schließlich hatte ich Mutterschutz.

Ich brauchte für Margit sehr viel Wäsche; obwohl ich sie immer aufstoßen ließ, erbrach sie das Essen meistens in hohem Bogen, sodass das Gitterbett sauber zu machen war. Warum nur bin ich nach Hause gegangen, warum habe ich mir das alles gefallen lassen? Es ist mir bis heute ein Rätsel. Jedenfalls war ich so froh, als sie endlich wieder fuhren. Mein Bruder Peter hat mich vorher noch um Geld gebeten, denn er war mit seinen Alimenten drei Monate im Rückstand und er wollte noch bei seinem Sohn in Judenburg vorbeischauen. Ich gab ihm das Geld; obwohl er mir versprochen hat, es zurückzugeben, habe ich es nicht zurückbekommen. Normalerweise bekommt man Geschenke, wenn man ein Baby bekommt, aber ich habe nur von meinen Gästen aus England etwas bekommen. Bei ihnen hätte ich wohnen können mit Familienanschluss und von dort war es nicht weit in die Hotelfachschule.

Mein erster Freund kam auch zu Besuch. Er war auch der Freund meines Bruder Peter. Er sagte zu mir, wir zwei würden gut zusammenpassen, denn wir haben beide ein Kind, doch ich schüttelte den Kopf; ich schätzte ihn zwar als Freund, aber ganz sicher nicht als meinen Lebenspartner, denn er hatte mich nie an meinem Arbeitsplatz besucht, obwohl wir ja zusammen nach Tirol gefahren waren.

Am nächsten Tag in der Früh hatte ich ein komisches Gefühl, als ich aufstand. Ich hatte auf einmal starke Blutungen und arge Schmerzen. Ein paar Tage behandelte mich der Hausarzt zu Hause und dann kam ich ins Krankenhaus, da konnte ich mich etwas erholen, die Schwestern kümmerten sich ganz lieb um Margit. Eine nette Klosterschwester hat Margit fast immer gebadet. Sie war die Chefin und alle anderen waren auch sehr nett. Die Halbschwester meiner Cousinen, Christine, lag im gleichen Zimmer wie ich und die machte so allerhand Unfug. Obwohl es oft schön ans Limit ging, nahmen es die Schwestern mit Humor. Ich verglich sie unwillkürlich mit dem Drachen der Schule. Diese Schwestern waren lieb und komplett das Gegenteil von den Schwestern im Heim. Christine war sehr nett zu mir. Als ich am ersten Tag den Menüzettel bekam, kreuzte ich „Mohnnudeln mit Kompott" an, aber ich bekam Kalbfleisch. Mich ekelte es vor dem Fleisch und ich weinte, weil ich mich so auf die Mohnnudeln gefreut hatte. Da tauschte Christine mit mir und gab mir ihre Mohnnudeln. Wir hatten alle viel zu lachen mit der lustigen Christine.

Weil ich Margit nicht mehr stillen konnte, sollte Margit allein nach Hause. Ich ging aber dann auch nach Hause. Im Krankenhaus hatte ich fast keine Schmerzen mehr gehabt, aber zu Hause ging es mir gar nicht gut. Laut Arzt hatte ich eine Gebärmutter- und Rippenfellentzündung. Beim Sitzen und Stehen hatte ich schlimme Schmerzen, deswegen fühlte ich mich im Bett und im Pyjama am wohlsten, die Jeans drückten mich am Bauch. Wir hatten nur draußen ein Plumpsklo, ich ging halt mit dem Morgenmantel hinaus. Beim Arzt hörte ich die Leute tuscheln: „Die ist zu faul zum Anziehen, die rennt den ganzen Tag im Morgenmantel umher." Ich bekam zwar allerhand Medikamente vom Arzt, musste diese aber selbst bezahlen, der Arzt sagte, dass bezahle die Krankenkasse nicht. Aber geholfen haben sie nicht viel. Mein Bruder bekam teilweise die gleichen Medikamente verschrieben, weil er Eisenmangel hatte, und er sagte mir, dass er alles von der Krankenkasse bezahlt bekommen hat.

Meine Mutter hat in dieser Zeit viel auf mein Kind geschaut und Verena hat sich nach der Schule auch viel um Margit gekümmert. Bei mir war es ein ständiges Auf und Ab. Kaum habe ich wieder etwas gearbeitet, ging es schon wieder schlechter. Meine Mutter hat später erzählt, ich hätte 40 Minuten zum Arzt gebraucht, wo ich sonst in fünf Minuten drüben war. Um diese Zeit ist meiner Schwester momentan Blut aus den Mund und der Nase geschossen. Gleichzeitig schrie Margit vor Hunger. Ich lief so schnell ich konnte querfeldein zum Hausarzt. Ich sagte ihn, was mit meiner Schwester los ist. Ich hatte einen weißen Arbeitsmantel an, der ganz voll mit Blut war. Doch der Arzt wies mich ab. Er sagte: „Ich bin grad vom Urlaub zurückgekommen, geh zur Rettung. Zur Rettung waren es mindestens 10 Minuten, wenn man fit war. Ich musste am Sonntagmorgen bei den ganzen Kirchenbesucher vorbei. Die starrten mich Alle an. Die Rettungsleute waren sehr nett, sie fuhren sofort mit mir nach Hause. Meiner Schwester ging es mittlerweile wieder gut, sie versuchte ihre schreiende Nichte zu beruhigen. Die Rettungsleute fuhren mit meiner Schwester zum Arzt in die Nachbargemeinde. Dieser stellte fest, dass meine Schwester Würmer hatte. Verena hatte leider den Brauch, dass sie ihre Katzen von ihrem Teller mitessen, lies. Ich habe inzwischen Margits Hunger gestillt.

Als Margit ein halbes Jahr alt war, hatte sie Masern, trotz Impfung. Der Arzt sagte, dass gebe es sonst nicht bei Kindern unter einem Jahr. Sie hatte 41 Grad Fieber und war ganz ruhig – jetzt wäre ich froh gewesen, wenn sie geschrien hätte! Auch für Margit musste ich diese französischen Fieberzäpfchen selbst bezahlen. In dieser Zeit, wo Margit so krank war, habe ich mich erstaunlich erholt, ich schaffte es, ihr ständig Wickel zu machen, und was halt sonst noch so zu machen war. Endlich, nach langen bangen 14 Tagen und Nächten, war sie fieberfrei, und kaum war sie gesund, ging es mir wieder schlecht, ich hatte immer wieder starke Blutungen und Entzündungen.

In dieser Zeit hat mir meine liebe Freundin Franziska aus Deutschland geschrieben. Sie hatte Zwillinge bekommen und wollte, dass ich mit Margit zu ihr käme. Ich könne bei ihr wohnen und arbeiten. Sie war mit Michaels Freund verheiratet und sie hatten auf der deutschen Seite am Bodensee ein Hotel. Ich freute mich sehr und ich Dummkopf erzählte es meinen Eltern. Der Brief war plötzlich verschwunden und ich hatte ja sonst keine Adresse von Franziska. Momentan wäre ich ohnehin nicht in der Lage gewesen zu verreisen mitsamt Kind. Aber das freundliche Angebot gab mir trotzdem Auftrieb. Ich wollte weg von zu Hause. Ich erholte mich zusehends. Vielleicht würde Franziska noch einmal schreiben.

Ich meldete mich zum Führerschein an. Ich fuhr mit dem Fahrrad zum Abendkurs. Tagsüber hatte ich dann noch zusätzlich Fahrstunden, so fuhr ich oft zweimal zur Fahrschule, es waren circa sechs Kilometer. So fuhr ich fast jeden Tag bis zu 24 Kilometer bergauf und bergab.

Margit war jetzt sehr brav und ruhig und Mutter sorgte sehr gut für sie. Nur zusammenräumen und putzen blieben größtenteils auf der Strecke. Da besuchte mich Moritz unverhofft mit seinen Freunden, auch jener Bursche, der mir damals einen Heiratsantrag gemacht hatte, war dabei. Ich hatte wenig Zeit wegen meiner bevorstehenden Fahrstunde, so brachte ich Margit zu Moritz auf die Straße hinauf und machte schnell ein Foto von Vater und Tochter, ich musste mich beeilen, damit ich rechtzeitig zur Fahrstunde käme. Ich sagte das Moritz. Er antwortete: „Für was brauchst du einen Führerschein?" Ich erwiderte barsch: „Das geht dich überhaupt nichts an", packte Margit und ging ins Haus. Als ich mit dem Rad wegfuhr, stand das Auto noch oben auf der Straße. Ich fuhr gleich den Wiesenweg hinunter, ein kleines Stück die Straße entlang und wieder auf dem Wiesenweg entlang zur Hauptstraße. Moritz hatte sich kein bisschen geändert. Was glaubte er eigentlich? Ich brauchte doch ein Auto und einen Führerschein, mehr als er!

In unserem Ort war man ziemlich aufgeschmissen, wenn man auf die öffentlichen Verkehrsmittel angewiesen war. Auch deshalb war ich unsagbar froh, den Führerschein zu machen. Der Inhaber und Vortragende Ing. Müller war ein sehr netter, junger und lustiger Mann. Er trug mit viel Logik vor. Er war Balsam für meine Seele und auch die meisten Fahrschüler waren sehr nett. Es war unglaublich, wie ich das schaffte. Bei der Amtsarztuntersuchung stiegen alle meine Fahrschulkollegen mit den Schuhen auf die Waage. Ich wollte das auch, doch der Amtsarzt sagte zu mir: „Schuhe ausziehen." Ich entgegnete: „Warum? Ich habe doch keine Plattfüße." Der Amtsarzt erwiderte: „Bei Ihrem Gewicht spielen die Schuhe eine große Rolle." Na ja, das sah ich ein, denn viel war ja nicht dran an mir, ich war nur noch Haut und Knochen. Ich hatte 38 Kilo mitsamt Kleidern. Am Samstag hatten wir die Vorprüfung und da sagte der Ing. Müller: „Die Besten kommen zuerst dran, damit sie nicht zu warten brauchen." Da rief er mich und einen Burschen aus dem Nachbarort auf. Ich war schon stolz, dass ich zu den Besten zählte, und das, obwohl ich das Fahrschulauto ziemlich kaputtgefahren hatte.

Der Fahrschullehrer fragte am ersten Fahrstundentag, ob wir schon einmal gefahren seien. Ich dachte, meine paar unerlaubten Fahrstunden auf der Alm, die darf ich wohl nicht erwähnen, und an das Traktorfahren dachte ich gar nicht. Deswegen verneinte ich. Er erklärte die Kupplung, Bremse und so weiter und dann durfte ich losfahren. Nun, schon bei der ersten Ausfahrt mit dem Traktor war ich ja recht schnell unterwegs gewesen, ich hatte damals die Kupplung zwischen dem Traktor und dem Hänger verbogen, weil ich so schnell um die Kurve fuhr, immerhin war ich circa vier Monate fast täglich mit dem Traktor gefahren, langsam war selten mein Ding. So legte ich auch jetzt ein rasantes Tempo zu. Bei einer Kurve schrie mich der Fahrschullehrer an: „Rechts fahren und stehen bleiben!" Da erschrak ich so sehr, dass ich in den Straßengraben und in den Sockel eines Kreuzes hineinfuhr. Das Auto war ein VW Käfer. Die Stoßstange, das Licht und der Kotflügel waren arg beschädigt. Der Fahrschullehrer war anscheinend für solche Vorfälle gerüstet. Er verklebte die ärgsten Stellen und befestigte die Stoßstange ans Auto, denn die lag auf der einen Seite am Boden. Wir sollten in der Stadt einige wichtige Unterlagen von der Fahrschule abgeben. So fuhren wir mit dem beschädigten Fahrschulauto weiter. Die Leute am Straßenrand hatten Stielaugen. Der Fahrschullehrer meinte nur, ich hätte ihm sagen müssen, dass ich schon so gut Auto fahren könne. Er war sehr nett und wir hatten Spaß an den Straßenrandgaffern. Ing. Müller nahm es gelassen. Er meinte nur, er habe schon bemerkt, dass ich es immer eilig hätte.

Am Montag hatten wir dann die Hauptprüfung. Ich saß zwischen ein paar Burschen und der Prüfer stellte Fragen an die Burschen, aber die wussten so allerhand Fragen nicht zu beantworten, und so fragte er gleich mich, ich konnte alle Fragen richtig beantworten. Auf einmal blätterte er in seinen Unterlagen und sagte, dass er mich nicht finde. Denn die Burschen waren alle zum C Führerschein angetreten und ich war irgendwie aus Versehen dazwischengeraten. Den theoretischen Teil hatte ich somit bestens bestanden. Ich hätte sogar die theoretische Prüfung für den C Führerschein bestanden, sagte der Prüfer. „Jetzt brauchen Sie nur mehr den praktischen Teil", meinte er, doch den C Führerschein brauchte ich nicht wirklich.

Beim praktischen Teil hatte ich großes Glück, denn wir fuhren eine Straße hinauf, die ich kannte wie meine eigene Westentasche, in der Früh hatten die Arbeiter jedoch schon die Baustellentafel angebracht und ich hätte sie bald übersehen. Aber gearbeitet wurde noch nicht. Mein Fahrschullehrer trat kurz auf die Bremse und dadurch sah ich die Tafel. Ich bremste gleich herunter und bis zur Tafel hatte ich dann die zulässige Geschwindigkeit. Der Prüfer sagte: „Jetzt dachte ich schon, Sie fahren da gleich weiter." Ich verneinte nur kurz. Einen kleinen Schock hatte ich schon und dachte mir kurz: „So kann es einem gehen, wenn man zu selbstsicher ist!", und war meinem Fahrschullehrer sehr dankbar; ich glaube, der Prüfer merkte es auch.

Als ich schließlich meinen Führerschein abholen konnte, ging ich zuerst zur Krankenkasse, um mein Karenzgeld zu holen. Als ich in den geschlossenen Raum kam, war es mir auf einmal so schlecht, ich konnte gar nicht mehr gerade gehen, da fragte ich höflich in die Menschenschlange hinein, die da wartete, ob sie mich bitte vorlassen könnten, weil es mir so übel war, doch die Leute lachten mich aus und sagten: „Du bist ja betrunken." Ich wankte zum Ausgang und sah auf die Uhr. Ich hatte noch eine gute Stunde Zeit, bis mein Autobus retour ging, und dann wurde es mir schwarz vor den Augen und ich kam erst eine Stunde später wieder zu Bewusstsein, als mir ein junger Bursche aufhalf. Ich hatte mein Gesicht ordentlich aufgeschlagen und blutete. Der junge Mann erzählte mir, dass sich die Leute über mich lustig gemacht hätten und gesagt hätten, da liegt eine Betrunkene. Er war sehr hilfsbereit und fragte mich, was er noch für mich tun könne. Ich bat ihn, mich bis zur nahe gelegenen Bushaltestelle zu bringen, denn ich war ziemlich wackelig auf den Beinen. Der Bus stand schon zur Abfahrt bereit. So fuhr ich erst mal mit dem Bus nach Hause, denn in diesem Zustand konnte ich meinen Führerschein nicht abholen, und mein Geld könnte ich auch ein anderes Mal holen. Am nächsten Tag sah man erst richtig, dass ich da einen ordentlichen Sturz gehabt haben muss.

Zuerst traute ich mich nicht, meinen Führerschein abzuholen, denn ich dachte, vielleicht bekomme ich meinen Führerschein nicht ausgehändigt, wenn ich wegen schlechter Luft umfalle, und weil ich ja nur 38 Kilo wog. Ich holte meinen Führerschein erst im Frühjahr ab, kurz bevor ich zu arbeiten anfing, denn da waren meine Schrammen vom Sturz verheilt. Da wunderte sich der Beamte aber doch sehr.

Margit hat spät laufen gelernt. Aber als es dann geschah, war es unvergesslich. Meine Schwester, meine Mutter, Vater und ich saßen im Kreis beim Bohnenauslösen. Margit hockte in der Mitte auf einer Matte und spielte und krabbelte herum, dann stand sie beim Sessel auf und ging von einem Sessel zum anderen. Sie freute sich so sehr, dass sie die Hände zusammenklatschte und dabei laut lachte. So machte sie es von einem Sessel zum anderen und auf einmal lief sie im Kreis rundherum, blieb immer wieder stehen und klatschte die Hände vor Freude zusammen, während sie laut jubelte und quietschte vor Vergnügen. Dieser Moment wird mir ewig in Erinnerung bleiben.

Ich bemühte mich, eine vernünftig bezahlte Arbeit als Kellnerin zu bekommen, aber bei uns im Ort sah es schlecht aus, jedenfalls im Winter. Ich fragte unsere Bäckerin, ob sie eine Arbeit für mich wüsste. Sie vermittelte mir die Arbeit bei der Pension, wo ich aber erst ab dem 1. April anfangen könnte. Na ja, bei dem Verdienst hätte ich es nicht so eilig zu haben brauchen, denn ich bekam ja viel mehr Arbeitslosengeld, als man in unserem Ort Lohn bekam. In Tirol hatte ich schon einen sehr guten Lohn gehabt – bei uns war das nur ein Drittel dessen und obendrein musste man dafür auch noch viel mehr Stunden arbeiten.

Meine Zeit in der „Pension Klug"

Am 1. April 1966 fing ich also an zu arbeiten. Zuerst wurde alles durchgeputzt, von den Zimmern bis zu den Gasträumen, Küche, Keller, Garten und so weiter. Die Chefin half fleißig mit. Zuerst gab es nur ein paar Gäste. Zu Ostern war das Haus dann voll. Ich war sehr erschöpft von der Arbeit und sobald Raucher dabei waren, hatte ich ganz arge Probleme. Mir war so schlecht von dieser verpesteten Luft. Ich dachte, ich falle gleich mitsamt dem Serviertablett um. Die Chefin meinte, ich müsse mehr essen, aber mehr essen half absolut nichts, ganz im Gegenteil, ich erbrach dann sehr oft.

Wir hatten einen bekannten ehemaligen Fußballer als Gast und der brachte mir die Heilquelle. Er stellte sich vor mich hin und sagte: „So, Frau Tina, und Sie trinken jetzt dieses Glas aus. Dieser Trank hilft Ihnen sicher, denn meine Frau war sehr krank und sie war genauso blass wie Sie und ihr hat die Heilquelle geholfen." So brachte mir der Gast viermal am Tag ein Glas Heilquelle und ging nicht eher weg, bevor ich das Glas leer getrunken hatte. Der Gast war sicher zwei Meter groß und dürfte so um die 100 Kilo gewogen haben. Da konnte ich schwer widersprechen.

Wir Einheimischen hielten nichts von dem Wasser. Wir sagten, da war früher der Misthaufen und die Gäste trinken jetzt diese Jauche. Aber diese Jauche half mir tatsächlich, nach circa zehn Tagen war es mir nicht mehr schlecht und ich fühlte mich fit, doch der Gast brachte mir weiterhin die Heilquelle und blieb stehen, bis ich das Glas leer getrunken hatte, obwohl ich jetzt auch freiwillig getrunken hätte bei der phänomenalen Wirkung, ich fühlte mich so fit wie vor der Geburt meiner Tochter. Der Gast freute sich sehr angesichts meiner Vitalität.

Früher kamen die Gäste meistens mindestens drei Wochen zur Trinkkur und viele blieben oft fünf bis sechs Wochen lang. Aber am meisten hat es mich viel später, als ich als Heimhilfe arbeitete, fasziniert, wie diese Quelle einem Mann geholfen hat, der mehr Schnaps als Tee zum Frühstück trank und eine Menge Tabletten nehmen musste, auf Krücken ging, einen offenen Fuß und vieles andere mehr hatte. Er hatte die gleichen Symptome wie ich damals zwischen 19 und 20 Jahren. Doch dann brach der offene Fuß auf, weil das schlechte Blut dadurch herauskam. Der Mann hat brav das Wasser getrunken, nach zehn Tagen war es ihm nicht mehr schlecht, er konnte wieder alles essen. Ich habe ihn im Krankenhaus besucht. Beim ersten Mal ging es ihm noch gut, doch als ich ihn das zweite Mal besuchte, war er leider nicht mehr ansprechbar. Ich fragte spontan einen Arzt, warum es dem Herrn so schlecht gehe, und sagte ihm, dass ich diesen Herrn betreut hatte. Da sagte mir der Arzt, dass dieser Mann Leukämie habe. Ich war fest davon überzeugt, dass wenn er die Heilquelle länger getrunken hätte, er wieder gesund geworden wäre. Ich trinke diese Heilquelle jedes Jahr mindestens drei Wochen lang.

Wir hatten viel Arbeit. In der Vorsaison machte ich die Zimmer, kellnerte und half in der Küche. Die Chefleute hatten noch eine Landwirtschaft. Da wurde im Frühjahr angebaut und ich war dann auch noch Kindermädchen und Sekretärin. Ich musste immer gut aufpassen, wenn Kathrin wach wurde. Eines Tages meinte ich sie zu hören. Ich lief in den ersten Stock hinauf und sah durch die milchige Glastür hinein, aber da war kein Ton zu hören, also ging ich wieder in die Küche hinunter, um meine Arbeit zu erledigen. Auf einmal kam Kathrin in die Küche.

Sie hatte den ganzen Mund voll mit Klebstoff und war blau beschmiert vom Stempelkissen. Sie sperrte den Mund weit auf. Als Erstes entfernte ich den ganzen Klebstoff und dann wusch ihr Gesicht und die Hände, die voller blauer Farbe waren. Danach ging ich ins Büro, was damals noch gleichzeitig das Schlafzimmer war. Der Schreibtisch sah wüst aus. Briefmarken und Briefpapier mit Klebstoff und die Farbe des Stempelkissens – alles war durcheinandergemischt. Ich hatte gut zu tun, bis ich alles wieder halbwegs in Ordnung gebracht hatte.

Ein anderes Mal stand ich beim Abwasch nach vorne gebeugt. Kathrin trat hinter mich, schlang ihre Ärmchen um meinen Po und sagte: „Tina, ich habe dich so lieb!" Auf einmal biss sie aber so arg in meinen Hintern, dass man wochenlang ihren Zahnabdruck sah. Kathrin war fast gleich alt wie meine Margit. Kathrin war im September geboren und Margit im Dezember. Sie spielten sehr viel zusammen. Meine Mutter kam öfter einmal mit Margit vorbei, denn wir wohnten ja nur zehn Gehminuten auseinander. Ich habe viele Fotos von den beiden gemacht. Aber das Album habe ich meiner Tochter gegeben und da ich keinen Kontakt zu ihr habe, sind mir nur ganz wenige Fotos geblieben.

Im Mai war oft schon alles besetzt. Da hatten wir dann ein Zimmermädchen, das auch in der Küche half. Sonntags hatten wir viele Ausflügler zum Mittagessen und nachmittags zum Kaffee. Auch von den Privatvermietern kamen viele Gäste zum Essen. Das Zimmermädchen arbeitete nur bis circa 14.00 Uhr. Bei mir fing die Arbeit spätestens um 7.00 Uhr an und endete oft erst um 21.00 Uhr und an den Wochenenden wurde es oft noch viel später. Ich machte die Arbeit jedoch gerne, die meisten Gäste waren sehr nett und ich bekam auch sehr viel Trinkgeld, aber es waren schon sehr viele Stunden, die ich arbeitete, leider musste ich das akzeptieren, denn sonst bekam man in unserer Gegend kaum eine Arbeit. Vor allem nicht mit so lieben Gästen wie ich sie in der Pension hatte; in der nächstgelegenen Stadt wären nicht so viele Urlaubsgäste gewesen. Ich arbeitete bis Ende Oktober. Ab 1. November war ich arbeitslos gemeldet.

Die Chefin war richtig gemein zu mir. Servieren war bei ihr sowieso keine Arbeit und wenn man arm geboren wurde, dann war man halt der letzte Dreck, das ließ sie mich immer wieder spüren. Wenn sie mit dem Chef Streit hatte, nahm sie einfach mein Fahrrad, fuhr davon und kam oft erst abends wieder zurück. Wir wussten oft nicht, was für ein Menü sie für die Gäste geplant hatte, so warteten wir halt ab, bis der Fleischlieferant kam, und dann hatten wir ganz schön zu tun, aber die Gäste merkten oft gar nicht, dass die Chefin nicht da war – da war ich dann gut genug zum Kochen, sonst machte sie mich immer runter. „Du bist nichts und du kannst nichts." Einmal habe ich Knödel gemacht, da passierte mir es, dass ich für den letzten Pensionsgast, nur mehr einen halben Knödel hatte. Der Chef servierte dann immer, ich war für die Küche zuständig. Dadurch, dass auch viele Auswertige zum Essen kamen, war es doppelt schwierig in der Hektik zu wissen ob schon alle Hausgäste ihr Essen bekommen hatten. Der Chef wusste nicht, was er machen sollte. So machten wir Rollentausch. Ich musste die Dame Bedienen. Doch da kam Hilfe von oben. Die Dame fragte mich. „Bitte Tina haben sie für mich einen kleinen Knödel, denn die Knödel sind heute so groß" Ich fragte: „Darf es ein halber Knödel sein?" Sie willigte sofort ein, und ich war aus dem Schneider.

Mein Bruder Tom half mir mein eigenes Zimmer ausbauen. Das war viel Arbeit. Ein Erker wurde beim Dach hinaus gemacht. Ein schönes großes Fenster hatte ich schon zuvor beim Tischler bestellt. Damals wurde noch alles mit Glaswolle isoliert. Dieses Zeug juckte arg. Bis Weihnachten war alles fertig. Endlich ein eigenes Zimmer! Jetzt konnte ich mich viel um meine kleine Tochter kümmern.

Im Winter gab es an den Wochenenden viele Bauernhochzeiten. Im zeitigen Frühjahr wurde unser Haus neu verputzt. Vorher wurde noch die Mauer in der Küche trockengelegt. Großteils war das Haus aus Holz. Nur ein Teil war verputzt. Ich nahm die Firma aus unserem Ort. Als ich die Rechnung gleich nach der Fertigstellung des Außenputzes bekam, war ich schon etwas erstaunt. Eine solche Rechnung hatte ich noch nie gesehen. Dass da „sofort bezahlbar" stand, ging ja noch, aber gleich zweimal dick rot unterstrichen?! Anscheinend glaubten die, ich könnte nicht bezahlen.

In der Küche war noch ein neuer Boden fällig, dem hatte die Feuchtigkeit arg zugesetzt. Ich hatte noch immer Erspartes aus Tirol übrig, und selbst wenn ich in der Pension nicht viel verdiente, so bekam ich doch sehr gute Trinkgelder und bei den vielen Arbeitsstunden kam schon ein hübsches Sümmchen zusammen. Ich habe den Teil des Hauses, in dem die Eltern wohnten, mein selbst ausgebautes Zimmer auf den Dachboden, sowie das gesamte Gebäude von meinem ersparten Geld renoviert.

Großteils waren die Gäste sehr nett. Aber leider gab es auch andere. Wir hatten einen Ministerialrat, der war mit seiner Gattin da. Trotzdem versuchte er mich zu begrapschen. Ich wehrte mich dagegen. Da sagte dieser Widerling: „Wenn ich Ihnen einen Ring in die Tasche stecke und Sie anzeige, werden Sie eingesperrt und können gar nichts dagegen machen." Dieser Gast war mit seinem Privatauto mit einer Riesenmenge an Gepäck angereist. Ich durfte alles in den dritten Stock schleppen, denn das Stubenmädchen arbeitete nur bis circa 14.00 Uhr. Das Frühstück musste auch ich aufs Zimmer bringen, aber genau zu dem Zeitpunkt, wo auch alle anderen Gäste zum Frühstück kamen, denn circa 80 Prozent der Gäste gingen um 7.00 Uhr zum Wassertrinken und eine Stunde später sollten sie frühstücken.

Wenn der Herr Ministerialrat abends im Übermaß getrunken und gegessen hatte, war ihm morgens schlecht. Normalerweise trank er zum Frühstück Kaffee, aber wenn er zu viel gefuttert und getrunken hatte, musste ich den Kaffee wieder zurück hinunternehmen und mit einem Tee seines Wunsches erneut in den dritten Stock hinauf. Wenn ich nicht sofort mit dem Tee kam, brüllte er schon von oben herunter. Beim Bezahlen bekam ich von ihm nie ein Trinkgeld. Er sagte immer: „Wissens eh, Tina, das Trinkgeld bekommen Sie, wenn wir fahren."

Eines Tages hatte der Ministerialrat einige prominente Gäste und ein paar besser gestellte Personen vom Ort eingeladen. Als er bezahlte, sagte er wieder seinen Spruch mit dem Trinkgeld, den ich ja jeden Tag hörte. Ich salutierte wie beim Bundesheer und erwiderte: „Jawohl, Herr Ministerialrat, ich weiß, wenn Sie fahren, bekomme ich 20 Schilling." Das war ihm peinlich, denn die Gäste wussten ja alle, dass er einige Monate blieb und viele Sonderwünsche hatte, von anderen Gästen bekam ich oft 20 Schilling nur fürs Gepäckhinauftragen, obwohl sie meistens nur einen Bruchteil des Gepäcks vom Ministerialrat und seiner Gattin hatten. Ein paar Gutsbesitzerinnen aus der Umgebung von Wien fragten mich, ob das tatsächlich stimme, dass ich nur 20 Schilling bekäme. Sie waren sehr nette Damen und glaubten mir. Von da an bekam ich vom Ministerialrat täglich ein paar Schilling, und wenn er abreiste, 100 Schilling. Ich habe gelernt, dass man sich nicht alles gefallen lassen darf und ruhig auch mal kontern kann.

Es war mir ein Rätsel, wie ich es immer wieder schaffte, sonntags so viele Gäste zu bedienen, denn übers Wochenende stritten meine Eltern besonders viel, denn da war ja Vater zu Hause und hatte mehr Zeit zum Streiten und Raufen. Ich konnte dann nachts kaum schlafen.

Ich hatte in den zwei Jahren viele Verehrer, aber keiner von ihnen hat meinen Vorstellungen entsprochen. Ich habe von vornherein jeden abgelehnt.

Meine Schwester Verena war nur um sieben Jahre älter als meine Tochter Margit. Beide waren sehr liebe Kinder. Verena war eine sehr gute Schülerin.

Viele Gäste glaubten mir oft nicht, dass ich die Mutter von Margit bin. Denn erstens sah ich sehr jung aus, nachdem ich das Heilwasser getrunken hatte, und zweitens hörten die Gäste oft, dass Margit zu meiner Mutter „Mami" sagte, denn wir Kinder sagten alle zur Mutter „Mami", und so sagte Margit es auch, aber zu mir sagte sie „Mama".

Meine kleine Tochter Margit lieferte so einige lustige Einlagen. Ich hatte in der Früh vor der Arbeit Wäsche gewaschen und die Wäsche nur mehr zum Schwemmen am Brunnen vor dem Haus in einer Wanne stehen. Am Nachmittag hatte ich frei, da wollte ich sie fertig schwemmen und aufhängen, aber als ich nach Hause kam, waren die Wäsche einzeln auf der Wiese ver-

teilt und voll Gras. Margit bürstete sie fleißig mit einer Boden-
reibbürste. Ich sagte: „Aber Margit, was machst du denn da?"
Sie sagte: „Wäsche waschen, Mama." Meine Mutter bearbeitete
Vaters Arbeitssachen öfter so. Ich musste fleißig schwemmen,
bis ich das ganze Gras rausbekam.

So arbeitete ich zwei Jahre lang in der Pension. Im Herbst kaufte ich mir ein Auto. Ich wollte mir eine ganzjährige Arbeit suchen, aber gerade im Herbst war es bei uns sehr schwer, eine
neue Arbeit zu finden. Ich habe einmal von der Post ein Angebot bekommen. Aber leider war ich so dumm, es abzulehnen.
Weil ich dachte, da verdiene ich Zuwenig. Dabei hat mir ein ehemaliger Postler erst vor kurzem erzählt, wieviel Trinkgelter er
damals bekam.

Kino Café

So landete ich bei einem Caféhaus mit Kinobetrieb. Die Kinogäs-
te waren durchschnittlich sehr nette Leute, aber den Rest konnte man vergessen. Ein paar Typen waren regelrecht darauf aus,

mich zu bescheißen. Sie bezahlten ihre Getränke nur zum Teil. Da saß oft eine ganze Horde auf einem Tisch beisammen und trank lauter gute Flaschenweine. Als ich merkte, dass es immer weniger wurden, ging ich hin und wollte abkassieren, aber die Gäste bezahlten nur einen Teil und sagten, das andere gehe sie nichts an. Es war einfach unglaublich! In Tirol hatte ich Schlussdienst gemacht, da war ich noch nicht einmal 18, und da wurde ich nicht betrogen, und wenn einer es doch mal versuchen wollte, halfen einem die anderen, dass man zu seinem Recht kam. Und jetzt war ich 22 und musste mit ansehen, wie ich betrogen wurde!

An den Wochenenden war das Café bis circa 5.00 Uhr morgens geöffnet. Aber der Großteil der Gäste, die nach 24.00 Uhr kamen, waren Zechpreller. Ich sagte zu meiner Chefin, dass ich es besser finden würde, gleich zu kassieren. Doch sie willigte nicht ein. Am Ausgang befanden sich die Garderobe und das WC. Ich konnte nicht allen Gästen, die auf das WC wollten, nacheilen.

Wenn ich häufig erst um 5.00 Uhr in der Früh heimfuhr, musste ich erst mein Autoschloss mit dem Feuerzeug auftauen, dabei hatte ich oft große Angst, denn da trieben sich allerhand betrunkene Halunken herum, und auf dem Nachhauseweg war es meist so eisig, dass ich im ersten Gang fahren musste, sonst rutschte das Auto nur so durch die Gegend. Einmal wollten mich welche überholen, da fuhr ich gleich auf die Seite und ließ sie vor, aber gleich um die nächste Kurve lag dieses Auto im Straßengraben. Vier Männer torkelten rund um das Fahrzeug und winkten mir zu, dass ich anhalten solle, doch ich fuhr weiter. Ich hatte viel zu viel Angst vor diesen Betrunkenen. Außerdem waren gleich ganz in der Nähe einige Häuser, ich kannte die Bewohner und wusste, dass einige dieser Männer dort zu Hause waren, und zu laufen waren sie ja imstande.

In dieser schwierigen Zeit habe ich den Vater meines Sohnes kennengelernt. Er war ein fescher, großer Mann und sehr gepflegt. Er war Techniker von Beruf. Er erzählte mir gleich, dass er einen fünfjährigen Sohn bei seiner Mutter in Unimarkt habe, und ich sagte ihm natürlich, dass ich eine dreijährige Tochter hatte.

Die Gäste im Café fragten mich, ob ich wisse, dass mein Freund einen Sohn habe. Ich sagte: „Ja, natürlich weiß ich das." Ich wusste von seinem fünfjährigen Sohn, aber nicht von dem halbjährigen in der Stadt. Von diesen Sohn erfuhr ich erst nach vielen Jahren. Als unser gemeinsamer Sohn in die HAK gegangen ist. Ich habe den Verdacht, dass Sie mich deshalb besonders viel geprellt haben, weil sie glaubten, es wäre mir egal, dass er einen kleinen Sohn hatte.

Ich fand Kurt sehr nett, wir verbrachten viel Zeit miteinander, ich nahm ihn mit nach Hause. Er lud mich zu sich nach Hause ein und stellte mich seinen Vermietern vor. Es waren sehr nette Leute und sie mochten Kurt sehr gerne. Er hatte ein sehr gutes Benehmen und war ein Kavalier. Als die Vermieter auf Urlaub fuhren, fragten sie mich, ob ich dort übernachten wolle.

Im Café spitzte sich die Situation mit den Zechprellern immer mehr zu und so kündigte ich, denn es war einfach kein gutes Arbeitsklima. Ich hatte oft sehr große Angst. Einmal warf ein Mann eine ganze Menge Tausendschillingscheine einfach so umher. Ein Gast sagte zu mir: „Tina, nimm auch schnell ein paar Scheine", aber ich hatte Angst, dass mir einer eine überziehen würde, wenn ich mich nach dem Geld bückte. Die Frau Chefin war in ihrer Wohnung und der Chef oft mit seinem Taxi unterwegs. Die Chefleute wollten mich überreden zu bleiben und sagten, dass ich jetzt doch gleich kassieren könne, doch ich wollte mir noch vor Weihnachten etwas anderes suchen.

Als Kurt von meiner Kündigung erfuhr, lud er mich zu sich nach Hause ein. Ich ließ mich überreden, denn Arbeit fand ich bei uns keine passende. Wir verbrachten eine sehr schöne Zeit in Unimarkt. Seine Mutter war eine sehr nette, aktive Frau. Sie war Hebamme und hatte ein paar Plätze für Mütter mit ihren Frischgeborenen direkt in der Wohnung bei ihr und sie half den Neugeborenen auf die Welt und versorgte die Mütter und die Neugeborenen bis zu einer Woche bei ihr.

Kurti, der Sohn von Kurt, war ein überaus nettes Kind. Er mochte mich sehr und wich kaum von meiner Seite. Der Lebenspartner seiner Mutter war gleichzeitig der Großvater von

Kurti, aber von der Seite seiner leiblichen Mutter. Er hieß Rainer und war ein sehr netter Mann. Kurti mochte seine Mutter nicht besonders; wenn er sie in der Stadt irgendwo sah, sagte er: „Komm Tina, verstecken wir uns, denn da vorne geht meine Mutter." Seine Mutter war inzwischen verheiratet, hatte auch Kinder aus dieser neuen Ehe und kümmerte sich kaum um Kurti.

Kurt kochte zu Hause gleich für alle Bewohner, und zwar sehr gut. Aber wir gingen auch aus zum Essen. Wir machten außerdem schöne Ausflüge und er zeigte mir die Gegend.

Aber am 2. Januar zog ich weiter. Ich wollte nach Tirol eine Arbeit suchen. Doch ich hätte wohl besser schon vor Weihnachten fahren müssen. Meine ehemalige Chefin fragte ich auch um Arbeit. Sie hatte schon zwei Jahre eine fixe Kraft. Sie wollte mir eine Arbeit beschaffen. Im „Karwendel-Hof" in Seefeld hätte ich Arbeit bekommen, aber da war der Verdienst nicht so gut, dort musste man für wenig Geld arbeiten, da zählte der Name, und das war dann so ähnlich, wie wenn man eine Ausbildung bekam. Das wollte ich aber nicht. Also bin ich weitergezogen. Erst fragte ich in Garmisch-Partenkirchen, aber da hatten sie auch alle Personal und ich wollte ja selbst kassieren. So suchte ich weiter in Bayern.

Wohlfühlhotel

Beim Hotel war ein wunderschöner großer Gastgarten mit alten Bäumen. Der Garten war nur auf einer Seite offen. Unter dem Garten waren zwei hochmoderne Kegelbahnen neu errichtet worden. Auf der einen Seite befanden sich unterhalb die Boxen für die Tiere, die geschlachtet wurden – da waren die Tiere meistens nur einen Tag, denn der Chef schlachtete die Tiere für seinen Fleischerladen und fürs Gasthaus alle selbst und verarbeitete sie zu den besten Würsten, die ich je gegessen hatte –, und oberhalb waren die Fremdenzimmer. Auf der anderen Seite war die alte Kegelbahn und in der Mitte die Gästestube.

Der schöne Garten fiel mir als Erstes ins Auge. Ich fuhr mit meinem Auto auf der Gartenseite hinein, drehte dann aber um, denn es musste sich ja noch irgendwo ein größerer Parkplatz befinden. Auf der anderen Seite war dann der große Parkplatz und gleich daneben der Metzgerladen; die Auszeichnungen für die guten Produkte waren auch gleich sichtbar. „Da möchte ich arbeiten!", war gleich mein Wunsch. Ich ging schnurstracks in die Küche, denn da hoffte ich die Chefleute zu finden. So war es auch. Sie waren mir beide auf Anhieb sehr sympathisch. Sie brauchten dringend eine Servierkraft. Sie waren beide sehr verwundert, dass ich schon ein Auto hatte, denn sie schätzten mich sehr viel jünger, so um die 17, aber ich war ja schon 22. Der Hausmeister half mir sofort, mein Gepäck auf mein Zimmer zu bringen, und ich bekam gleich ein sehr gutes Essen und ein Getränk und dann konnte ich schon arbeiten. Es waren sehr nette und höfliche Gäste im Gegensatz zu meinen Zechprellern vom Kino Café.

Nach circa einer Woche kam dann die Kellnerin, die ursprünglich dort arbeitete, sie war nur zum Begräbnis ihres Bruders nach Wien gefahren. Vielleicht hatten die Chefleute ihr gesagt, dass sie sich nicht zu beeilen brauche zurückzukommen. Ich war anfangs geschockt, als sie sich mir als die Kellnerin vorstellte, die hier im Hotel arbeitete. Die Chefleute legten die Karten auf den Tisch und sagten mir, dass sie mich erst als Überbrückung anstellen wollten, bis die andere wieder da sei, aber dass sie mich jetzt nicht mehr gehen lassen wollten. Sie fragten mich, ob ich mit ihr eventuell die Arbeit teilen würde, doch diese Kellnerin entsprach nicht meiner Vorstellung von einer Kollegin, mit der ich zusammenarbeiten wollte. Ich hatte nämlich schon sehr viel von den Gästen über sie erzählt bekommen. Viele Gäste kamen jetzt wieder, weil die Fenster nun sauber waren; das war die einzige Putzarbeit, die der dortigen Kellnerin zugeordnet war. Außerdem war sie eine Schnapsdrossel; es kamen viele Fernlastfahrer vorbei, denn hier hatten sie einen schönen großen Parkplatz, das Essen war sehr gut und die Zimmer preiswert. Die Fahrer wollten mir anfangs auch immer einen Schnaps bezahlen, wer weiß warum, vielleicht bekamen sie normalerweise eine gewisse „Gegenleistung" dafür. Nach einiger Zeit bekam ich Schokolade geschenkt, als sie kapierten, dass ich keinen Schnaps trinke. Nach meiner Vorstellung hatte eine Kellnerin aber während des Dienstes keinen Alkohol zu trinken, obwohl ich mir zwischendurch zum Essen oder zur Jause schon mal einen Pfiff von dem guten bayrischen Bier gegönnt habe. Oder in Ausnahmesituationen, wie die von meiner allerliebsten Arbeitskollegin in Tirol, als sie Liebeskummer hatte.

Ich sagte zu meinen Chefleuten, dass ich mir dann etwas anderes suchen möchte, da ich ein Haus zu bauen beabsichtigen würde und dafür viel verdienen möchte. Doch meine Chefleute entschieden sich für mich. Ich war inzwischen auch bei den Gästen sehr beliebt. Die Gäste gaben mir den Rat, beim Bier etwas weniger einzuschenken, denn das machte anscheinend in Bayern jeder Kellner. Doch ich meinte, ich bekomme meine Prozente. Dadurch, dass ich gut einschenkte, bekam ich mehr Trinkgeld.

So wie in Tirol musste ich gleich fast alle mit Du ansprechen. Jeder wusste, dass ich zu Hause eine kleine Tochter hatte. Ich hatte auch bald einen Freund, er hieß Konrad, denn Kurt meldete sich überhaupt nicht mehr. Konrad sagte: „Ein Mädchen mit einem Bauplatz ist super!" Er hatte auch das Ziel, ein Haus zu bauen, und dafür wäre er sogar mit mir in die Steiermark gegangen. Ich habe mit Konrad eine schöne und stressfreie Zeit verbracht.

Meine Gäste wollten mit mir Karten spielen, wenn wenig los war. Aber ich habe gesagt, das geht doch nicht. Doch mein Chef hat gesagt, das geht schon, die paar Gäste würde er bedienen. Ich habe dann mit den Gästen Karten gespielt und wir hatten großen Spaß miteinander und mein Chef hat bedient und ich habe auch noch die Prozente und das Trinkgeld bekommen. Auch kegeln musste ich mit den Gästen, da bekam ich von einem Caféhausbesitzer ein großes Plastikschwein, allerdings konnte man da nicht nachschauen, wie viel man drinnen hatte, denn dafür musste man es schlachten. Jedenfalls habe ich immer gewonnen, dennoch haben alle gerne mit mir gespielt. Bei den Watten haben immer zwei zusammengespielt und beim Kegeln haben wir auch so einige Spiele gehabt, wo der Partner profitierte. Ich war sehr treffsicher, meistens musste ich zwischendurch nur einen Wurf machen und alle Kegel fielen um. Zusätzlich haben die Gäste mich oft gebeten, ob ich ihnen nur einen Kegel wegschieben könne, denn ich war zu 95 Prozent treffsicher.

Dann war da in der Gaststube noch ein Spielautomat. Der Chef hat es immer mitgekriegt, wenn schon lange kein höherer Gewinn ausgeschüttet wurde, und wenn wenig los war, dann sagte er: „Tina, magst du einmal spielen gehen? Es hat schon lange nicht mehr ordentlich geklingelt." Ich habe nur kurz gespielt und eine Menge Geld gewonnen. Ich habe nie gezählt, wie viel es war, sondern habe es einfach in mein Sparschwein hineingegeben. Das Sparschwein stand die ganze Zeit an der Theke. Der Chef war überdies auch noch ein sehr guter Koch. Er war sehr einfach und bescheiden. Am liebsten gab er sich als Hausmeister aus und der Hausmeister strahlte, wenn die Gäste glaubten, er sei der Chef. Die Stammgäste nannten den Hausmeister „Kegelbahnchef", weil er sich gut mit den technischen Dingen bei den Kegelbahnen auskannte, und die fremden Gäste glaubten, er sei auch der Chef.

Auf einmal tauchte Kurt wieder auf. Er war mittlerweile nach München zu Siemens versetzt worden. Als er wieder da war, gab es für mich – leider – nur mehr Kurt. Ich hatte zuvor Konrad von ihm erzählt. Konrad war traurig, aber wir blieben trotzdem sehr gute Freunde. Meine Chefleute erlaubten mir, dass Kurt übers Wochenende bei mir wohnen konnte. Zuerst kam er für die Dinge, die er konsumierte, selbst auf, aber nach einiger Zeit fand er es selbstverständlich, sich nicht mehr an den Kosten zu beteiligen. Ich bekam zwar das Essen für die Hälfte, aber Kurt trank immer mehr. Da hätte ich ihn schon sagen müssen, dass er für sein Essen und Getränk selbst aufkommen muss. Er nahm zur Ausrede, dass ihm sein Sohn sehr abgehe. Anfangs hatte ich noch samstags frei, da unternahmen wir recht viel zusammen, da hat dann Kurt alles bezahlt. Wir machten viele Ausflüge, aber dann ergab es sich, dass ich montags und dienstags freihatte, so konnte ich öfter nach Hause fahren. Außerdem musste ich zum Konsulat wegen meiner Aufenthaltsgenehmigung. Meine Chefleute waren so freigiebig, ich bekam gleich einen ganzen Koffer voll mit köstlichen Würsten geschenkt als Mitbringsel für meine Familie.

Margit freute sich immer sehr, wenn ich nach Hause kam. Beim ersten Mal, als ich nach Hause fuhr, haben mich Polizisten geärgert. Sie fuhren an einer kurvenreichen Straße so langsam, dass es einen wahnsinnig machte, winkten beim Fenster hinaus und ließen mich nicht überholen; sobald es aber zum Überholen gegangen wäre, traten sie aufs Gaspedal. Da hat mich die Wut gepackt und ich habe die beiden Polizisten in einem Ortsgebiet überholt. Wenn ich es nicht so eilig gehabt hätte, hätte ich die Strafe von 40 –, Schilling sicher nicht bezahlt, denn die beiden haben mich bewusst nicht überholen lassen. Nun werde ich ewig in Erinnerung haben, dass ich meine erste Strafe einkassiert habe, weil ich im Ortsgebiet zu schnell gefahren bin und dann auch noch ausgerechnet die Polizei überholt habe. Ich habe ihnen jedenfalls ordentlich die Meinung gesagt. Glauben tut mir das kaum jemand. Es klingt auch absurd, die Polizei bei einer Geschwindigkeitsbeschränkung zu überholen.

Als ich wieder zurückkehrte, habe ich für mich, das Personal und die Chefleute Kernöl mitgenommen und für alle Stammgäste einen Schilcher zum Kosten. Obwohl die Bayern fast nur Bier tranken, haben alle den Schilcher sehr genossen, und wehe, ich habe einen Stammgast übersehen! Aber sie haben sich dann schon selbst gemeldet. Ich hatte den Schilcher nur deshalb mitgenommen, weil alle so nett waren, aber ich bekam für die Kostproben sehr viel Trinkgeld. Das Kernöl haben manche nicht so gut vertragen, andere wiederum fanden es spitze.

Zu Pfingsten hatten wir drei Burschen aus England. Sie haben sich bei uns einquartiert und haben die Einheimischen großzügig zu Drinks eingeladen. Sie machten mir Komplimente und lobten mein Englisch. Aber als ich eine Zwischenabrechnung verlangte, da wollten sie mich auf einmal nicht mehr verstehen. Ich ließ jedoch nicht locker und verlangte eine Sicherstellung. Da bekam ich einen Scheck, der auf eine hohe Summe ausgestellt war. Ich fragte gleich einen anwesenden Postbeamten, ob der Scheck gültig sei. Er bestätigte, dass alles passte, aber wir übersahen, dass die Unterschrift fehlte. Am Dienstag in der Früh waren die drei dann verschwunden. Sie schrieben mir aus London, dass ich den Scheck schicken solle, sie bräuchten den Scheck, um mir das Geld für die Rechnung zu schicken, doch ich gab den Scheck nicht aus der Hand, obwohl leider eine Unterschrift fehlte, um ihn einzulösen. Es war ein langes Hin und Her und ich habe mich natürlich genau erkundigt, auch bei der Polizei, und so kam es, dass diese einer Zechprellbande, die durch ganz Tirol und Bayern gereist war, auf die Spur kamen. Mit dem Scheck konnte sie schließlich ausfindig gemacht werden. In der Zeitung stand ein Artikel über die drei Burschen und dass die drei durch eine junge Österreicherin zur Rechenschaft gezogen wurden. Dabei handelte es sich sogar um wohlhabende Burschen.

Einmal wollte ich mit meinem Auto heimfahren und da hat mir ein Metzger, der schon immer bei mir landen wollte, angeboten, beim Öl und so weiter nachzuschauen. Ich habe abgelehnt, leider habe ich dann noch vor der nächsten Servicestation einen Motorschaden gehabt. Ich hatte allerdings den leisen Verdacht, dass der gute Metzger hierbei seine Finger im Spiel hatte. Ich hatte zwar inzwischen einen sehr guten Automechaniker, aber ich war so dumm und bin gleich in die nahe gelegene Werkstatt gefahren. Dort haben sie eine hübsche Stange Geld verlangt und gemacht haben sie es auch nicht ordentlich, das hat mir danach Klaus gesagt. Klaus war ein sehr guter und zuverlässiger Mechaniker. Er war Gast im Hotel und ausgesehen hat er wie der Bulle von Tölz. Alle mochten ihn gerne.

Jakob, sein Sohn, war ein ganz netter, er ging damals noch zur Schule und kochte schon sehr gerne, er hat öfter etwas Gutes gekocht und dann hat er mir davon immer zu kosten gegeben. Es war alles sehr köstlich und er freute sich jedes Mal sehr über mein Lob.

Conny, seine Schwester, war nicht so gut auf mich zu sprechen. Wir hatten nämlich einen netten Metzger, seine Eltern hatten zu Hause in Niederbayern einen eigenen Betrieb, er wollte unbedingt beim Chef lernen, denn der Chef war sehr bekannt für seine guten Würste; ich muss ehrlich sagen, ich habe sonst nirgends je so gute und bekömmliche Würste gegessen. Der junge Metzger war mindestens drei Jahre jünger als ich und einfach nur ein guter Freund. Trotzdem war die Conny so was von eifersüchtig auf mich, aber er wollte mit Conny nichts zu tun haben, sie war so stark und er ein so zierliches Bürschchen.

Wir trafen uns öfter rein zufällig in München, wir hatten anscheinend die gleichen Interessen, denn wir trafen uns oft im Kino und haben nachher zusammen etwas Gutes gegessen und über den Film diskutiert. Meistens haben wir auch im gleichen Parkhaus geparkt und sind dann zusammen jeweils mit dem eigenen Auto nach Hause gefahren. Er ist meistens vor mir gefahren, weil er sich gut auskannte, und so sind wir gemeinsam am Hotel angekommen. Als ich ausstieg, habe ich von der Conny eine gescheuert bekommen, sie hat behauptet, ich würde ihr Martin, so hat er, glaube ich, geheißen, ausspannen. Sie hat dann später gegenüber Kurt auch behauptet, ich hätte öfter jemand im Zimmer, sie hätte es gehört.

Obwohl ich meine Arbeit sehr gerne machte, war es doch häufig sehr anstrengend. Ich habe in der Woche sicher um die 90 Stunden Arbeitszeit zusammengebracht. Meine Füße schmerzten in der Nacht oft sehr. Da ich ein schmiedeeisernes Bett hatte, legte ich meine Füße zwischen die Schmiedeeisenbögen. Als ich schlief, träumte ich von der Folterkammer. Ich träumte, ich wäre gefesselt, und scheuerte im Schlaf meine Füße wund. Meine Schürfwunden waren einige Wochen sichtbar.

Ein anderes Mal hatte ich Risse auf den Fersenballen, das tat sehr weh; wenn ich lief, spritzte das Blut heraus. Aber ich hatte einen guten Arzt als Gast und der gab mir gleich einige Medikamente und gute Tipps. Natürlich musste ich mich auch etwas schonen und meine Chefleute sowie auch die Gäste unterstützten mich ganz lieb dabei.

Im Sommer war es herrlich zu kellnern, denn da war bei Schönwetter nur der Garten geöffnet. Wir hatten dort auch einen Schank, wo das Bier angezapft wurde, und die Küche war auch gleich um die Ecke mit einer Durchreiche.

Einmal brachen die Schweine aus. Ich hatte vor den Tieren eine Heidenangst, schon von klein auf, denn unser Schwein hat meine Lieblingshenne gefressen, weil über den Schweinen hatten wir die Stangen für die Hühner und da ist ausgerechnet meine Lieblingshenne hinuntergefallen, ich habe sie noch schreien gehört, aber als ich kam, war sie nicht mehr zu retten. Als die Schweine nun dort ausbrachen, bin ich auf einen Tisch gestiegen und habe mich nicht eher heruntergetraut, bevor sie die Schweine alle wieder eingesperrt hatten. Die Arbeiter haben vielleicht gelacht und mich noch lange danach damit geärgert, ob sie die Schweine wohl hinauslassen sollen.

Einen sehr netten Stammgast werde ich nie vergessen. Er war ein pensionierter Portier und ihm fehlten einige Finger, warum, weiß ich nicht mehr, vielleicht vom Krieg. Er spielte sehr gerne mit dem Automaten, dabei übersah er nichts. Wir hatten eine Gruppe aus dem ehemaligen Jugoslawien und die waren aufs Zechprellen aus. Es war Brauch, dass auf dem Bierdeckel für die konsumierten Biere Striche gemacht wurden. Diese Gruppe tauschte einfach die Bierdeckel aus und machte weniger Striche. Da war der Herr Plank sofort zur Stelle und legte seine Hand mit den fehlenden Fingern auf den Deckel, den sie verschwinden lassen wollten.

Zu dieser Truppe gehörte auch ein Stubenmädchen, das mir bei Bedarf half. Einmal kam ich spontan zu den Kegelbahnen in den Keller und da beobachtete ich sie eine Weile unbemerkt, wie sie den Schaum einfach hinunterrinnen ließ und die Gläser für ihre Leute randvoll machte. Da geigte ich ihr ordentlich die Meinung und schickte sie putzen. Als ihr Mann kam und nach ihr fragte, war ich so geladen, dass ich zu ihm sagte: „Die ist mit einem schönen Mann spazieren gegangen." Als seine Frau zurückkam, hat er sie grün und blau geschlagen. Das hatte ich zwar nicht gewollt, aber irgendwie habe ich es ihr doch gegönnt, denn sie drückte sich immer vor der Arbeit. Sie sagte: „Ich habe so viel Kopfweh, muss so viel lernen Deutsch." Aber wenn die Gäste am Stammtisch die dreckigsten Witze erzählt haben, da hat sie alles verstanden. Die Chefin kündigte ihr daraufhin, denn sie war auch beim Aufräumen sehr schlampig. So zogen auch ihre Freunde weiter.

Aber wir hatten auch Jugoslawen, die im Haus wohnten und bei Siemens arbeiteten. Die waren sehr nett, ehrlich und höflich. Wir benutzten alle ein gemeinsames Bad auf dem Gang. Ich hatte nur am Wochenende mit ihnen Kontakt. Vor dem Bad war eine Sitzecke und wenn ich kam, klopfte gleich einer an die Badtür und sagte: „Tina ist da." Es war unglaublich, wie schnell diese Burschen für mich Platz machten und mir dabei das Bad immer in sauberem Zustand überließen.

Ich war wieder ungewollt schwanger. Aber ich glaubte, dass es für Kurt vielleicht besser wäre wegen seiner ewigen Trinkerei. Doch da hatte ich mich gewaltig geirrt. Der gute Kurt hat auf einmal sein wahres Gesicht gezeigt. Vor meinen Augen bandelte er in der Kegelbahn mit den Damen an. Ich habe mich in der Stiege, die von der Gaststube zur Kegelbahn hinunterging, hingesetzt und geweint. Konrad hat das alles mitbekommen. Er kam mir nach und hat mich getröstet. Normalerweise war die Stiege nur für die Chefleute und das Personal gedacht, aber Konrad gehörte irgendwie fast zum Hause und durfte auch da hinunter.

Im Sommer hatte ich dann eine Nierenbeckenentzündung. Ich war sehr lange im Krankenstand. Ich wollte schon arbeiten gehen, aber mein Arzt hat es mir verboten, ich könnte dadurch meinem Kind schaden und der Rauch wäre sehr schlecht für mich. Ich musste gemäß Vorschrift meines Arztes immer an ein Gewässer fahren, damit ich feuchte Luft einatmete, aber ins Wasser durfte ich nicht hinein. Als ich abends zurück zum Hotel kam, riefen mich meine Chefleute in die Küche zum Essen. Ich war immer wieder von ihrer Gutherzigkeit fasziniert. Da war ich nun so lange im Krankenstand gewesen und sie sorgten sich derart rührend um mich.

Einmal hatte ich ein schönes Erlebnis am Starnberger See. Ich fütterte einen Schwan, aber er drehte sich um und schwamm davon. Ich legte mich in den Liegestuhl und schlief kurz ein, da zwickte auf einmal etwas bei meinen Zehen. Da war der Schwan wieder zurückgekommen mit seinen Jungen. Jetzt verfütterte ich meine ganze Brotzeit an die Schwäne; heute weiß ich, dass es gar nicht gut ist für die Tiere, wenn man sie mit Brot füttert.

Meine Chefleute haben mir bei ihnen eine Wohnung angeboten, obwohl sie Kurt nicht mehr so mochten. Sie haben gesagt, ich könne Margit zu mir holen und unsere zwei pensionierten Damen, die dort viele Jahre gearbeitet hatten, die eine als Köchin und die andere als Stubenmädchen, die könnten mich beim Kinderschauen unterstützen, aber Kurt wollte das nicht. Dort wäre es meinen Kindern und mir sehr gut gegangen, aber Kurt hätte ja nicht machen können, was er wollte, denn die Gäste und meine Chefleute mitsamt dem Personal sind alle hinter mir gestanden. Ich aber habe in Kurt immer noch den lieben Papa gesehen, denn die Zeit in Unimarkt war wunderschön gewesen. Er hat sehr gut gekocht und war gegenüber seinem Sohn so ein liebevoller Papa. Sein Sohn hat aber auch mich sehr gerne gemocht. Er ist mir überallhin nachgelaufen.

So suchten wir eine andere Wohnung. Keine Wohnung wollte ihm zusagen, bis wir in München in der Innenstadt eine Wohnung, die noch im Bau war, gefunden haben. Die Wohnung war ganz oben im vierten Stockwerk. Unterhalb, im Erdgeschoss, war ein gut gehendes Restaurant. Obwohl, so ganz hat es Kurt auch hier nicht gepasst. Er hat gemeint: „Willst du den Putz von den Wänden essen?" Doch ich war immer zuversichtlich. Ich würde bestimmt gleich eine Stelle unten im Restaurant bekommen, zuerst könnte ich aushelfen und dann fix arbeiten und Kurt hätte sein Kind am Wochenende und abends, wenn er nach Hause kam. Die Kaution bezahlte ich komplett allein. Die Wohnung sollte noch vor der Geburt meines Kindes fertig sein. Ich wollte auch Margit zu mir holen. Der Bürgermeister vom Ort wollte unbedingt der Taufpate von meinem Kind sein. Er war ein älterer, weißhaariger, fescher und sehr lustiger Mensch. Ich habe mich in seiner Gegenwart einfach wohlgefühlt. Es war für mich der Inbegriff von Heimat und Geborgenheit. Obwohl, München wäre auch nicht schlecht gewesen, gleich neben der Wohnung war ein sehr schöner Park und für Kurt wäre es nur ein Katzensprung zu Siemens gewesen. Direkt vor dem Haus war die Straßenbahnhaltestelle und in fünf Minuten wäre er bei Siemens gewesen. Ich war fest davon überzeugt, dass wir das alles gut schaffen würden.

So nahm ich Abschied von allen meinen geliebten Leuten und fuhr heim in den Mutterschutz in dem Glauben, dass ich wiederkommen würde, zumindest nach München. Der Bürgermeister wollte trotzdem Taufpate von meinem Kind werden. Wir hatten auch schon zusammen mit allen meinen Freunden Namen ausgesucht. Schließlich haben wir uns – im Falle eines Jungen – auf Bernd geeinigt. Zuerst hatte ich mir einen anderen Jungennamen überlegt, doch dann haben einige Witze über diesen Namen gerissen, also ließ ich ihn fallen.

Die Wohnung sollte laut Plan schon bald fertig sein, aber leider gab es Verzögerungen.

Zurück zu meinen Eltern

Margit, meine kleine Tochter, war inzwischen fast vier Jahre, und meine Schwester Verena war elf Jahre. Sie freuten sich sehr, als ich nach Hause kam. Beide freuten sich auf den kleinen Nachwuchs. Wir warteten sehr lange, denn Bernd sollte laut ärztlichen Untersuchungen am 2. Dezember auf die Welt kommen. Am 9. Januar kam er dann endlich auf die Welt.

Ich hatte zwar keine Wehen, aber ein so ungutes Gefühl und ganz starkes Sodbrennen, deswegen packte ich meinen Koffer und verständigte den Rettungsfahrer. Ich sagte, ich hätte Wehen, und erst im Krankenhaus schilderte ich meine Lage, die wollten mich wieder nach Hause schicken. Ich erzählte, dass der Termin schon überfällig war, und von der Geburt meiner Tochter. Nach den Untersuchungen bekam ich dann ein Wehen Mittel; wie bei meiner Tochter setzten sofort die Presswehen ein, doch die Ärztin glaubte mir nicht, drückte mich energisch nieder und schrie mich an. Ich hatte das Gefühl, als ob mein Kind durch die Bauchdecke hindurch herauskommen würde. Aus lauter Verzweiflung habe ich der Ärztin einen Tritt versetzt, sodass diese 100-Kilo-Person auf den Boden gestürzt ist. Sie hat mich angeschrien: „Jetzt hole ich den Oberarzt und der macht dann einen Kaiserschnitt", und ist wütend zur Tür hinausgestürmt. Der Oberarzt kam sofort und sah gleich, dass ich tatsächlich Presswehen hatte, und in circa fünf Minuten war mein Sohn auf der Welt. Er wog 4,5 Kilo und der Arzt sagte: „Der Bub sieht tatsächlich aus, als wäre er schon fünf Wochen alt."

Ich habe im Krankenhaus eine ehemalige Schulkollegin getroffen. Sie war Säuglingsschwester auf meiner Station. Damals waren die Kinder abgesperrt. Nur die Säuglingsschwestern durften hinein. Aber meine Schulkollegin zeigte mir, wie Bernd ruhig und friedlich lächelnd in seinem Bettchen zwischen den anderen schreienden Babys lag und seine Fäuste über seine Ohren hielt.

Nach circa fünf Tagen konnte ich schon nach Hause. Um circa 20.00 Uhr stillte ich Bernd und dann schlief er selig ein. Ich war schon um 4.00 Uhr morgens wach und wartete, weil die Säuglinge doch spätestens um 4.00 Uhr hungrig waren, doch Bernd schlief friedlich vor sich hin. Um 8.00 Uhr habe ich ihn dann aufgeweckt und gewickelt und gestillt. Er hat immer so munter und aufgeweckt und meist lächelnd dreingeschaut. Er war unglaublich brav. Nur wenn er die Windel voll hatte, raunzte er ein wenig, da wusste ich dann gleich, was los war.

Ich wollte mit beiden Kindern nach Deutschland, aber leider bekam ich keine Bewilligung vom Jugendamt, dass ich die Kinder mit nach Deutschland nehmen durfte. Ich habe den Verdacht, dass da meine damalige Chefin von der Pension mitgeholfen hat, denn Mutter hat mir nachher erzählt, dass die Chefin zu ihr gesagt hat, Mutter solle mir schreiben, sie könne nicht auf Margit schauen. Doch Mutter hatte gesagt, das macht sie nicht, denn sonst holt Tina gleich die Margit, und Mutter wollte das nicht, weil sie sehr an ihrer Enkelin hing.

Die Wohnung in München wurde nicht termingerecht fertig und weil sich Kurt auch nicht mehr meldete, kam es mir gerade recht und ich kündigte die Wohnung und bekam meine Kaution zurück.

Mein Vater hatte im Vorjahr, als ich in Deutschland war, den Brunnen des Nachbarn gesprengt und deswegen eine Menge Schulden verursacht. Da waren nun einige Schulden offen: beim Kaufmann, beim Rechtsanwalt, beim Gericht und natürlich beim Nachbarn für die Wiederherstellung des Brunnens. Vater hatte nur eine Notstandshilfe. Ich war früher oft zwischendurch kurz von Deutschland nach Hause gekommen, aber von ihren Problemen haben sie nie etwas erwähnt, aus Angst, dass ich dann Margit mitnehmen würde. Ich beglich alle Schulden. Damit habe ich aber einigen Leute keinen Gefallen getan, denn die warteten schon, wie die Aasgeier darauf, unseren Grund zu kaufen, was sie mich auch mit gehässigen Äußerungen spüren ließen. Doch ich war dumm, ich hätte mir das Quittieren lassen sollen, dass ich sehr viel Geld investiert hatte, um die Schulden abzuzahlen.

Als mein Mutterschutz rum war, fuhr ich noch einmal nach Wolfratshausen mein Geld holen. Ich war schon sehr erfreut, wie viel Geld ich da bekam, und besuchte auch meine lieben Chefleute in Bayerbrunn. Im Nachhinein dachte ich dann schon, wenn ich bei meinen lieben Chefleuten geblieben wäre, hätten die mir sicher geholfen, dass ich meine Kinder mit nach Deutschland nehmen kann. Sie hatten mir eine Wohnung bei ihnen angeboten und auch gesagt, dass die zwei sehr lieben Frauen, die seit Kurzem in Pension waren, sehr gerne auf meine Kinder achtgeben würden.

Zu Ostern hat mich Kurt dann eingeladen, mit Bernd nach Unimarkt zu kommen, aber mein Auto war kaputt und stand bei meinem Bruder Tom zur Reparatur. So fuhr ich mit dem Zug nach Unimarkt und Kurt holte mich mit einem Freund am Bahnhof ab. Doch das hätte ich mir sparen können. Es war merkwürdig, dass sie mich überhaupt eingeladen hatten. Sie waren alle abweisend zu mir, nur Kurti, der große Bruder von Bernd, war wie immer. Nachher habe ich dann erfahren, dass meine Mutter in Unimarkt war und mich schlecht gemacht hat, weil sie unbedingt wollte, dass ich zu Hause blieb. Eigentlich war ich ihr nachträglich dankbar dafür, dass sie mich von diesem notorischen Fremdgänger befreit hat.

Ich weiß nicht, warum ich mich nicht mehr gewehrt habe, denn zu Hause waren immer wieder Streitereien. Ich kaufte mir einen Fernseher und stellte ihn in die Wohnküche, aber da konnte man selten ungestört einen Film ansehen, also nahm ich den Fernseher und stellte ihn in mein Zimmer hinauf. Mutter ging höchstens für einen Film tagsüber zu mir ins Zimmer fernsehen und sie fragte auch immer vorher, doch Vater fragte nie und machte auch keine Anstalten zu gehen, wenn wir zu Bett gingen. Er setzte sich in meinen gemütlichen Fauteuil und schlief dort oft ein. In der Früh, wenn ich wach wurde, lief oft noch der Fernseher und mein Vater schnarchte im Fauteuil.

Ich habe dann mithilfe von Tom und Vater einen Brunnen graben lassen und die Wasserleitung direkt ins Haus leiten lassen. Dann habe ich eine vollautomatische Waschmaschine die Abwasch mit Unterbau gekauft. Fließendes Wasser weiß man erst dann richtig zu schätzen, wenn man es kennt, das Wasser erst vom Brunnen pumpen zu müssen. Tom und Vater haben die Arbeit gemacht und ich habe alles finanziert. Ich hatte in Deutschland sehr viel verdient und angespart und habe auch ein sehr gutes Arbeitslosengeld bekommen, so lange, bis ich wieder arbeiten ging. Es waren über 5.000 Schilling, genau weiß ich es nimmer, und bei der Pension habe ich 1.800 Schilling Lohn gehabt. Bei uns konnte man von solchen Löhnen nur träumen, aber ich habe auch meinen Teil dazu beigetragen; wenn ich nicht so flink gewesen wäre und nicht so einen guten Speicher im Kopf gehabt hätte, wäre das auch nicht möglich gewesen. Vor allem hat es mir immer sehr viel Spaß gemacht zu kellnern, erst recht, wenn man so liebe Gäste hatte wie die Bayern oder auch die Tiroler und die Engländer, sie alle waren meine Lieblingsgäste in der Pension hatten wir zwar überwiegend Gäste aus Wien und aus Deutschland. Ich habe inzwischen gemerkt, das hochrangige Persönlichkeiten, die in einer kleinen Pension, oder in ein einfaches Hotel abstiegen, besonders nette Personen waren. Trinkgeld habe ich überall sehr viel bekommen. Ich merkte mir immer sehr gut, welche Vorlieben die einzelnen Gäste hatten beziehungsweise welche Sonderwünsche man wegen ihrer Diät berücksichtigen musste, denn gerade in der Pension kamen sehr viele Kranke und tranken die Heilquelle, um wieder gesund zu werden.

Mitunter kamen Gäste von der Pension bei uns zu Hause vorbei, ich habe mich zuerst geschämt, weil ich jetzt schon zwei uneheliche Kinder hatte, doch die Gäste waren alle sehr lieb und höflich zu mir, dass freute mich sehr und gab mir das Gefühl, etwas wert zu sein. Alle bewunderten den lieben kleinen Bernd. Ein blinder Gast hat mich einmal gebeten, ob er Bernd über das Gesicht streichen dürfe, und das machte er so behutsam, dass der Bub ihn anlächelte. Der blinde Mann freute sich sehr und sagte, er spüre, dass Bernd lächele.

Im Sommer war meine Mutter wieder einmal in der Nervenklinik. Ich weiß bis heute nicht warum, auf einmal war sie einfach fort. Vater hatte eine Bruchoperation hinter sich, deswegen fuhr er mit Verena und Margit nach Salzburg zu meinem Bruder. Ich war also mit Bernd allein zu Hause und wollte diese Zeit nutzen, um so viel wie möglich an Arbeit zu erledigen. Ich hatte eine Kuh zu melken, die Milch zu liefern und unsere Kleintiere wie Kaninchen, Hühner und Katzen zu versorgen. Außerdem war es höchste Zeit, zu mähen. So nahm ich Bernd mit auf die Wiese. Entweder er saß in der Gehschule, kaute mit Vorliebe auf einer Brotrinde und schaute mir genau beim Mähen zu oder er schlief im Wagerl. Die Katze kam auch immer zu Bernd, entweder ins Wagerl oder sie schwänzelte um ihn herum. Das Wetter war herrlich und so mähte ich in einer Woche fast einen Hektar Wiese ab und hängte das Gras dann auf Schwedenreiter auf.

Als Bernd circa neun Monate alt war, hat jemand die Stubentür offengelassen. Bernd saß in seiner Gehschule, zischte zur Tür und stürzte kopfüber in den Vorraum hinaus. Da hat er sehr geweint und am Kopf eine Beule bekommen. Aber durch einen kühlen Umschlag hat er sich gleich wieder beruhigt. Ich habe diese Gehschule sofort weggegeben. Bernd lief noch am gleichen Tag wie selbstverständlich allein, so als könnte er schon lange allein laufen.

Im Winter fuhren Margit und Verena auf unserem Hang Ski. Margit hatte am Skifahren so viel Freude, dass sie schon vormittags oft stundenlang allein fuhr und dann immer wieder den Hang zurück heraufstapfte. Mit Bernd hatte sie auch sehr viel Freude. Eine spätere Lehrerin von ihr bewunderte Margit deswegen sehr. Damals gab es in unserem Ort noch keinen Kindergarten. Ich fuhr mit Bernd oft mit der Rodel, das gefiel ihm sehr gut, vor allem war er sehr gerne draußen an der frischen Luft. Er war ein sehr braves und freundliches Kind.

Bernd hat immer sehr gut gelernt. Er ging später in die Handelsakademie (HAK).Im ersten Jahr sagte sein Klassenvorstand. Bernd ist sehr klug, gleich wie Margit. Da wird es nie Probleme geben Doch im zweiten Jahr hat Bernd ein neues Zimmer bekommen, von da an passte nichts mehr. Ich viel aus allen Wolken. Er stand im Halbjahr in vielen Gegenständen auf ein Minus. Er hörte auf mit Fußballspielen, obwohl er laut vieler

Personen der Beste war. Er konnte nicht mehr schlafen und war ständig mürrisch. Er hat zwar seine Noten bis Ende des Schuljahres wieder verbessert. Aber weil seine Schwester, trotz guten Zeugnis, lange keine geeignete Arbeit bekam, sagte er; „Soll ich nach dem HAK Abschluss Briefträger werden, wenn nur die Schüler von Bessergestellten Leuten einen gut bezahlten Job bekommen? Wir haben später den Verdacht gehabt, dass die Farbe, die unser Nachbar zum Spritzen der Möbel verwendet hat, giftig war, denn schon als er bei wärmeren Temperatueren, das Fenster offenlassen konnte, ging es ihn wesentlich besser, und kaum war Bernd in Tirol, waren seine gesundheitlichen Probleme wie weggeblasen.

Deshalb hat er den Entschluss gefasst, nach Tirol zu gehen und Kellner und Koch zu lernen. Er wurde schon mit 19 Jahren Papa. Er kam immer im Frühjahr und im Herbst mit seiner Familie für circa einen Monat zu uns auf Urlaub. Es war eine schöne Zeit. Wir hatten eine große Freude mit unserer lieben Enkelin Constanze. Nach fünf Jahren kam dann auch noch unser Sonnenschein Judith auf die Welt. Inzwischen brauchte unsere Constanze (dazu später mehr) die Wohnung, deswegen wohnte Bernd jetzt bei Margit. Als die kleine Constanze in die Schule kam, machte Bernd eine Ausbildung bei einem Pharmakonzern. Er absolvierte alles mit der Note „sehr gut" und ist seitdem in der Forschung tätig. Wir hatten sehr lange guten Kontakt. Inzwischen ist er geschieden.

Dann kam noch die kleine Marissa, sie strahlte mich schon als kleines Mädchen mit ihrem bezaubernden Lächeln an, sie war Judith sehr ähnlich, nur dass sie blonde Haare hatte. Obwohl mein Mann Bernd oft auch finanziell unterstützt hat, hat er den Kontakt zu uns abgebrochen. Anscheinend haben sie sich meinetwegen geschämt, weil ich nach Aussage der Schwiegertochter nur „billiges Graffel" essen würde. Zusätzlich hat ihnen nicht gepasst, dass ich Marissa gesagt habe, dass man verschiedene Blumen und Gräser essen kann. Mein Sohn hatte die Befürchtung, dass sie womöglich Maiglöckchen essen würde. Doch Kinder sind nicht so dumm, man muss es ihnen nur richtig erklären. Jedenfalls ist uns der kleine liebe Sonnenschein schon sehr abgegangen. Als ich hörte, dass dem Schwager von Bernd ein Magenband eingesetzt werden sollte, habe ich darauf hingewiesen, dass eine Diät viel wirkungsvoller wäre. Ich habe nämlich in meinen ganzen Seminaren gehört, dass es den Menschen mit Magenband, nach der OP meistens viel schlechter ging, deshalb habe ich kurz erwähnt, dass man Speisen Kuchen und Torten auch gesünder machen kann, indem man andere Zutaten verwendet. Die Schwiegertochter war nämlich Geschäftsführerin von dem Restaurant ihres Bruders, sie kochte und backte hervorragend, aber viele Menschen ernähren sich schon gerne gesund. Besonders für ihren Bruder wäre es ein großer Schritt zur Gesundheit gewesen. Zusätzlich hat sie mir vorgeworfen, dass Bernd mehr Abfertigung fürs Haus hätte verlangen müssen. Ich habe nur gesagt, dass er ja wegen der Mädels verzichtet hat, weil er glaubte, dass seine Exfrau dadurch das Haus erhalten konnte. Doch im Nachhinein habe ich mir gedacht, warum wohl sie anscheinend nicht viel Abfertigung bekommen hat, ihr Exmann besaß doch ein Imperium?

1971 war für mich das schlimmste Jahr. Im Frühjahr habe ich wieder bei der „Pension Klug" zu arbeiten angefangen. Zuerst hatten wir nur wenige Gäste, wie immer im Frühjahr, da haben die Chefin und ich alles durchgeputzt und für die Gäste hergerichtet. Dann sind die Chefleute wieder sehr viel bei ihrer Wirtschaft gewesen anbauen und ich habe mich um die paar Gäste gekümmert. Nur zu Ostern hatten wir mehr Gäste.

Im Mai hat dann das Stubenmädchen Ariane angefangen. Sie war eine Bauerntochter und genoss bei der Chefin ein hohes Ansehen, eben weil sie eine Bauerntochter war. Sie machte mittags und, wenn ich freihatte, an zwei Tagen nachmittags die Getränke. Aber ich hatte die Getränke auf Rechnung. Sie schenkte so viel ein, dass es an der Schank regelrecht „schwamm". Viele Gäste hatten eine Flasche Wasser auf dem Tisch stehen und bestellten in einem Viertel-Liter-Glas ein Achtel Wein. Ariane schenkte das Glas gleich drei viertel voll. Ein Gast sagte einmal

zu mir: „Ariane schenkt viel besser ein als Sie." Ich erwiderte:
„Ich würde mich an ihrer Stelle schämen, denn bezahlen muss
ich den Wein." Und wenn ich freihatte, bezahlte Ariane nur einen Bruchteil dessen, was allein die Hausgäste tranken, und es
kamen auch immer wieder Fremde vorbei. Sicher, die meisten
tranken Kaffee, aber eben auch Getränke aus meinem Bestand.

Ich teilte meine Bedenken der Chefin mit. Doch die Chefin
sagte beinhart zu mir: „Du hast den gleichen Vogel wie deine
Mutter." Na bravo, zuerst rennt sie zu Hause die Tür ein, damit
ich von Deutschland zurückkomme, und dann diese Antwort.
Ich sagte es Ariane zwar immer wieder, dass es schäbig ist, mich
so zu betrügen, doch ich sah es dann erst bei der Schlussabrech-
nung zu Saisonende, wie viel sie mich in etwa betrogen hatte,
und die Chefin sagte mir dann im nächsten Jahr, dass ich, doch
recht hatte mit meinen Beschuldigungen, denn Ariane hatte in
ihrem Zimmer unter dem Bett alles voll mit leeren Bier- und
Limo Flaschen. Das alles hatten sie und ihr späterer Mann auf
meine Rechnung konsumiert. Sie war sogar zu faul gewesen,
die Flaschen wegzuräumen. Ich habe bei der Endabrechnung
so viel zu bezahlen gehabt, dass mein Lohn und mein Urlaubs-
und Weihnachtsgeld draufgegangen sind. Es waren unglaublich
viele Schnäpse noch nicht abgerechnet, das kostete mich am
meisten. Die Schnäpse schenkte sie, wie die anderen Getränke
auch, achtlos ein; wenn man danebenschüttet, geht's ins Geld.
Ob sie und ihr Freund abends an der Schank, auch noch einiges konsumiert hatten, kann leicht sein. Denn es war ja nichts
zum Absperren, wenn ich nach Hause ging. Der Chef hat mir
sogar einmal erzählt, dass sich ein Gast selbst bedient hat, aber
nichts davon erwähnt und bezahlt hat. Aber die meisten Gäste
waren sehr ehrlich. Früher als der Chef die Getränke servierte
hat die Abrechnung immer gepasst. Am Ende des Jahres hatte
ich immer ein Guthaben.

Jahre später, als ich das meinem Mann erzählte, hat er gesagt: „Als die Chefin dir das erzählt hat mit den leeren Flaschen
unterm Bett, da hättest du gleich sagen müssen, jetzt bezahlt
mir meinen Anteil, um den Ariane mich betrogen hat, und holt

es euch von Ariane zurück." Mir ist es selbst unverständlich, dass ich mir das alles habe gefallen lassen. Rückblickend denke ich mir, ich hätte den Chefleuten gleich am Anfang sagen müssen, dass ich gehe, wenn Ariane so weitermacht. Ich hätte im Sommer sicher irgendwo eine Stelle bekommen, denn jetzt war ich ja mobil mit meinem Auto. In Tirol war ich schon mit 16 Jahren selbstbewusst. In Tirol habe ich viel gelacht und war stets fröhlich.

Aber ich glaube, in diesem Jahr war einfach alles zu viel für mich. Zu Hause wurde fast tagtäglich gerauft und gestritten und dann auch noch die Schwierigkeiten mit meiner Schwester (dazu später mehr). Das Allerschlimmste war wohl, dass meine kleine Tochter zwei Tage komplett blind war, sowie die Kaltschnäuzigkeit meines Vaters und dass er trotz der Warnungen der Ärzte nicht abließ von seinen Misshandlungen Mutter gegenüber.

Es ist für mich heute einfach unverständlich, dass ich diesen Betrügereien so über mich habe ergehen lassen. Und ich habe dieses Biest sogar noch immer gegrüßt, wenn wir uns über den Weg gelaufen sind. Aber eines Tages ist mir dann doch der Kragen geplatzt. Da habe ich Ariane in einem Geschäft in der Bezirksstadt einfach die Tür vor der Nase zugeknallt, da hat sie dann gesagt: „Soso, du knallst mir einfach die Tür vor der Nase zu." Darauf habe ich ihr meinen ganzen Frust entgegengeschleudert und ihr vor Augen gehalten, was für eine gemeine Person sie war: „Eine wohlhabende Bauerntochter betrügt eine Alleinerziehende zweier Kinder!" Aber sie hat alles abgestritten, da habe ich ihr dann auch noch das mit den leeren Flaschen unter ihrem Bett gesagt. Rosi, ihre Arbeitskollegin vor mir, hat mir auch erzählt, dass sie mit ihr ähnliche Sachen gemacht hat, nur war es damals noch nicht so arg. Ariane hatte noch nicht ihren Freund und Rosi und sie teilten ein Zimmer. Rosi hat mir erzählt, sie habe sich dann anderweitig Behelfens, sie hat ja in der Pension gewohnt, da hat sie einfach nachts aus den Keller einige Flaschen Wein und Schnaps geholt, da war ihr Getränkeverlust wieder ausgeglichen, denn bei ihr hat sie es ähnlich gemacht. Außerdem hat Rosi Ariane den Freund ausgespannt und ihn dann auch geheiratet. Er war ein netter und sehr fescher Bauernsohn. Dafür hat Ariane einen Taugenichts bekommen. Mein Chef mochte ihn genauso wenig wie ich und wir haben ihn immer „Gartenzwerg" genannt. Diesen Namen hat der Chef ihm gegeben.

Ariane ist sonntags um 9.00 Uhr immer in die Kirche gegangen, das nette Stubenmädchen vom nächsten Jahr ist immer morgens um 7.00 Uhr gegangen, kein anderes Stubenmädchen hatte solche Freiheiten, und nach der Kirche hat sie sich so richtig Zeit gelassen, bis sie wieder bei der Arbeit erschien, und ich konnte mich abhetzen, denn sonntags hatten wir immer sehr viele Gäste; erst im nächsten Jahr haben wir von den Gästen erfahren, was sie alles geliefert hat. Einmal haben sie Gäste in ihrem Bett schlafend aufgefunden. Jedenfalls haben die Gäste erst beim neuen Zimmermädchen gesagt, dass ihre Zimmer sehr zu ihrer Zufriedenheit gemacht wurden – im Gegensatz zu vorher, als Ariane es gemacht hatte. Wir haben einmal Ariane überall gesucht, da haben wir sie schlafend auf dem Dachboden gefunden neben lauter Hühnerknochen, die von Maden übersät waren. Die Knochen hätte sie auf den Komposthaufen geben sollen, stattdessen hat sie sie auf dem Dachboden gelagert, der bei Schlechtwetter eigentlich nur zum Wäschetrocknen vorgesehen war.

Margit war 2 Tage komplett blind! Eines Tages kam unser Nachbar ganz aufgeregt zur Pension und erzählte mir, dass Margit oben auf der Straße liegen geblieben sei und nichts mehr sehe. Ich bin sofort mit ihm mit nach Hause gefahren und mit Margit ins Kinderspital gefahren. Sie war zwei Tage völlig blind. Wir waren alle sehr erleichtert, als Margit wieder sehen konnte. Aber die Ärzte haben gesagt, solange sie die Ursache nicht finden, muss sie im Krankenhaus bleiben. Denn sie hatte weder einen Sonnenstich noch einen Zeckenbiss und auch sonst nichts, was zur Blindheit hätte führen können. Ich dachte lange Zeit, dass die Eltern wahrscheinlich wieder einmal miteinander gestritten und gerauft hatten. Aber es ist noch gar nicht so lange her, da war meine Schwester zu Besuch und da haben wir darüber gesprochen. Meine Schwester war damals zwölf Jahre alt. Sie erzählte mir, dass die Nachbarin damals mit Mutter gerauft habe. Das passt auch mit dem zusammen, was die Dorn Senior einst gesagt hatte. Die Sache ging bis vors Gericht. Das Gericht hat Mutter recht gegeben. Der Herr Dorn Senior hat das Geld, das seine Frau bezahlen musste, ihr vom Haushaltsgeld abgezogen, und deswegen war sie noch zorniger auf Mutter. Ein Nachbar arbeitete mit meinem Vater zusammen im Steinbruch. Als beide von der Arbeit nach Hause gingen, kamen sie bei Frau Dorn vorbei. Da sagte mein Vater: „Wertet es schon sehen, es wird gleich wieder umgehen bei uns." Da sagte die Dorn Senior: „Gib es ihr nur ordentlich." Der Nachbar war entsetzt und sagte zu Hause zu seiner Familie: „Es sind doch Kinder im Haus, wie kann eine Frau nur so etwas sagen! „Jetzt konnte ich es erst begreifen, warum Margit, oben auf der Straße lag, denn Vater misshandelte Mutter immer nur im Haus.

Ich konnte früher mit niemandem über dieses Thema sprechen, aber den Ärzten musste ich es wohl sagen, so erzählte ich dem Oberarzt, was sich bei unseren Eltern öfter abspielt. Der Arzt sagte mir, das dürfe auf keinen Fall mehr passieren, denn sonst könne es sein, dass meine Tochter wieder blind würde, und dann vielleicht ein Leben lang. Er sagte überdies, dass ich unbedingt mit den Eltern sprechen müsse, dass so etwas niemals mehr passieren dürfe. Ich sprach zuerst mit meiner Mutter, dass sie sich etwas zurückhalten und Vater besser ausweichen sollte. Mutter versprach es mir. Auch mit Vater führte ich ein ernstes Gespräch. Ich hoffte inbrünstig, dass ab jetzt wenigstens die Misshandlungen aufhören würden. Margit durfte dann bald nach Hause. Doch es dauerte nicht lange, da gab es in der Nacht wieder Raufereien. Margit wurde bei diesem Geschrei oft auch nachts wach.

Vater hat mein Küchenmesser unter seinem Radiokasten gepaust und das Datum dazugeschrieben und fast jedem, der bei uns war, gezeigt und gesagt: „Da hat mich Tina mit dem Messer abstechen wollen." Aber warum, das hat er nicht dazuge-

sagt. Obwohl, ich glaube kaum, dass ich wirklich hätte zuste-
chen können. Ich schämte mich fürchterlich und damals konnte
ich einfach mit niemandem darüber sprechen. Es war für mich
einfach so schrecklich, dass es Vater so wenig berührte, was die
Ärzte sagten. Aber niemand hatte mir gesagt, dass die Dorn Senior mit Mutter gerauft hatte, sie ist ja auf unser Grundstück
herübergekommen.

Ich begriff erst viel später, warum Vater meine Mutter so pro-
vozierte. Meine Mutter hat später, als Vater Krebs hatte, ihm mit
allem geholfen, dabei war doch Vater der Verursacher der vielen
Raufereien. Erst ein Brief, den Vater meinem Ex-Schwager geschrieben hat, hat mir wirklich die Augen geöffnet. Doch davon später.

Ich habe in der Früh, vor der Arbeit oft Gemüse geputzt und
geschnitten, für Salate und Suppen, da dürfte Vater in die Küche
gekommen sein, und ich werde Ihn gleich angesprochen haben
wegen der Gefahr, dass Margit wieder erblinden könnte, und
für immer blind bleiben kann, wenn er nicht aufhört Mutter
zu misshandeln, denn Vater hat vielen Menschen erzählt, dass
ich ihn abstechen wollte. Aber ich verabscheute es schon immer,
wenn Menschen mit Messer aufeinander losgingen. Vater hingegen hat einen Mann schwer mit einem Messer verletzt. Sein
Bauer, wo er als Knecht arbeitete, war sehr reich und einfluss-
reich im Ort. Er hat ihn vor einer argen Strafe bewahrt. Mein
Vater wilderte ständig. Er brachte das Wild immer seinen Bauern. Er schwängerte die Tochter, weil er Bauer werden wollte.
Doch sie verlor das Kind bei einem Unfall mit einen Ochsen.
Dadurch konnte sie keine Kinder mehr bekommen. Deshalb
machte er Mutter den Hof, denn ihr Bruder der Hoferbe war
im Krieg verschollen. Vater glaubte fest daran, dass er tot sei,
weil er Fallschirmspringer war, die haben die Feinde alle abge-
knallt hat Vater gesagt.

Mutter rastete oft aus, aber meistens nicht ohne Grund. Wenn
ich zum Beispiel zu Hause putzte und Vater kam mit seinen
schmutzigen Schuhen hereingestapft, dann forderte Mutter meinen Vater auf, die dreckigen Schuhe auszuziehen, doch er igno-

rierte das meistens, lieber raufte und stritt er mit Mutter stundenlang. Dann schüttete Mutter Vater mit Wasser an, meistens war es heißes Wasser vom Kessel; wenn sie heißes Wasser hatte, kam ihr Vater wenigstens nicht zu nah, dann blieb die Rauferei manches Mal doch aus, denn bei uns gab es nur den Tischherd, wo man kochte und der in der kalten Jahreszeit zugleich die Wohnküche erwärmte, da war ein Behälter, wo sich das Wasser erwärmte. Aber meistens rauften sie wieder und nachher sah es ärger aus als zuvor, oft wusste ich nicht recht, ob ich überhaupt putzen sollte. Mein Vater packte Mutter bei den Haaren, warf sie zu Boden und schleifte sie durch die Gegend.

Es scheint mir heute unbegreiflich, warum ich zu Hause geblieben bin. Aber ich wusste nicht, was ich machen sollte, wo sollte ich mit zwei Kindern hin? Damals hat es noch keine Tagesmütter gegeben. So habe ich beschlossen, ich stecke keinen Schilling mehr ins Elternhaus, sondern baue mir mein eigenes Haus. Ich hatte momentan zwar kein Geld für mein Vorhaben, aber ich hatte einen unbändigen Willen. Ich habe mein Vorhaben meinen Eltern mitgeteilt. Auch Tom, meinem Bruder, habe ich davon erzählt. Er hat mir gleich seine Hilfe angeboten.

Meine Schwester Verena hatte sich auf einmal völlig gewandelt. Das hatte einen Grund, auch darüber haben wir vor Kurzem miteinander gesprochen. Sie war früher mit dem Mädchen des evangelischen Pfarrers befreundet. Da wurde ein Jugendcamp in den Ferien angeboten. Das kostete 500 Schilling. Aber Vater gab ihr das Geld nicht. Er wird es wohl auch nicht gehabt haben, denn er hatte damals nur eine Notstandshilfe von etwas über 200 Schilling monatlich. Verena fragte mich, ob ich ihr das Geld geben könne, weil sie so gern mitfahren wollte. Ich gab ihr das Geld. Leider sagte es niemand den Eltern. Nun, sie hätten ja fragen können, ich finanzierte ja oft vieles für meine Schwester. Sie erzählte mir auch, wie viele schöne Sachen sie immer von mir bekommen hatte, wunderschöne Mäntel und vieles andere mehr.

Mich hat auch niemand gefragt, wo Verena sei. Vater hat einfach der Polizei die Abgängigkeit gemeldet und sie wurde von der Polizei vom Jugendcamp abgeholt. Ich habe oft in der Woche um die 90 Stunden gearbeitet. Ich habe das damals alles nicht mitbekommen. Aber die gravierende Änderung der Schwester, die fiel mir auf.

Sie hatte danach eine andere Freundin und mit der war sie auch nachts unterwegs. Wenn ich abends spät nach Hause kam, wartete Mutter schon ganz nervös auf mich und bat mich, meine Schwester suchen zu gehen. Ich hatte keine Ahnung, wo sie sich herumtrieben, trotzdem fand ich sie fast immer rasch. Verena hat mir vor kurzem erzählt, dass ich getobt und ihr meine Stöckelschuhe um die Ohren gehauen hätte, die sie stark verschmutzt herumliegen hatte. Aber soweit ich mich erinnern kann, habe ich mich am meisten geärgert, weil Verena meine frisch gewaschene Arbeitskleidung vom Dachboden genommen und verschmutzt in eine Ecke geworfen hatte. Das war mir so peinlich, denn ich musste deshalb mit der verschwitzten Kleidung vom Vortag arbeiten gehen. Deshalb glaube ich eher, dass ich ihr die verschmutzte Kleidung um die Ohren gehaut habe.

Eines Tages merkte ich, dass Wechselgeld in meiner Kassier Tasche fehlte. Da schloss ich meine Kassier Tasche ein, aber der Schrank wurde aufgebrochen. Ich sagte es meiner Mutter. Meine Mutter rastete daraufhin derart aus, dass sie mich bei dem Harren packte und durch die Gegend zog, so wie es Vater meistens bei ihr machte. Ich konnte Mutter nicht verstehen, wie sie so auf mich losgehen konnte. Sonst war Mutter kaum so gewalttätig zu mir. Meine Schwester kam dann bald zu meinem Bruder Tom nach Köflach. Sie machte dort die Hauptschule fertig und danach ein Jahr HAK.

1972 habe ich dann den Gästen erzählt, dass ich mein eigenes Haus baue. Von da an bekam ich noch mehr Trinkgeld. Mir war es oft fast peinlich, dass ich so viel bekam. Dann sagten die Gäste: „Aber Tina, Sie können es brauchen für die Ziegel, und wir geben es Ihnen sehr gerne." Ich war schon sehr glücklich über diese Unterstützung und ich hatte den leisen Verdacht, dass

Luisi, das nette Stubenmädchen, den Gästen erzählt hat, wie übel mich Ariane ausgenommen hat. Irgendwie kommt alles zurück. Aber ich glaube auch, dass zahlreiche Gäste mitbekommen haben, wie es mir zu Hause erging; viele von ihnen wussten ja auch von der kurzen Blindheit meiner Tochter. Die Gäste spazierten vor allem am Wochenende oft bei unserem Haus vorbei, weil da keine Lastwagen vom Steinbruch fuhren. Vater war schon vor der Geburt meines Sohnes Bernd zu Hause und bezog eine Notstandshilfe.

Das Jahr verging wie im Flug und ich hatte sehr viel Freude mit den Kindern, besonders Bernd war ein besonderes Kind. Er war schon immer sehr früh am Morgen wach und lief gleich auf Schritt und Tritt mit mir mit und half mit viel Ehrgeiz bei fast jeder Arbeit mit. Die vielen lieben Gäste mochten ihn besonders gerne. Margit hingegen schlief fast immer noch, wenn ich zur Arbeit ging.

Im Winter hatten wir in der Pension immer einige schöne Bauernhochzeiten und zu Weihnachten bis zum 6. Januar waren stets Gäste da. Dann gab es noch den Heringsschmaus und einige Bestattungen. Die übrige Zeit war ich arbeitslos gemeldet.

Ich kümmerte mich dann schon mal um die Grundstücksüberschreibung. Vater wollte mir nur ein schmales Stück geben, doch der Geometer und Mutter waren dafür, dass ich mehr bekommen sollte. Der Geometer sagte: „Mit einem so schmalen Streifen bekommt Ihre Tochter ja gar keine Baugenehmigung." So bekam ich dann doch mehr, nur den Brunnen wollte mir Vater nicht dazugeben, obwohl ich ihn finanziert hatte, aber ich habe gesagt: „Der muss nicht auf meinem Grund sein, ich brauche nur auch ein Wasser", und Wasser gab der Brunnen reichlich. Jetzt ist halt ein Knick bei der Grundstücksgrenze.

Mein Bruder bot mir an zu helfen, wo er nur konnte. So hat er mir auch den Plan gezeichnet. Beim Plan hatte ich anfangs schon meine Bedenken, denn das Haus war riesig für meine Verhältnisse, doch mein Bruder meinte: „Du wolltest ja für jeden ein eigenes Zimmer und außerdem kostet der Rohbau nicht so viel und ich helfe ja."

Mit dem Plan, den mein Bruder gezeichnet hatte, ging ich dann zum Baumeister, denn ich brauchte ja vom Baumeister den Stempel für die Baubewilligung. Er war sehr nett und hilfsbereit, er gab mir sehr wertvolle Tipps und gab im Ansuchen mehr an, als ich an finanziellen Mitteln zur Verfügung hatte. Ich sagte: „Aber so viel habe ich doch gar nicht!" Aber der Baumeister sagte: „Das müssen wir hineinschreiben, Sie werden sehen, es ergibt sich sicher etwas, damit Sie über die Runden kommen, denn sonst bekommen Sie keine Förderung."

Dann musste ich noch zur Steeg wegen des Baustroms. Außerdem musste ich noch die Bewilligung der ganzen Anrainer von unserer Straße einholen, denn das war früher noch ein Interessentenweg. Außer dem Herrn Kohlmeiler bekam ich von allen die Unterschrift. Der Herr Kohlmeiler sagte: „Warum soll ich das Unterschreiben? Ich habe nichts davon." Ich hatte dem sauberen Herrn nämlich eine gescheuert, weil er mir vor allen Leuten bei einer Sitzung unter den Rock gelangt hatte. Ich bin dann zu unserem Bürgermeister gegangen und habe ihm das erzählt und gefragt, was ich machen solle. Er hat gesagt: „Mach dir keine Sorgen, den übergehen wir einfach." Ich hatte bis zum Frühjahr alles erledigt, was ich zum Bauen brauchte. Der Herr Schram, unser Bürgermeister, war immer sehr nett und von ihm kam so mancher guter Rat.

Im Winter hat mein Bruder das Bauholz gefällt. Bernd wollte gerne mitfahren in den Wald. Da haben wir beide auf dem Beifahrersitz – Bernd auf meinem Schoß – Platz genommen und Bernd hat sich bei der Lehne angehalten. Da kippte der Traktor auf unserer Seite, weil am Waldweg eine dicke Wurzel war. Bernd hat sich bei der Hand die Haut abgeschürft, weil die Lehne von einem Baum gestreift wurde. Aber wir hatten doch mehr Glück als Verstand, denn nur ein paar Zentimeter weiter und es hätte viel schlimmer ausgehen können. Da war halt ein Schutzengel im Spiel. Bernd war sehr tapfer, ich hatte im Erste-Hilfe-Koffer Verbandsmaterial, damit versorgte ich die Abschürfung.

Im Frühjahr habe ich schon immer allerhand Pflanzen gezogen und gepflanzt und dann noch nebenbei verkauft, was wir nicht für den Eigenbedarf gebraucht haben. Bernd war immer und überall dabei, er war sehr geschickt und trotz seines jungen Alters eine große Hilfe für mich.

Die Saison 1973 verging schnell, aber doch mit etwas Ärger. Meine jetzige Unverträglichkeit von sehr vielen Lebensmittel, wie Zucker und zuckerhaltige Lebensmittel, Kaffee, alles angebratene, Brot, sehr viel Obst, Schweinefleisch, stark Gewürztes und vieles mehr, hat sicher auch damit etwas zu tun. Denn, die Ärztin hat mich später als ich als Heimhilfe arbeitete ja gesagt, dass die Zeit kommen wird, wo ich sehr vieles nicht mehr vertragen werde. Ob die Lungenentzündung der Auslöser dafür war, oder die Gelbsucht, oder beides weiß ich nicht.

Im Sommer gab es irgendeine Panne mit dem Wasser, jedenfalls kam eine Zeit lang nichts aus der Leitung, dadurch mussten wir über die Straße zum Schöpfbrunnen vom Nachbarn Wasser holen. Genau zu dieser Zeit hatten wir bereits einige Male altes Fleisch zum Essen bekommen. Ich hatte schon oft zur Chefin gesagt: „Ich brauche kein Fleisch, ich bin mit Gemüse und Salat zufrieden." Und dann war ich so dumm und habe doch etwas davon gegessen. Dieses Mal hat es mich ordentlich erwischt. Ich habe erbrochen und Durchfall und Fieber gehabt, und ich Rindvieh bin trotzdem arbeiten gegangen. Abends habe ich einige Male Fieber gemessen, da hatte ich jedes Mal 39 Grad Fieber und war ziemlich kaputt. Da dachte ich: „Aber morgen bleibe ich zu Hause!" Am nächsten Morgen ging es mir jedoch wieder besser, dann dachte ich: „Ich kann doch nicht die Gäste im Stich lassen", und bin wieder arbeiten gegangen. Ich habe mich 14 Tage lang nur mit Zwieback und Tee ernährt. Beim Wasserholen dachte ich, jetzt falle ich in den Brunnen. Kein einziger Gast wusste, dass ich krank war, obwohl auch Ärzte dabei waren. Sie glaubten alle, dass es mit dem Wassertragen und der vielen zusätzlichen Arbeit zusammenhängen würde, dass ich so matt war. Eine sehr liebe Arbeitskollegin hat es auch erwischt. Sie war Stubenmädchen. Ich sah, wie sie die Stiege hinaufging und weinte, weil ihr so schlecht war. Sie wurde später die Oma des

Sohnes unserer unvergesslichen Heinz. Sie kümmerte sich zeit ihres Lebens liebevoll um ihren Enkel, der es nicht leicht hatte.

Kathrin, die Tochter, nervte. Sie wollte abends die Getränke machen, war aber sehr ungeschickt und vergesslich. Immer sollte ich wegen ein paar Getränken hin und her laufen, ich sagte: „Da habe ich weniger Arbeit, wenn ich es selber mache", denn ich war so matt. Das passte der Chefin gar nicht, sie sagte: „Da kann ich nichts dafür, dass du matt bist." Ich entgegnete ihr: „Sie können schon etwas dafür, denn wenn ich das schlechte Fleisch nicht bekommen hätte, würde es mir besser gehen." Der Chefin war das dann schon sehr peinlich, denn ihr Schwager saß am Küchentisch und hörte alles.

Es ist unglaublich, dass ich das ausgehalten habe, denn viele Jahre später, als ich mich als Heimhilfe beworben habe, wurde bei einer ärztlichen Untersuchung festgestellt, dass ich Gelbsucht hatte. Die Ärztin fragte mich, ob ich einmal Fieber hatte und dabei auch gebrochen habe, Dass und Durchfall hatte. Da erzählte ich ihr die ganze Geschichte. Sie sagte: „Da haben Sie sicher Gelbsucht gehabt." Sie fragte mich dann noch, ob ich alle Speisen vertragen würde. „Habe nur manchmal leichte Bauchschmerzen", antwortete ich ihr. „Sie werden später noch mehr Unverträglichkeiten bekommen", prophezeite mir die Ärztin. Doch davon später mehr, wenn ich berichten werde, wie ich fast vom Baum gefallen wäre und mir eine Sehne gerissen habe.

Als es mir besser ging, habe ich mir geschworen, irgendwann lasse ich die Chefin rein. Eine höher gestellte Dame kam immer zu uns essen. Meistens bestellte sie das Tagesmenü. Aber an jenem Tag wählte sie einen Zwiebelrostbraten. Normalerweise habe ich bei besonderen Gästen immer den Namen dazusagen müssen. Doch diesmal machte ich es nicht. Es hat schon leicht gerochen, als die Chefin den Rostbraten angebraten hat, und ich habe mir heimlich ins Fäustchen gelacht und mir vorgestellt, wie die Chefin runtergeputzt würde. Genau so war es dann auch. Nachher hat die Chefin gefragt, wieso ich nicht gesagt hätte, dass es für jene Dame war. Ich sagte nur darauf: „Ach so, jemand anders hätte das also essen können."

Oft sind die Chefleute sonntags, wenn das Wetter nicht so schön war, fortgefahren. Aber wenn die Sonne durchgekommen ist, war der Garten innerhalb kurzer Zeit voller Gäste. Ich musste dann alles allein machen. Torten, Kaffee, Eis, belegte Brote. Da geschah es, dass mir ein Missgeschick passierte. Aus der Schlagpumpe kam nur Luft, also schraubte ich das Ding auf. Da machte es einen Knall und ich war von oben bis unten voller Schlagsahne. Beim Abwaschen ging es nicht weg. So musste ich bei der Hitze eine Weste über meine verschmierte Bluse ziehen, damit ich zu den Gästen gehen konnte.

Ich servierte generell sehr gerne im Garten, doch es gab schon oft brenzlige Situationen, zum Beispiel wenn ein Regenguss kam. Wenn Gäste da waren, halfen sie mir, aber wenn ich allein war, bin ich oft patschnass geworden. Oder der Wind hat mich mitten in den Gemüsegarten geweht. Als der Schirm nicht zuging, habe ich ihn herausgenommen, um etwas Schutz vor dem Regen zu haben, ich lehnte ihn dann zur Hausmauer. Die Gäste haben es sehr geschätzt, wenn sie im Garten essen konnten, denn damals wurde in jedem Speisesaal geraucht. Da waren die Engländer viel verständnisvoller. Die haben im Speisesaal selten geraucht.

Unser damaliger Arzt hatte an einem Sonntag für 13.00 Uhr einen großen Tisch reserviert. Dann brach plötzlich um 12.30 Uhr ein Gewitter aus. Manche Gäste waren aber noch nicht fertig mit dem Essen, deshalb habe ich ihnen den Tisch gegeben, der eigentlich für den Arzt vorgesehen war, doch dann kam der Arzt früher. Ich habe ihm die Lage sofort erklärt, aber er war fuchsteufelswild. Ich weiß es gar nicht mehr, ob er dann geblieben ist oder gegangen ist. Viele Gäste standen vor dem Unterdach, denn sie wollten noch ihr Geld loswerden. Großteils hatten wir sehr verständnisvolle Gäste.

Vor dem Heringsschmaus bin ich mit der Chefin zum Bauern fischen gegangen. Da hatte ich das Netz so voll, dass es mich fast in den Teich geworfen hätte, wenn mich die Chefin nicht festgehalten hätte. Bei diesen kalten Temperaturen wäre das nicht angenehm gewesen.

Mit dem Sohn hatte ich oft lustige Erlebnisse. Wenn den auswärtigen Gästen unser Menü nicht so zusagte, gingen sie oft woandershin zum Essen. Da blieben uns dann oft viele Desserts übrig. Einmal haben wir um die Wette Puddings gegessen, ein andermal Zwieback mit Wein. Aber wir kamen nie zur Entscheidung, denn uns sind die Nachtische ausgegangen.

Wir hatten viel zu wenig Geschirr für das Frühstück. Darauf habe ich oft hingewiesen. Ich musste warten, bis die einen Gäste ihr Frühstück fertig gegessen hatten, wenn die anderen schon da waren. Dann hat mir die Tochter auch noch das wenige Geschirr für ihren Besuch genommen. Da bin ich dann ausgerastet, denn sie konnte für ihren Besuch auch ein anderes Geschirr nehmen. Der Chef ist dann mit seiner Cousine in die Stadt gefahren und ist erst am Abend zurückgekommen – mit einer Ladung neuem Frühstücksgeschirr. Da war die Chefin dann wieder wütend auf mich.

Mit dem Chef hatte ich oft Spaß beim Servieren, er war auch ehrlich und hat richtig eingeschenkt. Da hat die Abrechnung immer gepasst. Er brachte die Gäste mit seinem Schmäh oft zum Lachen.

Einmal hatte ein Gast einen kleinen Regenwurm in seinem Salat. Er hat mich dezent darauf hingewiesen, ich habe den Salat genommen und ihm einen anderen gebracht. Doch als der Gast an der Küche vorbeiging, da hat der Chef gesagt: „Tina, das nächste Mal musst du den Salat besser waschen." Da habe ich gleich gekontert und laut gesagt: „Aber Chef, heute haben Sie den Salat gewaschen." Ich habe immer viel in der Küche geholfen, denn bevor ich irgendwo herumgestanden wäre, habe ich lieber mit angepackt.

Der Chef hat meistens die Serviettentaschen mit den Namen der Gäste auf die Tische aufgelegt. Doch wenn die Gäste angekommen sind, habe ich Großteiles ihre Koffer ins Zimmer getragen. Da habe ich sofort gemerkt, dass manche Gäste überhaupt nicht zu manchen Stammgästen passten, deswegen habe ich die Serviettentaschen genommen und auf einen anderen

Platz gegeben, wo ich das Gefühl hatte, dort könnten sie besser hinpassen. Manche Gäste haben mich dabei oft beobachtet und sich bedankt, dass ich umdisponiert habe. Der Chef hat es akzeptiert, einmal hat er mich sogar gelobt, dass ich so ein Gespür dafür hatte. Oft hatte ich das Gefühl, dass die Chefin eifersüchtig war, doch dazu gab es überhaupt keine Veranlassung.

Die Chefin konnte schon oft ungerecht sein. Ein Stubenmädchen hat sie einmal bei starkem Regen und Hagel hinausgeschickt, um die Wäsche abzunehmen, dabei hatte das Mädchen zuvor noch gefragt, wo es die Wäsche hinhängen solle, weil so schwarze Wolken am Himmel waren. Da hat die Chefin gesagt: „Natürlich hinaus.“

Jetzt habe ich schön viel Negatives über die Chefin geschrieben, doch sie hatte auch ihre guten Seiten. Wir haben im Frühjahr oft sehr gut zusammengearbeitet. Ich habe ihre Sauberkeit geschätzt. Ich war inzwischen zwei Jahre im Sporthotel. Dort wurde auf die Sauberkeit der Zimmer kein so großer Wert gelegt. Doch Jahre später war sie komplett anders.

Im Juli habe ich meine Tochter Constanze bekommen. Kurz vor Weihnachten kam meine ehemalige Chefin, um mich zu fragen, ob ich über Weihnachten servieren kommen würde. Ich nahm das Angebot gleich an, denn bei drei Kindern und einem Haus, das noch nicht fertig ist, kann man immer Geld gebrauchen.

Ich war so überrascht, wie sehr sich meine Chefin zum Positiven verändert hatte. Ich wurde mit köstlichem Essen verwöhnt. Eine Reh Paste hatten sie mir vorher noch nie gegeben. Ich bekam das gleiche Essen wie die Gäste. Ich habe dann viele Jahre immer zu Ostern und zu Weihnachten ausgeholfen, denn ich erhielt auch einen gerechten Lohn. Zusätzlich hat sie mich respektiert. Sie hat mich später oft um Rat gefragt, was man tun kann, wenn das Nervensystem nicht so funktioniert. Denn ihr Enkel hatte viel größere nervliche Probleme als meine Mutter; Mutters Nerven haben erst gestreikt, als Vater so hässlich zu ihr war. Meine Mutter hatte ursprünglich sehr gute Nerven, denn sie hat im Krieg Verletzte verbunden. Aber der Enkel meiner Chefin war noch sehr jung.

Trotzdem hatte ich zeitweise auch später noch manchmal ein Problem, positiv über sie zu sprechen, denn wenn ich gefragt wurde, warum ich so viele Unverträglichkeiten hätte, habe ich öfter wahrheitsgemäß gesagt, dass ich bei ihr schlechtes Fleisch bekommen habe. Aber es muss auch gesagt werden, dass ich sie sehr schätze, weil sie sich sehr zum Positiven geändert hat und im hohen Alter immer noch sehr fleißig war.

Oktober 1973 – Baubeginn

Mein Vater organisierte den Pager-Fahrer seiner ehemaligen Firma. Unser Bankchef, der mich von Kindheit an kannte, spazierte öfter in seiner Mittagspause bei uns vorbei. Er sagte zu mir, das sei eine Frechheit, wie lange er gebraucht habe. Normalerweise hätte er in dieser langen Zeit mindestens die Fundamente ausgraben müssen. So haben wir die Fundamente händisch ausgegraben. Aber ich könnte mir denken, dass seine Chefin ihn beauftragt hat, recht langsam zu arbeiten. Oder war es einfach so, dass er zwar im Steinbruch beschäftigt war, aber noch nie einen Baugrund ausgehoben hatte? Ich arbeitete zu jener Zeit noch. Leider wurde auch die gute Erde hinters Haus gekippt und den Lehm hatte ich dann im Garten.

Außerdem versuchten sie mich über den Tisch zu ziehen: Als der Pager zwei Stunden kaputt war, wollten sie mir diese Zeit zusätzlich berechnen. Als Mutter zur Schule ging, ist sie von ihr und vielen anderen Mitschülerinnen gemobbt worden, so ging es bei mir weiter. Außerdem haben sie einfach eine Fuhre Schotter, ohne dass ich diese bestellt hatte, bei der Einfahrt abgekippt, aber auf dem Grund des Nachbarn. Ich fragte meinen Nachbarn: „Was soll ich machen? Die haben einfach den Schotter dahin gekippt." Er sagte zu mir: „Weißt was? Lässt es einfach liegen, kannst dadurch leichter in deine Garage fahren." So hatte das Ganze auch etwas Gutes. Meinem Nachbarn aber bin ich ewig dankbar dafür. Ich wusste auch, dass mein Chef den

Schotter von dieser Firma sehr günstig bekam, deshalb fragte ich nach dem Schotterpreis, doch mir berechneten sie ein Vielfaches mehr. Deshalb kaufte ich das ganze Material beim Lagerhaus, dort handelte ich einen guten Preis aus.

Eigentlich hätten wir dran denken müssen. Denn als mein Vater noch arbeitete, hat Mutter gesagt, dass die Abrechnung vom Weihnachtsgeld und vom Urlaubsgeld nicht stimmt. Daraufhin ist Vater zur Arbeiterkammer gegangen und hat alles überprüfen lassen. Da hat Vaters Chefin dann nicht nur für ihn, sondern für alle Arbeiter ordentlich nachbezahlen müssen. Sie war tatsächlich so mies, dass sie die Arbeiter mit Wein betrunken gemacht hat, um sich dadurch zu ersparen, Überstunden zu bezahlen. Zu Hause war Vater dann immer gewalttätig.

Onkel Heinz (damals 70 Jahre) war immer lustig. Er und Onkel Anton (68 Jahre) waren normalerweise nicht gut miteinander, doch sie arbeiteten friedlich zusammen. Onkel Heinz war im Krieg, hat dort ein Auge verloren und war in Gefangenschaft. Die Amerikaner haben ihn wegen seiner Verwundung heimgehen lassen, aber die Franzosen haben ihn wieder in Gefangenschaft genommen. Dort waren sie im Februar im Freien, bekamen jeden Tag nur ein Stück Brot und Wasser zu trinken. Doch Onkel Heinz hat immer seinen Urin getrunken, so hatte er etwas Warmes. Viele starben, der Arzt sagte zu Onkel Heinz, er sei ein Naturwunder, dass er trotz seiner Verletzung überlebte. Er hatte die ganze Zeit keinen Stuhl, der Körper hat alles verbrannt. Onkel Heinz ist 95 Jahre alt geworden und hat bis 14 Tage vor seinem Tod bei seinem steilen Hang ständig gearbeitet.

Die Männer haben gegraben. Ich habe den Lehm weggeradelt. Mich hat es beim Auskippen fast umgehauen, denn der Lehm war so schwer und pickig. Bernd kam mit Oma immer mit Getränken vorbei. Vater und Mutter verstanden sich während der Bauzeit erstaunlich gut. Ich hatte viel Freude an der Arbeit, wir lachten viel, denn Onkel Heinz war ein Spaßvogel.

Der Bunker war eine aufwendige Arbeit, denn da musste nach Vorschrift alles vollbetoniert werden. Obwohl ich selbst nur 50 Kilo wog, habe ich bald einen Zementsack heben können. Ich habe später zu meinem Orthopäden gesagt, dass ich beim Bauen die 50 Kilo Zementsäcke gehoben habe, doch er sagte, die Wirbelsäulenschädigung komme sicher nicht davon, sondern sei auf die einseitige Belastung zurückzuführen.

Beim Deckenziegel-Einhängen arbeiteten Onkel Heinz und ich um die Wette, wer schneller ist, ich beim Einhängen oder er beim Her radeln. Beim Betonieren haben wir bis 22.00 Uhr in der Nacht gearbeitet, obwohl wir doch einige Helfer mehr hatten. Am nächsten Tag waren zehn Zentimeter Neuschnee auf der Decke. Die gesamte Bauzeit betrug vier Wochen. Jetzt merkte ich erst, wie müde ich war. Ich bin jeden Tag um 4.00 Uhr aufgestanden und habe das Mittagessen vorbereitet.

Nach und nach trudelten die Rechnungen ein. Ich merkte bald, dass ich viel zu wenig Geld hatte. Es waren viel mehr Ausgaben als geplant. Ich dachte gleich an mein Plastikschwein. Ich hatte keine Ahnung, wie viel da drinnen war. Ich nahm ein großes Messer und mein Sparschwein und ging damit auf die Bank zum Bankdirektor. Er lachte, als ich alles auspackte. Wir brachen das Schwein auf und er sagte spaßhalber: „Sieht so aus, als hättest du einen Opferstock ausgeräumt." Die Freude war groß: Über 5.000 DM waren drin! Damit konnte ich fast alles bezahlen. Es waren halt viele zusätzlichen Ausgaben. Viel Werkzeug wurde benötigt. Die ganzen Helfer bezahlen und verkösigen. Tom wollte kein Geld, doch ich habe seiner Frau eine angemessene Summe gegeben, ich habe einfach einen Verdienst von einem Monat genommen und dazu noch die Fahrt. Onkel Heinz wollte auch kein Geld, aber auch ihn habe ich bezahlt. Er brachte die Leistung eines 50-Jährigen, das war sicher seiner guten Laune geschuldet. Allerdings brauchte ich noch ein Garagentor; ein bekannter Tischler des Ortes machte es mir zu einem sehr günstigen Preis.

Aber es blieben doch noch 10.000 Schilling Schulden. Deshalb fragte ich Vater, ob er sie mir borgen könne, weil er gerade eine Kalbin verkauft hatte. Doch Vater sagte, er brauche das Geld selbst. Mutter wollte auch, dass er mir das Geld gab, sie sagte: „Tina hat für uns so viel Geld hergegeben, als sie aus Deutschland zurückkam, und den Brunnen hat sie auch finanziert." Doch Vater gab mir das Geld nicht. Weder Mutter noch ich wussten, wofür Vater das Geld brauchte. Jahre danach forderte Vater Geld von mir zurück, dass er mir nie geborgt hatte. Er hat mich überall schlechtgemacht. Zu manchen Leuten hat er gesagt, er hätte mir 20.000 Schilling geborgt, zu anderen wieder 30.000. Nur meine Tante glaubte mir, sie sagte: „Dein Vater kann sehr wandelbar sein. Das eine Mal lobt er dich, und dann schimpft er dich wieder aus."

Ich habe dann einfach meinen Bausparvertrag gekündigt und damit meine Schulden abbezahlt und mit dem Rest habe ich alle Mauerziegel für den Aufbau und für die Eternitplatten fürs Dach gekauft – alles, was lagerfähig war. Durch den Krieg in Slowenien und die Ölkrise sind die Preise für das Baumaterial dann so angestiegen, dass es für mich sogar vorteilhaft war, dass ich meinen Bausparvertrag gekündigt hatte.

Die Kinder machten mir viel Freude. Margit lernte sehr gut und Bernd war für sein Alter sehr klug, hilfsbereit und fleißig, er half liebend gern bei sämtlichen Arbeiten. Als wir die kleinen Mauerziegel bekamen, ist er mit Feuereifer damit zu Onkel Tom gelaufen, wenn dieser welche brauchte; und wenn er mal etwas nicht schaffte, war er gleich enttäuscht. Onkel Tom sagte zu ihm: „Musst mehr Sterz essen", deshalb musste ich gleich am nächsten Tag morgens Sterz kochen; weil er dann aber trotzdem noch nicht so stark war, wie er sich das vorgestellt hatte, war er sehr enttäuscht. Onkel Tom erklärte ihm: „Einmal hilft nicht so viel, musst schon öfter Sterz essen." Auch in der Küche half mir Bernd sehr viel; nachdem ich die Zutaten für den Marmorkuchen vorbereitet hatte, hat Bernd gesagt: „Den Kuchen mache ich jetzt allein fertig!" Das machte er dann auch perfekt. Wenn ich manches Mal etwas länger geschlafen habe, hat Bernd gerufen: „Mama, aufstehen, es ist schon hell!" Margit hingegen war eine Langschläferin. Wenn ich zur Arbeit ging, hat sie noch geschlafen, winters wie sommers. Aber Bernd war im Sommer immer schon wach, wenn ich aufstand. Er war in allem sehr geschickt und hat, wo immer er konnte, mit angepackt.

1974 habe ich meinen Mann kennengelernt. Kurt, Bernds Vater, hat zu dieser Zeit öfter über die Bierführer Grüße ausgerichtet. Doch ich ließ ausrichten, dass ich überhaupt kein Interesse mehr an ihm hatte. Er hatte mich viel zu oft enttäuscht.

Einmal kam eine hübsche junge Frau in den Gastgarten und fragte mich über Kurt aus. Sie sagte, sie wäre eine Freundin von Kurts Freundin. Ich sagte ihr die Wahrheit über Kurt. Dass er sehr charmant sein kann und ich mit ihm auch eine sehr schöne Zeit verbracht habe, aber auch, dass man sich auf ihn nicht verlassen kann und er immer wieder andere Frauen hatte und sich dann nicht meldet. Hinterher erfuhr ich, dass sie selbst mit Kurt liiert war und später auch seine Frau wurde.

Ich hatte in diesem Jahr noch mehr Verehrer als sonst. Ein Lieferant wollte mich öfter mit Wirten oder Weinbauern verkuppeln. Ich musste oft lachen, mit was für Typen er mich verkuppeln wollte. Da gab es immer irgendeine Schwachstelle bei diesen Typen. Einige Burschen vom Ort machten mir auch den Hof, aber ich habe sie nicht ernst genommen, obwohl zwei dabei waren, die eigentlich ganz nett waren. Doch ich hatte die Schnauze so voll, ich wollte auf keinen Fall einen Freund. Doch es kam anders.

Eines Tages hatte ich arge Zahnschmerzen. Ich bekam von Gästen ein Schmerzmittel. Doch das half nicht viel. Es war Freitag und da kamen viele Lieferanten. Jeder fragte mich: „Tina was ist mit dir heute los? Heute lachst du gar nicht." Ich erzählte, dass ich so Zahnweh hatte, und jeder hat mich dann zu einem Glas Wein überredet. Da ich sonst nie etwas trank, hatte ich bald einen ordentlichen Schwips, weil ja Tabletten kombiniert mit Alkohol eine intensivierende Wirkung haben, es ging mir also immer besser. Freitagabends half ich in der Küche immer die Hühner nachputzen.

Als ich dann spätabends nach Hause ging, fuhr ein Auto vorbei, in dem meine Schwester saß. Sie rief: „Stehen bleiben, da läuft meine Schwester, die müssen wir mitnehmen." Der Fahrer war der berüchtigte Casanova, von dem meine Schwester schon so viel erzählt hatte. Na ja, mit nach Hause konnte ich ja mit ihnen fahren, ich hatte so schwere Beine. Doch zu Hause angekommen, wollte dieser Casanova mit mir ausgehen. Ich ging erst einmal in mein Zimmer und wollte schlafen gehen, aber meine Schwester kam hereingestürmt und wollte unbedingt, dass ich mit zum Tanzen gehe. Sie sagte mir, dass Franz auf mich warte. Nach einiger Zeit habe ich mich dann doch überreden lassen. Die Zahnschmerzen waren weg und etwas Leichtsinn da.

Franz, der Casanova, war noch in Arbeitsbekleidung und musste zuerst nach Hause fahren und sich umziehen. Aber er wollte mich gleich mitnehmen, also fuhren wir den Berg hinauf zu seinem Heimathaus. Da war eine steile Holzstiege. Franz nahm gleich zwei bis drei Stufen auf einmal. Das hat mir sehr imponiert. Ich habe schon immer sportliche Typen gemocht. Franz hat sich sehr geschmacksvoll gekleidet. Doch ich habe früher immer gesagt: „Bei mir muss einer schöne weiße Zähne haben, groß sein und schwarze Haare haben", doch Franz fehlten gerade vorne zwei Zähne, die hatte ihm beim Bundesheer ein Vorgesetzter herausgeschlagen, und er war nur ein kleines Stück größer als ich und rotblond. Aber mir gefielen seine Art und sein Temperament. Ich habe mich verliebt. Ich weiß nicht, ob mir der Alkohol meine Bedenken genommen hat und ob ich ohne Schwips mitgegangen wäre. Jedenfalls habe ich es schön gefunden, so jemanden zu haben wie ihn.

Mein Sohn mochte Franz auf Anhieb, nur die Tochter hat geschimpft. Bernd war so begeistert von Franz, dass er nicht einmal zu den Gästen gegangen ist, wenn sie ihn gerufen haben und ihm gesagt haben, dass er ein Eis bekommt. Darauf hat er dann nur gesagt: „Ich muss jetzt zu Franz gehen." Auch meine Mutter mochte Franz gleich. Leider haben meine zwei Schwager immer blöd geredet über Franz.

Zu meiner Arbeitskollegin habe ich einmal gesagt: „Schau, da kommt mein Freund." Sie hat darauf geantwortet: „In Gottes Namen, der Bierbauerbub"

Ein Gast der Pension – ein sehr lustiger älterer Herr, er war Architekt – hat sich mit Astrologie beschäftigt und mich deshalb gefragt, was für ein Sternzeichen ich sei. Ich habe ihm mein Sternzeichen genannt und er hat mir darauf gesagt: „Sie brauchen ein Wild zum Jagen." Ich habe ihm darauf geantwortet, dass ich mich bereits auf Löwenjagd begeben hätte.

Franz hat mir dann bald angeboten, meine Ziegel zu verarbeiten. Zuerst hat er bei einem Freund eine Halle aufgestellt. Zwischendurch war er kurz arbeitslos, hat dann aber bald eine Arbeit als Freileitungsmonteur bekommen. Da war er dann zehn Tage auf Montage und vier Tage zu Hause. In der Zeit hat er die Wände gemauert. Der Nachbar hat ihm einige Tage geholfen, denn er hatte ja versprochen, für das Überwasser einige Tage zu arbeiten. Beim Deckenbetonieren haben dann die Nachbarn geholfen, auch für das Überwasser. Dabei ist es Franz so vorgekommen, als ob die Berechnungen der Firma bezüglich des Eisens für die Decke nicht ganz stimmten, und er fragte den Dorn, was er dazu meine. Doch der sagte, es wäre genug. So hat Franz der Firma und unserem Nachbarn vertraut, weil dieser doch einige Jahre älter war als Franz und deshalb eigentlich mehr Erfahrung haben sollte.

Es hat sich aber leider Jahre später herausgestellt, dass Franz' Befürchtung richtig war, denn es kamen beim Deckenkranz rund ums Haus Sprünge zum Vorschein, die Franz mit sehr viel Aufwand mit viel Eisen behoben hat. Als die Decke fertig war, bin ich zum Dorn meine Schulden bezahlen gegangen, doch der liebe Nachbar hat mich ordentlich über den Tisch gezogen, denn er hat die zwei versprochenen Tage für das Überwasser mit verrechnet und ich dumme Kuh habe ihm vertraut und, ohne vorher Franz zu fragen, alles bezahlt. Als ich Franz dann erzählte, wie viel ich bezahlt habe, hat er mir gleich gesagt, dass er nichts für das Wasser abgezogen hat, sondern sämtliche Stunden, die er gearbeitet hat, voll berechnet hat. Nun gut, ich glaube an Gerechtigkeit, irgendwann bekommt jeder das, was er verdient. In späteren Jahren hat der gute Nachbar sogar behauptet, er hätte die ganze Auf Mauerung allein gemacht für das Überwasser. Na ja, er hatte wohl schon Alzheimer.

Mein Vater hat stets sehr fleißig geholfen. Fleißig war mein Vater immer und ich habe mich damals auch noch relativ gut mit ihm verstanden, wenn er nicht gerade mit Mutter gestritten hat oder Unwahrheiten gesagt hat; wenn dem so war, habe ich mich meistens still und leise verdrückt. Ich habe Mutter öfter Geld in die Hand gedrückt. Sie hat sich immer sehr gefreut darüber und ohnedies meistens für alle eingekauft. Früher hat meine Mutter öfter von Großvater Geld bekommen, aber dann hat Vater zu Großvater gesagt, Mutter würde damit unnötige Sachen kaufen, aber das hat überhaupt nicht gestimmt, nur manches Mal hat sie sich auch einmal ein neues Gewand gekauft. Mutter war sehr bescheiden, sie kaufte eher etwas für die anderen. Vaters Chefin hat auch immer gegen Mutter gehetzt. Sie hat Mutter zum Beispiel kritisiert, weil sie einmal in der Woche eine aufgeschnittene Extrawurst gekauft hat. Davon haben aber dann immer alle gegessen. Mutter ist nie in ein Caféhaus gegangen und hat, solange sie gesundheitlich dazu in der Lage war, sehr viel angebaut und gelagert, sodass wir immer sehr viel für unseren Eigenbedarf hatten.

Franz hat die Wände für das Dachgeschoß allein gemauert. Den Dachstuhl haben wir einem Zimmermann übergeben. Leider hat mich der Zimmermeister auch betrogen, denn Tom hat gesagt, dass die ganzen Bretter für die Verschalungen bei meinem Bauholz dabei gewesen wären, dass ja Tom für mich geschlägert hat.

Das Dach hat Franz mit ein paar Helfern gemacht. Das war schön, endlich hatte das Haus ein Dach. Ob wir ein Richtfest gemacht haben, weiß ich nicht mehr, ich könnte mir eher vorstellen, dass wir ziemlich blank waren. Wir haben immer eher etwas für die Kinder gekauft und alles bezahlt, was ausständig war.

Inzwischen war es Winter geworden. Bernd war beim Skifahren nicht so selbstständig wie Margit. Ich sollte ihm beim Aufstehen helfen, aber wenn ich in die Skipiste gegangen wäre, hätte ich ja lauter Löcher getreten. So habe ich mir ein paar einfache Skier gekauft, wo man nur feste Schuhe brauchte, und dann war hinten ein Bügel zum Halt und vorne drückte man die Feder hinunter. Da ich als Kind schon immer gerne Ski gefahren wäre, bin ich damit gleich beim Nachbarn den Berg hinaufgestapft und gerade heruntergefahren, denn ich konnte keinen Pflug, geschweige denn eine Kurve. Jedes Mal, wenn ich ins Flache kam, habe ich einen ordentlichen Stern gerissen. Da ich den Hang ordentlich gestaffelt hatte, kamen einige Burschen vom Ort zum Skifahren. Natürlich waren alle besser als ich, sogar kleine Kinder zeigten mehr Expertise. Nur schneller war ich meistens beim Hinunterfahren und beim Stürzen stellte ich einen Rekord auf. Ich habe mir bloß einmal den Daumen gestaucht, nur die Skier kamen halt drei Mal nicht heil davon. Na ja, sogar die Besten der Welt hat es in Kitzbühel bei der Kompression geschmissen. Aber es war immer lustig. Ich war halt die einzige Frau. Alle anderen waren Kinder oder Männer. Ich war damals 28 Jahre alt.

Die Burschen sagten: „Wir wählen den Indianerhäuptling, wer am weitesten über die Schanze springt, der ist unser Häuptling." Sie machten es so ähnlich wie beim Skispringen mit ein paar Durchgängen und dann wurde der Durchschnitt errechnet. Meine Tochter Margit wurde der Indianerhäuptling.

Dann hat mir Heinz, der Bruder von Franz, versprochen, mir Kurven fahren beizubringen. Ich hatte meiner Schwester Verena vor ein paar Jahren schöne Skier und ordentliche Skischuhe gekauft. Die borgte ich mir aus, denn Heinz sagte: „Mit den Skiern, die du für dich gekauft hast, bringst du keine ordentliche Kurve zusammen." So sind wir auf die Alm hinaufgefahren. Heinz kam erst später nach. Inzwischen habe ich schon mal geübt, aber ich fuhr nur quer über die Piste und drehte beim Waldrand etwas umständlich um. So fuhr ich immer wieder hin und her. Kurven fahren war doch schwerer, als ich gedacht hatte, und dann waren da ja so viele Leute. Auf der einen Seite waren Rennfahrer, die haben für ein Rennen Torstangen aufgestellt. Die müssen sich über mich totgelacht haben.

Dann kam Heinz. Er sagte: „Wir üben dort, wo es nicht so steil ist." So wie es mir Heinz erklärt hat, war es super, aber ich brachte immer nur eine Kurve richtig zusammen, die andere

Seite ging sehr schwer. Ich habe dann zu Heinz gesagt: „So, und jetzt probiere ich es von oben." Oben ging es sehr steil weg. Die erste Kurve habe ich gut bewältigt und die zweite Kurve wollte nicht so, wie ich wollte. Es ging gerade hinunter und ich habe einen kapitalen Sturz hingelegt. Die Skier flogen durch die Luft und die Bindung hat es zerlegt, die Trümmer lagen am Hang zerstreut herum. Die Burschen, die mich zuvor bei meinem Zickzackfahren beobachtet hatten, riefen: „Bravo Fräulein, Sie haben gewaltige Fortschritte gemacht!" Für mich war der Skitag gelaufen,, und außerdem war ich ganz schön müde.

Ich erzählte dann abends meiner Schwester von meiner missglückten Kurvenfahrt, da hat sie mir erzählt, dass ihr es erst eingefallen war, als ich schon fort war: nämlich, dass sie einen Ski gewachst und die Kanten von Rost befreit hatte. Der andere Ski war bei den Kanten rostig und auch nicht gewachst. Da hatten wir also die Lösung. Ich habe mir dann doch noch etwas bessere Skier mit billigen Skischuhen gekauft, denn dass man als Erwachsener mit solchen Skiern, wie Margit gefahren ist, als sie ganz klein war, nicht fahren konnte, war mir klar. Zum Glück hatte ich die Skier versichert, denn im ersten Winter habe ich drei Paar Skier abgerissen. Wir sind allerdings fast nur den Nachbarhang gefahren, denn für viel mehr reichte das Geld nicht. Wir mussten für das Haus sparen.

Hochzeit

Am 4. Juni 1975 haben wir geheiratet. Eigentlich wollten wir erst im Herbst heiraten, aber meine Schwester bekam ein Baby und da hat sie ganz spontan den Hochzeitstermin angesetzt. Als ich davon erfuhr, war ich gerade stinksauer auf meine Chefin, warum, weiß ich nicht mehr.

Franz war gerade auf Montage. Ich telefonierte mit ihm und wir beschlossen, mit meiner Schwester eine Doppelhochzeit zu machen, denn so konnte ich drei Tage freibekommen. Franz sagte mir, ich solle bei seiner Mutter die notwendigen Papiere holen und unser Aufgebot machen. Unser Oberamtsrat, der alte Weiberheld, hat sich ganz schön lustig gemacht und gesagt, so etwas sei ihm noch nie passiert, dass eine Frau das Aufgebot einreicht. Donnerstagabend kam Franz von der Montage zurück und am Samstag haben wir geheiratet.

Ich habe das ganze Drumherum organisiert. Vor lauter Aufregung habe ich am Tag unserer Hochzeit zu frühstücken vergessen, was eigentlich für mich immer das Wichtigste für einen guten Start in den Tag war. Als ich zum Friseur fuhr, haben schon ein paar Leute abgesperrt. Doch ich habe unschuldig dreingeschaut und so getan, als ob ich überhaupt nicht wüsste, was sie wollten.

Am Nachmittag war die standesamtliche Trauung; als wir vom Standesamt herauskamen, ist Bernd zu Franz gelaufen und hat gefragt, ob er Papa zu ihm sagen darf. Wir haben uns darüber sehr gefreut.

Beim Fototermin war ich noch okay. Aber beim Essen war es mir so schlecht, dass ich keinen Bissen hinunterbekam. Da gibt es ein paar Fotos, da schau ich drein wie ein kleines Hascherl.

Zum Glück kam dann unser Oberamtsrat Braut stehlen. Da fuhren wir nach Waldtreff zum „Gasthof Hafer". Der Markus bestellte gleich einige Flaschen Kaiserwein, denn der war Gott sei Dank ein guter Weinkenner. Der Wein hat mir sehr gutgetan und mein Magen hat sich wieder beruhigt. Nachher schmeckten mir die ganzen Köstlichkeiten wieder.

Am nächsten Tag wollten wir auf unseren Hausberg gehen, denn ich war noch nie dort gewesen, doch am Ausgangspunkt der Bergwanderung war es windig und saukalt und es hat geschneit. So sind wir nach Kärnten zu einem See gefahren. Wir sind dort mit dem Boot gefahren. Es war schön, aber halt keine Badetemperaturen. Die Bergwanderung haben wir auf nächstes Jahr verschoben.

Wir hatten damals relativ wenige Gäste, aber ich habe trotzdem von den Gästen sehr viele Geschenke bekommen, hauptsächlich in Form von Silbermünzen. Auch später habe ich noch viele Geschenke und herzliche Glückwünsche bekommen. Es war schon eine große Freude, solche Gäste zu bedienen.

Die Leute glaubten alle, ich wäre wieder schwanger, weil wir so überstürzt heirateten. Viele fragten schon nach, wann es so weit wäre, und ich veräppelte alle. Ich sagte dann immer: „Ich bekomme Zwillinge, und die dauern länger." Da lachten sie alle herzhaft.

Im September haben wir 160.000 Schilling Förderung bekommen. Da haben wir dann fleißig gearbeitet. Franz hatte schon private Facharbeiter organisiert und für das Material hat er auch günstige Quellen gewusst. Da wurde dann fleißig gewerkt.

Eines Abends, als ich nach Hause kam, hatte Bernd Fieber. Er war sonst nie krank. Am Morgen war das Fieber weg und als ich am Nachmittag heimkam, war Bernd schon wieder wie immer quickfidel. Am Abend bei der Jause habe ich Bernds Fieber angesprochen, da hat der Elektriker gemeint, vielleicht hat ihm der Schluck Bier geschadet, aber dann hat sich herausgestellt, dass Bernd zu jedem gegangen ist, um ein paar Schluck Bier zu trinken. Er hat sich immer für alles interessiert, für die Arbeiten und halt auch für das Bier.

Leider hat Bernd bald nicht mehr Papa zu Franz gesagt. Meine Schwager, die beiden Gerds, haben immer so blöde Sprüche losgelassen, leider haben sie damit Margit noch mehr beeinflusst in ihrer Abneigung gegen Franz; was Bernd sonst noch alles zu hören bekam, wissen wir nicht, und wir akzeptierten es einfach, dass er nun zu Franz eben nur „Franz" sagte.

Als ich eines Abends heimkam, war Franz eigenartig. Er tat so, als sei ich nicht da. Er sah etwas traurig aus und wollte mit einigen Bekannten ausgehen. Ich fragte gleich nach, was los sei. Zuerst wollte er nichts sagen, doch ich ließ nicht locker. Da erzählte er, dass es heiße, ich würde mich schon länger mit Bernds Vater treffen, wenn er auf Montage sei. Ich hatte aber zu Franz' Geburtstag meinem Mann die Hälfte des Hauses überschreiben lassen, dadurch hat er mir dann doch geglaubt, denn er konnte es sich eigentlich auch nicht vorstellen, dass ich so dumm war und an dem Gerücht etwas dran war.

Es war mein Trauzeuge, der Franz dieses Gerücht erzählt hatte, denn Bernds Vater wohnte damals in der Nähe meines Trauzeugen. Franz hat es mir erst später erzählt, dass der es ihm gesagt hatte, sonst hätte ich ihn sofort zur Rede gestellt. Wir haben dann den Kontakt zu ihm abgebrochen; ich fand es hundsgemein, wie er so etwas verbreiten konnte. Er hätte zuerst mich zur Rede stellen können, bevor er solche Unwahrheiten in die Welt setzte. Ich wusste allerdings von allen möglichen Lieferanten, dass Kurt so allerhand Gerüchte über mich verbreitet hatte. Der letzte Oktober war mein letzter Arbeitstag.

Am 1. November zogen wir in unser Haus ein. Da haben wir schon frühmorgens angefangen zu siedeln, denn zu Mittag waren wir von ganz lieben Gästen in ein sehr gutes Restaurant eingeladen. Bernd und Margit haben beide eine Kinderwiener bestellt, aber die war so groß, dass die Gäste zu Bernd sagten: „Das wirst du nicht schaffen." Doch er schaffte es und aß Margits übrige Hälfte auch noch weg und nachher noch einen Eisbecher. Er hatte rote Wangen vor lauter Begeisterung. Wir hatten noch einen sehr schönen Tag und kamen erst spätabends nach Hause. Da haben wir uns dann schnell ins Bett gekuschelt und sind auch gleich eingeschlafen, denn morgens um 4.00 Uhr wurde Franz abgeholt, denn er musste wieder auf Montage.

Als ich gleich in der Früh einheizte, habe ich mein blaues Wunder erlebt! Es rauchte und qualmte und das Wasser spritzte aus den Heizungsrohren im Keller, mein lieber Schwager hatte alles nur schlampig verschweißt. Ich musste ständig Wasser nachfüllen, damit ich überhaupt heizen konnte. Ein Bekannter hat dann alles dicht gemacht. Der Heizungsofen war ein gebrauchter, denn einen neuen konnten wir uns noch keinen leisten; der Verkäufer hatte mir erklärt, wie man damit heizt, doch das funktionierte überhaupt nicht. Ich hatte zuvor zwar noch nie einen Zentralheizungsofen mit Koks beheizt, aber doch mit Holz und Kohle. Ich holte schließlich den Heizungsstrahler von meinem Zimmer im Elternhaus, damit wir es wenigstens in der Küche etwas warm hatten. So musste ich die ersten zehn Tage herumkriegen, bis mein Mann von der Montage zurück war.

Franz schnitt dann einige Spiralen aus dem Ofen heraus und heizte ihn mit Diesel durch. Ich ging gerade zum Nachbarn, da machte es einen Knall, anscheinend hatte er etwas zu viel Diesel genommen. Aber jetzt funktionierte der Ofen, fast zu gut, denn als ich ordentlich heizte, da spritzte es bei der Dichtung zwischen dem Ofen und dem aufgesetzten Warmwasserbereiter heraus. Der Warmwasserbehälter war nämlich auf dem Zentralheizungsofen drauf und da war der Dichtungsgummi anscheinend undicht. Mein Mann schweißte einfach alles zu und so konnten wir doch noch einige Jahre heizen, bis wir uns einen neuen Warmwasserbehälter leisten konnten.

Kaum hatten wir uns vom Heizungsschock erholt, kam der nächste Schock. Das Land wollte jetzt schon 15.000 Schilling Darlehensrückzahlung. Ich wusste von anderen Familien, dass die Rückzahlungen oft erst einige Jahre später begannen. Wir hatten noch so viel zu richten. Das Stiegenhaus war immer noch offen, da mussten wir noch Glasbausteine einsetzen, und Kellertüren fehlten auch noch. Aber da mussten wir jetzt durch, wir mussten die erste Rate begleichen. Wie hätte ich das wohl allein zustande gebracht? Die Förderung lief auf mich, eine alleinstehende Mutter hatte anscheinend schneller das Darlehen zurückzuzahlen als ein Ehepaar. Ich dachte oft an den netten Baumeister, der mir viele wertvolle Tipps gegeben hatte, und an seinen Satz: „Es wird sich schon ergeben". Später, als Margit in die Hauptschule ging, hatte sie die Gattin dieses Baumeisters als Turnlehrerin. Diese mochte Margit sehr gerne, weil sie so sportlich war und bei den Schulskikursen die Beste war. Leider ist der Baumeister sehr früh gestorben, aber mit seiner Frau verstand ich mich weiterhin sehr gut. Ich bewunderte sie. Mit einem einfachen Rad fuhr sie noch in ihrem hohen Alter durch die Stadt und ging viel auf die Berge.

Dann kam noch ein Zahlschein mit der Kirchensteuer. Mich haute es fast um: Fast 3.000 Schilling Kirchensteuer wollten sie von uns! Ich bin dann gleich zur Kirchenbeitragsstelle gegangen und habe unsere Sachlage geschildert. Die junge Frau dort sagte mir, ich solle mit den ganzen Rechnungen kommen, sie werde sehen, was sie machen könne. Ich suchte alle Rechnungen zusammen und ging damit zur Kirchenbeitragsstelle. Doch dieses Mal war eine andere Dame dort. Sie sagte zu mir: „Was wollen Sie damit?" Ich erzählte ihr, was die Kollegin gesagt hatte. Doch sie lachte nur und sagte: „Diese Rechnungen können Sie nur beim Steuerausgleich vorlegen, aber bei uns gelten diese Rechnungen nichts." Ich sagte: „Dann treten wir von der Kirche aus." Sie erwiderte: „Dann treten Sie halt aus, aber diese vorgeschriebene Forderung müssen Sie trotzdem bezahlen."

Ich suchte gleich anschließend unseren Pfarrer auf, um ihm das mitzuteilen. Ich war neugierig, was er dazu zu sagen hätte, da ich ihn als sehr netten und hilfsbereiten Menschen einschätzte. Doch auch da wurde ich sehr enttäuscht. Der Pfarrer meinte nur, mein Mann sollte ein paar Bier weniger trinken. Franz hat früher, bevor wir uns kannten, etwas mehr getrunken. Aber unser Pfarrer war ebenfalls ein Genießer, Auch wusste er, dass ich zwei kleine Kinder hatte, und ich schilderte ihm unsere jetzige Lage. Mein Mann hat für zehn Tage Montage 1.000 Schilling mitgenommen und davon hat er oft allein für das Zimmer mit Frühstück 50 Schilling bezahlen müssen, und dann kamen noch Essen und Trinken dazu, das in den Gasthäusern nicht billig war. Außerdem hatte er eine schwere Arbeit zu verrichten. Ich nahm unsere Taufscheine mit und wir traten aus der Kirche aus.

Jahre später hatte Bernd in der Volksschule in der vierten Klasse lauter Einsen, nur in Religion bekam er eine Zwei. Einmal kam er von der Schule nach Hause und erzählte mir, dass der Pfarrer gesagt habe, er esse am Fasttag nur eine Suppe und einen Apfel. Ich habe daraufhin zu ihm gesagt: „Das stimmt nicht ganz, ich habe nämlich unseren Pfarrer öfters zum Heringsschmaus am Aschermittwoch bedient und da hat der liebe Pfarrer gleich zwei Forellen mit allem Drum und Dran bestellt und einen Eiskaffee oder Ähnliches hinterher und dann auch noch einige Gläser Wein. Ich habe ihn gerne bedient, aber er soll bei der Wahrheit bleiben, du kannst ihm ruhig sagen, wir essen oft nur eine Suppe und Äpfel." Bernd hat es bei der nächsten Gelegenheit dem Pfarrer gesagt, er war immer geradeheraus, blieb dabei aber immer höflich. Seine Lehrerin hat ihn dafür sehr geschätzt.

Obwohl wir aus der Kirche ausgetreten waren, haben wir unsere zwei gemeinsamen Mädchen taufen lassen. Bei der Taufe der jüngeren Tochter hat mich dann unser Pfarrer gefragt, warum wir ausgetreten seien. Da habe ich ihm erzählt, was er damals gesagt hatte. Da hat der Herr Pfarrer gesagt: „Das tut mir aber leid; wenn ihr vom Skiurlaub zurückkommt, dann kommt her und wir reden darüber, was wir machen können." Ich wusste schon damals, als wir austraten, dass im Ort zwei besser Verdienende nur 500 Schilling Kirchenbeitrag bezahlten; bei mir hatten sie sowieso zu viel berechnet, denn ich arbeitete ja immer nur sieben Monate, mir wurde die Kirchensteuer aber für zwölf Monate berechnet.

Außerdem hatte ich im Verhältnis zu den vielen Arbeitsstunden einen viel zu geringen Lohn.

Als wir vom Skiurlaub zurückkamen, war unser Pfarrer schon verstorben und beerdigt. Wir haben ihn in guter Erinnerung, denn er war ein sehr fleißiger Pfarrer. Er ist sehr oft mit der Arbeitsmontur unterwegs gewesen und hat immer ordentlich mit angepackt und die Kirche und das Pfarrhaus renoviert und das Pfarrhaus gut genützt und vermietet. Mein Leitspruch lautet: „Wer arbeitet, der soll auch genug zum Essen haben." Vor allem hat er es bereut, was er damals gesagt hatte. Auch mit seinem Nachfolger habe ich mich sehr gut verstanden. Seine Bekannte wohnte ebenfalls im Pfarrhof. Sie war im Krankenhaus für das seelische Wohl der Patienten zuständig. Mit ihr verstand ich mich besonders gut. Sie ist eine Perle. Ich habe sie kennengelernt, als ich ein arges seelisches Tief hatte. Ihr habe ich als Erste über meine seelischen Verletzungen erzählt. Sie hat mir Mut gemacht und mich verstanden, ich habe viele gute Ratschläge von ihr erhalten. Sie hat mir geraten, ein Buch über mein Leben zu schreiben.

Weihnachten 1975 war bei uns sehr ärmlich. Wir konnten den Kindern außer einem selbst geholten Weihnachtsbaum von Omas Wald mit Nüssen und Äpfeln absolut nichts kaufen. Zum Essen gab es eingelagerte Kartoffeln, Gemüse und Obst sowie selbst gemachte Säfte. Salat und Eingemachtes hatte ich sowieso jedes Jahr selbst, oft habe ich die halbe Nacht lang alles Überschüssige an Obst und Gemüse konserviert.

Wir hätten eigentlich von Gerd, Franz' Bruder, schon längst eine Menge Geld zurückbekommen sollen, das wir ihm geborgt hatten. Er hat damals hoch und heilig versprochen, es so bald wie möglich zurückzuzahlen, aber jedes Mal, wenn der liebe Gerd seinen Lohn bekam, war weit und breit nichts von ihm zu sehen. Er war auch auf Montage und hat sehr gut verdient, aber den ersten Lohn bekam man erst fast zwei Monate später, deswegen hatten wir ihm das Geld ja geborgt.

Eines Tages tauchte er dann aber doch bei uns auf. Eine solche Dreistigkeit muss man sich mal vorstellen: Da hatte sich der feine Herr doch tatsächlich ein Auto auf Kreide gekauft, und das, ohne einen Führerschein zu besitzen, und kam dann schon wieder um Geld betteln, obwohl er genau wusste, dass wir eine Menge Abzahlungen hatten und dringend darauf warteten, dass er uns wenigstens einen Teil des geliehenen Geldes zurückgab. Da wurde ich wütend. Ich sagte zu Franz, wenn er ihm nochmals auch nur einen Groschen borgt, werde ich auch nur Schulden machen, so wie sein sauberer Bruder. Das hat gesessen. Er ist sofort verschwunden und gleich zu seiner Mutter gegangen, um bei ihr um Geld zu betteln. Gott sei Dank hat er nie mehr bei uns um Geld gebettelt, aber das viele geborgte Geld haben wir nie wiedergesehen. Anfangs war auch ich so dumm und bin auf Gerd hereingefallen. Er war ein fescher, witziger, blond gelockter Bursch. Wir haben ihn alle „Faxe" nach dem Wikinger im Wiki-Film genannt, weil er überall die Kühlschränke leer gefressen hat.

Sporthotel

1976 wollte ich nachmittags freihaben. Ich bin gleich Anfang des Jahres zur „Pension Klug" gegangen, um meine Arbeitsstunden zu verhandeln. Es war nur die Chefin da. Ich sagte ihr, dass ich nachmittags freihaben möchte. Sie fragte mich gar nicht, wie lange, sondern sagte einfach: „Das gibt es bei uns nicht." Ich sagte dazu, dass ich mir dann halt etwas anderes suche. Sie antwortete darauf: „Dann suchst du dir halt etwas anderes." Ich bin dann gleich weiter zum Sporthotel und habe dort um Arbeit gefragt. Herr Martini hat mich gefragt, ob ich bei der Pension gesagt habe, dass ich mir etwas anderes suche. Ich habe ihm dann erzählt, dass ich nachmittags freihaben wollte und das nicht akzeptiert wurde und ich auch gesagt habe, dass ich mir deswegen etwas anderes suchen würde. Herr Martini hat dann oben bei der „Pension Klug" angerufen und Herrn Klug gefragt, ob ich in diesem Jahr wieder oben bei ihnen arbeiten würde. Der Herr Klug hat darauf geantwortet: „Aber natürlich ist Tina wieder bei uns, sie gehört ja sozusagen schon zum Haus." Das hat mir dann Herr Martini erzählt. Ich habe ihm darauf gesagt: „Dann hat die Frau ihrem Gatten nichts von unserem Gespräch erzählt."

Der Herr Martini versprach mir dann die Stelle als Kellnerin. Ich sollte aber die Getränke servieren und nachmittags im Café arbeiten. Die Arbeitszeit war erheblich kürzer als in der „Pension Klug". Ich brauchte erst um 10.00 Uhr anzufangen und um halb acht abends konnte ich nach Hause gehen. Außerdem bekam ich einen ganzen Tag pro Woche frei, und zwar so angepasst, dass ich jeweils freitags und gleich darauf montags freihatte, denn da war mein Mann zu Hause und wir konnten etwas gemeinsam unternehmen.

Aber bei diesem Versprechen blieb es nicht ganz, Herrn Martinis Schwester wollte nicht, dass ich die Getränke machte, sie wollte Heinz, unseren Kellner-Lehrling. Anfangs war es für mich schon eine Umstellung, nicht mehr zu kassieren, und dann habe ich doch die Gäste von der Pension sehr vermisst, aber es hatte auch seine Vorteile. Ich war nachmittags dann doch schon etwas müde und da konnte ich dann sitzen und die Tischwäsche bügeln und langsam habe ich mich auch an die neuen Gäste gewöhnt. Vor allem meine Arbeitskollegin Susi habe ich sehr gemocht und der Herr Martini war sehr nett.

Entgegen allen Gerüchten, die ich früher öfter gehört habe, haben wir stets ein sehr gutes Essen bekommen und vor allem hatten wir genug Zeit zum Essen. Das ganze Personal saß zwischen halb zwölf und zwölf beim Mittagessen und die Getränke bekamen wir gratis. Ich durfte sogar einen Natursaft zum Essen nehmen, weil ich die Kohlensäure nicht so gut vertragen habe. Einmal hat mich Herr Martini beim Wassertrinken gesehen und da hat er gesagt: „Aber Tina, Sie brauchen doch kein Wasser zu trinken." Ich sagte ihm, dass ich sehr gerne Wasser trinke und ihm aber sehr dankbar bin, wenn ich einen Natursaft nehmen kann und Kaffee und Eis, was ich auch oft bekam. Auch die Frau Doktor, die Gattin des Chefs, mochte ich sehr gerne, sie war damals als Oberärztin und Chirurgin. Sie war unglaublich bescheiden und lieb. Sie zeigte mir oft, was sie Schönes nähte und stickte. Sie sagte, dass brauche sie zum Üben für die OP.

Meine beiden Kinder durften gratis baden gehen im Hallenbad, Herr Martini schaute immer vom Café aus ins Bad hinunter und da die Kinder sich sehr brav und ruhig verhielten und nicht sprangen und spritzten, bekamen sie hinterher von Herrn Martini ein großes Eis ihrer Wahl geschenkt. Mein Mann und die ganze Familie bekamen alles zum halben Preis.

Nur die Schwester und den Bruder des Chefs mochte ich nicht besonders, die hatten immer etwas auszusetzen. Auch die Schwägerin und die Büroangestellte waren nicht so mein Fall, aber die hatten ja nicht viel zu melden. Dafür mochte ich seine Mutter sehr gerne. Sie hat mich stets gelobt für meine gute Arbeit.

Mein Mann und ich gingen im Sommer immer sehr gerne Schwammerl suchen. Da fuhren wir schon oft, wenn es noch halbdunkel war, auf die Alm, noch vor der Arbeit. Wir aßen alle sehr gerne Pilze. Ansonsten hatten wir immer zu Hause etwas zu arbeiten.

Mein Chef hat mich immer wieder ins Staunen versetzt, was er so alles gemacht hat. Ich dachte früher, er sitzt nur im Büro und geht einkaufen, aber er hat überall mit angepackt, in der Küche beim Anrichten und bei vielem anderen mehr.

Einmal habe ich mich bei der Uhrzeit verguckt. Ich ging seelenruhig beim Eingang hinauf und habe unterwegs noch mit Gästen getratscht. Auf einmal habe ich den Chef gesehen, wie er mit den Tellern in den Speisesaal gelaufen ist. Ich fragte: „Herr Chef, ist heute etwas Besonderes, weil Sie decken?" Er sagte: „Aber Tina, schauen Sie doch mal auf die Uhr." Da habe ich dann erst bemerkt, dass ich eine Stunde zu spät zum Arbeiten gekommen bin, und obwohl mich der Chef schon beim Eingang gesehen hat, wie ich mich mit den Gästen unterhielt, hat er nichts gesagt.

Ein anderes Mal haben wir verschiedenes Obst als Dessert gehabt. Eine besonders eigenwillige Dame wollte eine Banane als Dessert, doch ich durfte die Banane erst servieren, wenn sie mit dem Hauptgang fertig war, obwohl auf ihrem Tisch genug Platz gewesen wäre. Aber als sie fertig war, gab es keine Banane mehr, weil der Chef die Bananen weggeräumt hatte, da die Bananen noch länger haltbar waren, im Gegensatz zu anderen Obstsorten, die nicht mehr so lagerfähig waren. Die Dame hat sich furchtbar aufgeregt, weil sie nun keine Banane bekam. Sie sagte, sie würde sich beim Chef über mich beschweren gehen. Wütend schritt sie, ohne einen anderen Nachtisch zu essen, aus dem Speisesaal. Da kam gerade der Chef aus der Küche. Ich habe ihn gerufen und gesagt: „Herr Chef, bitte warten Sie, die Dame will sich über mich beschweren." Die Gäste ringsum lächelten fast alle, denn sie hatten schon bemerkt, dass mich die liebe Dame immer etwas schikanierte. Der gute Chef aber gab mir recht. Die Dame war empört, wie der Chef einer kleinen Servierkraft recht geben konnte!

Der Bruder des Chefs wollte mich zur Schnecke machen. Ich habe nämlich öfter meinen Salat oder Gemüse ins Hotel gebracht und dort verkauft, und deswegen durfte ich gleich hinten bei der Küche parken, es war ja ohnedies genug Platz vorhanden, aber den Bruder störte es. Da stürmte er ins Wein Stüberl und schrie mich an, ob das Auto da draußen mir gehöre. Als ich bejahte, hat er gesagt, dass er die Reifen beschädigen würde. Darauf erwiderte ich in aller Seelenruhe: „Super, dann bekomme ich neue, meine Reifen sind ohnedies nicht mehr die besten." Die Gäste lachten den lieben Bruder aus und der Chef schmunzelte nur, als ich ihm das erzählte.

Die Frau des Bruders dachte auch immer, ich wäre ihre Marionette. Sie hatte Dreck am Boden liegen. Als ich vorbeikam, sollte ich alles stehen und liegen lassen und den Dreck wegputzen. Ich habe ihr klipp und klar gesagt, dass ich gerade wichtige Arbeit zu tun hatte, sie solle ihren Mist selbst wegmachen. Ich habe es nachher dem Chef erzählt, er hat sich ins Fäustchen gelacht und gemeint, das hätte er gerne gesehen, was sie da für ein Gesicht gemacht hat. Dann hat er zu mir gesagt: „Komm Tina, trinken wir einen Kaffee zusammen." Herr Martini war einfach ein großartiger Mensch.

Im Herbst musste ich mich schon im Oktober arbeitslos melden, denn Heinz war ja noch Lehrling und musste noch ein paar Monate arbeiten, und Susi war ja schon viel länger da als ich; da sie keine Kinder hatte, durfte sie nicht so lange ohne Beschäftigung sein, sonst hätte sie das Arbeitsamt irgendwo anders zugewiesen. Als ich meine Abrechnung bekam, war ich ganz schön erstaunt: Trotz zusätzlicher Urlaubstage bekam ich viel mehr Urlaubs- und Weihnachtsgeld als beim Klug! Ich war hocherfreut, denn zusätzliches Geld konnten wir sehr gut gebrauchen. Bernd ging in den Kindergarten; er wuchs sehr schnell und brauchte einige neue Wintersachen, ebenso wie Margit, die jetzt schon in die vierte Klasse ging.

Ich habe durch meine Tante erfahren, dass ein Bauer Leute brauchte, um das Streuobst zu ernten. So half ich immer vormittags Äpfel klauben. Normalerweise wäre der Bauer mit dem Lieferwagen zur Obstverwertung gefahren, aber er konnte sich meistens nicht von seinem Glas Wein in irgendeinem Gasthaus trennen, so bin ich dann gefahren, denn es gab viele Damen ohne Arbeit. Leider habe ich bei dem Lieferwagen den Rückwärtsgang nicht gefunden und so bin ich halt im Kreis gefahren. Direkt bei der Obstverwertung hat mir dann dort ein Herr gezeigt, wie der Rückwärtsgang reingeht.

Eigentlich sollte der Bauer, der nebenbei noch Tischlermeister und Feuerwehrhauptmann war, auch die Äpfel vom Baum schütteln. Doch bei so vielen Aufgaben kam der Gute nicht nach. So habe ich dann die Äpfel geschüttelt. Der Sohn des Hauses war ein bisschen hilflos, denn seine Mutter hat ihn nie auf einen Baum klettern lassen. Ich dachte mir, dem zeige ich jetzt mal, wie man Äpfel schüttelt, aber er traute sich ja nicht einmal auf eine kurze Leiter. Ich habe es dann doch hingekriegt, dass er auf einen Baum gestiegen ist, aber mehr auch nicht. Der Arme hielt sich voller Verzweiflung am Baum fest und wir kriegten ihn fast nicht mehr zurück herunter. So habe ich dann doch die ganze Arbeit allein gemacht, geschüttelt und geliefert, denn sowie der liebe Bauer gemerkt hat, dass ich das alles bewältige, ist er überhaupt nicht mehr erschienen.

Ich habe zu Hause auch immer alle Arbeiten verrichtet, denn wenn Franz da war, haben wir gemeinsam etwas unternommen, aber meistens haben wir am Haus gearbeitet, da war noch viel zu machen, oder Franz hat jemandem geholfen. Ich habe oft zu den Gästen gesagt: „Mein Mann ist Maurer und ich bin sein Hilfsarbeiter." Ich habe den Rasen gemäht, mit der Kreissäge Holz gesägt und im Garten gearbeitet. Einmal hatte ich an den Händen lauter blaue Flecken von den Kanten der Holzscheide. Die Gäste haben mich daraufhin spaßhalber gefragt, ob ich Schläge bekommen hätte.

Margit hatte in der vierten Klasse beim Rechnen Schwierigkeiten. Sie konnte Ende der zweiten Klasse das Einmaleins besser als Ende der dritten Klasse und deswegen hatte sie gleich beim ersten Test in der vierten Klasse einen Fünfer. Ich war schön schockiert, weil sie sonst immer sehr gut lernte. Die Lehrerin in der dritten Klasse war eine reine Katastrophe, sie trank und hatte immer Kopfweh nach den Erzählungen der Schüler. Die Kinder bekamen wohl gute Noten, aber mit dem Können war es schlimm bestellt. So lernten wir fleißig mit ihr. Wir machten mit ihr Turmrechnungen um die Wette. Wir haben kleine Geldbeträge als Gewinnprämie genommen und dann versucht, sie gewinnen zu lassen, damit sie einen Anreiz hatte. Dabei machte auch mein Mann mit und, ich glaube, auch meine Schwester. Zum Schluss beherrschte Margit das Rechnen so gut, dass wir oft selbst Mühe hatten, zwischendurch auch mal zu gewinnen.

Als ich dann vor dem Halbjahreszeugnis zum Elternsprechtag kam, sagte Margits Lehrerin gleich vor allen Wartenden: „Du brauchst gar nicht zu warten, Margit war die Beste beim Hauptschulreifetest; ich habe geglaubt, mich haut es um, als ich ihre ausgezeichneten Arbeiten sah." Ich freute mich sehr über diese Nachricht. Aber meine ehemalige Chefin war gar nicht so begeistert, sie saß ja auch da, weil ihre Kathrin und Margit zusammen in die Schule gingen.

Ich fand es gemein, dass sie zu den Gästen gesagt hat, ich hätte sie im Stich gelassen; dass ich nachmittags nur ein paar Stunden freihaben wollte, das hat sie nicht erwähnt, aber ich habe es den Gästen erzählt. Ich habe ihr gegönnt, dass die Gäste jetzt die Wahrheit wussten und nun aufgeklärt waren, denn inzwischen wusste ich ja, dass sie mich trotz vieler Stunden Arbeit und noch dazu bei einem sehr geringen Lohn überdies beim Weihnachts- und Urlaubsgeld betrogen hatte.

Im nächsten Jahr durfte ich die Getränke machen. Als Erstes hat mich der Chef gefragt, ob es für mich in Ordnung sei, wenn ich um die 500 Schilling mehr bekäme. Das hat mich sehr gefreut und so bin ich mit viel Freude und Elan jeden Tag zur Arbeit gegangen. Heinz mussten wir oft helfen, damit die Gäste alle etwas zum Trinken bekamen, und ich machte die Getränke locker und hatte auch viel mehr Umsatz. Mein Chef konnte es kaum verstehen, dass ich nie einen Rechenfehler machte. Einmal kam er hocherfreut zu mir und meinte, ich hätte mich endlich mal verrechnet, doch leider hatte sich der Chef selbst verrechnet. Ich habe immer nebenbei Teller abserviert und zusätzlich die Salate und die Nachtische serviert, wo gerade Bedarf war.

Die langjährige Köchin hatte aufgehört, weil sie selbst eine Frühstückspension eröffnete und Nachwuchs bekam. Wir haben dann einen neuen Koch bekommen und seine Gattin Grete kam mit als Servierkraft. Grete fragte Susi, wer hier die Chefin sei. Sie antwortete ihr, jeder habe seinen bestimmten Arbeits-

bereich. Da sah Grete mich. Sie fragte Susi: „Wer ist die Kleine?"
Da sagte Susi spontan: „Ja, das ist unsere Chefin", weil ich ja die
Getränke machte und kassierte. Susi hat es mir nachher amüsiert erzählt und gesagt: „Das hättest du sehen sollen, wie die
Grete da dreingeschaut hat!" Ich sah immer sehr jung aus, dabei war ich die Älteste von allen Servierkräften. Eine Kollegin
war ein Jahr zuvor grantig auf mich gewesen, weil ich immer
so schnell war und dadurch auch die Essen schneller in der Küche bekam, weil ich eben zuerst da war, aber als sie erfuhr, dass
ich um die sechs Jahre älter war als sie, und ich ihr sagte, dass
es nicht meine Absicht sei und ich es gewohnt sei, so schnell zu
laufen, wurden wir gute Freundinnen.

Der Koch hat mich schikaniert, wo er nur konnte. Wir haben
öfter Fußpflegerinnen im Haus gehabt. Die haben – wie auch Angehörige und Angestellte – alles zum halben Preis bekommen.
Ich habe dann immer zum Koch gesagt: „Ich schreibe nur ein
Menü, damit wir nachher nicht umherrechnen müssen." Er hat
es so zur Kenntnis genommen, sonst hätte ich ja eigentlich auch
gleich auf den Bon schreiben können „zum halben Preis". Jedenfalls hat er immer etwas gesucht, um mich beim Chef schlechtzumachen. Aber vor allem wollte er, dass seine Frau Grete kassieren durfte. Einmal habe ich vom Koch kein Essen bekommen;
ich war so hungrig, dass ich vor lauter Hunger geweint habe. Da
kam der Chef daher und fragte mich, was los sei, ich habe ihm
erzählt, dass ich kein Essen bekam. Da hat der Chef seinen Arm
um mich gelegt und ist mit mir in die Küche marschiert und hin
zu den Kochtöpfen und hat mich gefragt: „Tina, was hätten Sie
denn gerne?" Ich sagte: „Ist egal, ich habe einfach nur Hunger."
Der Chef richtete mir einen liebevollen Teller an und der Koch
wusste nicht, wohin er sich verkriechen sollte.

Kurz darauf hatte ein Gast einen Berg zehn Groschen auf
dem Tisch liegen und hat der Grete das Häufchen kleiner Münzen angeboten. Doch die liebe Grete war sehr ungehalten darüber. Da kam ich gerade vorbei und der Gast fragte mich, ob ich
dieses Häufchen Groschen nehmen würde. Ich sagte: „Natürlich, wollen Sie es umgewechselt haben?", doch der Gast sagte:

„Das schenke ich Ihnen." Ich bedankte mich höflich und just in dem Moment, als Grete wieder vorbeiging, hat mir der Gast 100 Schilling in die Hand gedrückt und gesagt: „Die 100 Schilling gehören jetzt auch Ihnen, weil Ihnen die zehn Groschen nicht zu minder waren." Da hat sie mich wütend angeschaut und ist schnell vorbeigehuscht.

Mein Mann ist sonntags öfter an der Decke im Café gesessen und hat sich mit verschiedenen Gästen und auch Einheimischen unterhalten. Mein Mann holte mich danach zu Dienstschluss ab. Da bemerkte ich, dass das Gesicht meines Mannes mit Lippenstiftspuren beschmiert war. Es war nur ein weiblicher Gast dabei gewesen und diese Person wusste sehr wohl, dass es mein Mann war. Ich war wütend. Da beschloss meine Kollegin, der holden Verführerin Abführpulver in die Suppe zu geben. Die Lady aß im Café mit ihrer behinderten Mutter. Eine Ferialpraktikantin servierte dort zu Mittag. Ausgerechnet an diesem Tag fiel der Tochter auf einmal ein, dass sie heute keine Suppe essen wollte. Da sagte die Mutter: „Dann geben Sie doch die Suppe mir", obwohl sie normalerweise nie Suppe aß. Das Mädchen ist sofort mit der Suppe fortgerannt. Die Tochter fragte die Ferialpraktikantin: „War etwas mit der Suppe, weil Sie so schnell davongelaufen sind?" Das Mädchen sagte nur schnell, die Suppe wäre wohl für die Mutter zu heiß gewesen. Aber meine liebe Kollegin gab nicht auf. Sie hat dann der gemeinen Verführerin das Pulver in den Kaffee gegeben. Das Mädchen hat uns dann immer berichtet, dass sie schon wieder aufs WC rannte.

Die einheimischen Gäste erzählten oft, was mein Mann so alles aufführe und dass er ständig mit anderen Frauen unterwegs wäre. Doch ich lachte nur, denn ich vertraute meinem Mann. Dass mit dem weiblichen Gast hat mir Franz erklärt. Er hatte da nicht viel dazu beigetragen. Sie hat ihn einfach gepackt und übers ganze Gesicht abgeknutscht. Wegen einer Allergie hatte ich meinen Ehering abgelegt. Da haben die Gäste dann gesagt: „Ach, jetzt bist du also doch draufgekommen, dass dein Mann danebenhaut." Ich erwiderte nur, dass ich nur auf den Ring und nicht auf meinem Mann allergisch sei. Jahre später hat sich das dann aufgeklärt: Die Gäste dachten, mein Schwager wäre mein Mann.

Wir hatten Ärztekongress und eine Menge Arbeit, da hat der Koch gekündigt, doch die Gäste merkten es nicht, obwohl, eigentlich doch, denn unser Lehrmädchen, die tüchtige Kathrin, hat den Laden geschmissen. Die Gäste fragten, ob wir einen neuen Koch hätten, denn das Essen sei auf einmal so gut. Kathrin war so lieb zu den Gästen. Es kam oft vor, dass es Gästen nach dem letzten Wassertrinken um 17.00 Uhr nicht so gut ging, und dann wollten sie nur einen Tee und ein Butterbrot. Aber die Gäste sollten spätestens bis 16.00 Uhr das Essen abmelden. Der Koch hatte dafür nie Verständnis. Es waren fast lauter kranke Menschen und da musste man schon mehr Verständnis aufbringen. Wir haben dann beim Koch das Butterbrot poniert und mit einem Kaffee gleichgerechnet und den Tee haben wir ja sowieso an der Decke geholt. Bei Kathrin ging alles ohne Probleme.

Wir mussten für die Ärzte immer jeweils so viele Essen mitnehmen wie an einem Tisch saßen. Da gab es in der Küche irgendeine Panne und ich bekam nur fünf Essen, aber ich hatte ja gesagt, dass ich die Gerichte für acht Personen brauchte, und auch, dass gerade bei diesem Tisch die Prominenz saß. Deswegen wartete ich. Da schrie mich die Schwester des Chefs an: „Sie blöde Kuh, jetzt gehen Sie schon mit den Speisen!" Sie hätte mir ja sagen können, dass es ein Problem gab, aber so wusste ich nicht wirklich, was für eine Entschuldigung ich jetzt vorbringen sollte, dass ich für ein paar Gäste noch kein Essen hatte. Just in diesem Moment erschien die andere, recht liebe Schwester in der Küche, um wegen der fehlenden Speisen nachzufragen. Sie saß auch an jenem Tisch, weil ihr Gatte der Fabrikant war. Die liebe Schwester des Chefs begriff sofort, dass ich nicht schuld war.

Zum Abschluss gab es im Mehrzwecksaal immer ein kaltes Büfett. Die Kathrin hat ein so großartiges Büfett hingezaubert! Wir alle haben Kathrin für ihre hervorragende Arbeit bewundert und die Gäste waren restlos begeistert. Es hat erstens sehr schön ausgesehen und außerdem köstlich geschmeckt.

Die Schwester des Chefs hat dann bei mir einen Kaffee bestellt. Ich habe darauf gesagt: „Eigentlich sollte ich Muh sagen",
und ich ging und brachte ihr den Kaffee. Doch sie trank den Kaffee nicht und ließ ihn von einer Kollegin abservieren und sich
einen neuen bringen. Die Kollegin erzählte es mir später und
meinte, die hat wohl Angst gehabt, dass ein Abführpulver im
Kaffee war; anscheinend hatte sie irgendwie von der Geschichte mit der Verführerin erfahren.

Es war einfach eine wunderschöne Zeit und sehr bereichernd,
mit unserer lieben, jungen, tüchtigen Köchin zu arbeiten. Sie
wurde später Wirtin und ist nach wie vor unglaublich tüchtig.

**Im Jahr 1976 erst wurde mir klar, wie alles wirklich bei
meinen Eltern gelaufen ist.**

Angefangen hat es damit, dass ich Vater zu mir ins Haus geholt
habe, weil ich glaubte, es wäre für Mutter besser, wenn die beiden nicht unter einem Dach wohnten. Überdies glaubte ich, dass
es für die Kinder besser wäre, wenn jemand im Hause war, weil
ich oft auch nachts bei Bällen und verschiedenen Veranstaltungen aushalf, und Franz war ja immer zehn Tage lang auswärts.

Wir hatten zwölf Lastwagen Erde bekommen und jetzt war
alles zum Gleichmachen. Mein Mann war auf Montage und ich
werkte allein herum. Ich wollte alles gleichmachen, bevor der
Regen kam. Der Schwiegervater meiner Schwester und mein Vater arbeiteten bei meiner Schwester, denn die hat mittlerweile
auch gleich über uns angefangen, ein Haus zu bauen, aber meine
Schwester kümmerte sich nicht um die Verpflegung. Beide hol-
ten das Bier bei mir und zu Mittag kam Vater zu mir herunter
und schimpfte, weil ich nichts für ihn gekocht hatte. Ich sagte
ihm klipp und klar, dass ich nichts koche für ihn, wenn er bei mir
nicht arbeitet, denn mein Vater kaufte absolut gar nichts selbst,
und ich sah überhaupt nicht ein, dass wir für die ganzen Kosten
aufkommen sollten. Ich habe immer reichlich eingekauft. Wenn
Franz nach Hause kam, hatte er manchmal Arbeitskollegen mit,
und dann waren kein Bier und kein Wein da. Franz hat folglich

mit mir geschimpft. Ich habe ihm gesagt, dass ich reichlich eingekauft hatte. Eigentlich konnte Vater das gar nicht alles allein trinken. Er musste da auch öfter andere Leute dabeigehabt haben, erst vor Kurzem habe ich mit meiner Schwester darüber gesprochen. Sie hat spontan darauf geantwortet: „Na ja, die Getränke wird Vater halt zu unserer Baustelle heraufgetragen haben."

Da bekam ich erst so richtig zu spüren, wie mein Vater wirklich sein konnte. Ich hatte schon einige Gemeinheiten hinter mir, da zeigte mir mein Schwager einen Brief von Vater. Vater war auf Kur und da hat er die Frau getroffen, mit der er meine Mutter betrogen hat, als er auf Montage war. Mein Schwager war genauso ein Hallodri wie mein Vater, deswegen hatte er ihm diesen Brief geschrieben. Mein Vater hat in dem Brief geschrieben, dass diese Frau die Richtige für ihn gewesen wäre und er meine Mutter ja nur geheiratet hat, weil er dachte, er wird dann Bauer. Mein Onkel war damals vermisst und Vater dachte, der Onkel kommt sicher nicht zurück, da mein Onkel bei den Fallschirmspringern war und sicher tot war, weil die Fallschirmspringer ja kaum eine Überlebenschance hatten, wenn sie als vermisst galten. Jetzt wusste ich erst, warum meine Mutter nachts oft so geweint hat. Von da an habe ich Vater nicht mehr gemocht. Eines Tages sagte Vater zu mir: „Dich bringe ich schon noch auseinander mit Franz." Ich dachte, ich höre nicht recht!

Ich habe Vater gesagt, dass es so nicht geht, dass er bei uns wohnt und keinen Groschen Geld beisteuert für das tägliche Leben. Ich verlangte monatlich einen angemessenen Betrag. Wir waren selbst sehr knapp bei Kasse und mussten noch viel zurückzahlen. Mein Schwager hatte mehr Pension, als wir beide zusammen verdienten.

Vater bezahlte nur widerwillig, ich musste ihn immer wieder darauf hinweisen. Da nahm er mich einmal einfach bei den Haaren und zog mich durch die Gegend, so wie er es oft mit Mutter gemacht hatte. Da reichte es mir, ich gab seine Kleider einfach in den Keller und sagte, er soll wieder hinauf ins alte Haus zurückgehen.

Aber wenn Franz zu Hause war, kam er immer wieder herunter. Inzwischen hatte mich Vater überall schlechtgemacht, dass mich die Leute oft ansprachen, ob ich mich nicht schämen würde und wie ich so sein könne zu Vater, wo er doch so viel für mich getan habe. Franz sagte auch schon zu mir, dass ich mich schämen solle. Da konnte ich nicht mehr! Ich wollte mich scheiden lassen und habe es Franz auch gesagt.

Als Franz wieder nach Hause kam, hatte er einen Bekannten mit. In dem Moment marschierte auch Vater die Stiege herauf. Ich hatte gerade einen Besen in der Hand. Es war alles einfach zu viel für mich. Ich sagte zu Vater, dass er verschwinden soll, sonst haue ich ihm eins mit dem Besen drüber. Mein Mann schämte sich fürchterlich vor dem Bekannten meinetwegen. Da ging Vater Gott sei Dank von selbst.

Doch Vater hat sich im Keller mit irgendetwas blutig geschlagen und ist so zum Arzt gegangen. Er hat zum Arzt gesagt, dass ich ihn geschlagen hätte, der Arzt solle mich in die Nervenanstalt einweisen. Doch der Arzt glaubte ihm nicht. Ein Arzt kann sicher nachvollziehen, wie eine Verletzung mit dem Besen aussieht. Wir haben im Keller später die blutige Kante am Betonziegel gesehen. Überall ist er prahlend mit seinem Verband herumgelaufen und hat erzählt, dass ich ihm die Verletzung zugefügt hätte. Als Franz davon hörte, glaubte er mir endlich, und Vater durfte nicht mehr in unser Haus. Doch bei Fremden konnte ich mich damals nicht rechtfertigen und ihnen erzählen, wie es wirklich war. Ich schämte mich und habe den ganzen Frust in meinem Körper gestaut.

Im Spätherbst 1977 war ich dann guter Hoffnung. Schon in den ersten Monaten hatte ich gesundheitliche Probleme. Ich hatte in der Nacht Schmerzen in den Händen und Füßen und konnte kaum schlafen. Tagsüber ging es mir noch einigermaßen gut. Nur im rechten Hüftbereich hatte ich immer öfter Schmerzen.

Ich ging zu verschiedenen Ärzten, auch zu einem Wirbelsäulenspezialist, aber man hat nichts gefunden. Damals hatten wir im Bezirk noch keinen Orthopäden. Einmal in der Woche kam in der Stadt immer ein anderer Orthopäde. Einer schickte mich zum Röntgen und da wurde festgestellt, dass ich einen kürzeren Fuß hatte. Der nächste hat dann gesagt, dass ich die Differenz beim linken Schuh aufdoppeln lassen solle. Doch da hatte ich dann noch mehr Schmerzen. Als ich dann wieder zum Orthopäden ging, war es Gott sei Dank ein anderer. Der hat dann gesagt: „Das Ganze darf man nur aufdoppeln, wenn man gerade durch einen Unfall eine Verletzung erlitten hat, aber nicht, wenn die Verletzung schon länger zurückliegt." Es wurde vermutet, dass es etwas mit meinem Zeitzünder-Unfall in meiner Kindheit zu tun hatte. Obwohl ich in der Zwischenzeit glaube, dass es auch teilweise vom schweren Tablett tragen gekommen sein kann. Die Schmerzen beim Gehen und Bewegen wurden danach tatsächlich immer weniger, aber die Schmerzen in der Nacht blieben und wurden immer ärger. Schon tagsüber war ich so müde und erschöpft und ich sollte doch bereits bald wieder arbeiten gehen. Ich musste mich jetzt ohnedies schon immer einige Monate selbst versichern, denn seit ich verheiratet war, konnte ich nicht mehr den ganzen Winter stempeln. So bin ich zum Arzt und der Arzt hat mich krankgeschrieben. Nach einer Woche musste ich dann zum Chefarzt. Ich habe ihm meine Schmerzen geschildert, doch der Chefarzt sagte beinhart: „Wenn Sie zu faul sind zum Arbeiten, dann bleiben Sie halt zu Hause." Was sollte ich machen? Niemand glaubte mir!

Da bin ich zu Herrn Martini gegangen und habe ihn gefragt, ob er mich versichert, wenn ich selbst weiterbezahle, damit ich meinen Mutterschutz und Karenz bekäme. Natürlich hat Herr Martini eingewilligt. Damals war es Anfang Mai. Mitte Juli kam unsere Tochter auf die Welt. Es wäre erst mein 3. Krankenstand gewesen, nach 16 Jahren Arbeit im Gastgewerbe. Zusätzlich war ich hoch schwanger.

Bernd hatte in dieser Zeit Erstkommunion, mir ging es gar nicht gut und ich musste andauernd aufs WC. Wie sich aber später herausstellte, hatte das mit meiner Narbe zu tun. Ich bin deswegen nicht mit in die Kirche gegangen, Bernd wurde nur von seiner Taufpatin Angelika begleitet. Die Angelika kannte ich von der „Pension Klug", sie hat dort die Zimmer gemacht und ich hatte sie sehr gern. Sie war eine Bauerntochter und hat mich mit Margit oft zu sich eingeladen. Da gab es immer sehr gutes, selbst gemachtes Brot und einen sehr guten Speck. Margit hat immer so reingehauen, dass sie ganz rote Wangen hatte, und mochte Gelli sehr gerne. Deswegen habe ich Gelli gefragt, ob sie Bernds Taufpatin sein möchte. Sie hat es sehr gerne gemacht. Als Bernd klein war, haben wir uns öfter gesehen, leider hatten wir später kaum mehr Kontakt und für Bernd war sie dann eher fremd.

Sie hatte sich vor seiner Erstkommunion gemeldet, weil sie ihrem Patenkind einen Steireranzug kaufen wollte. Bernd wollte aber keinen Steireranzug, obwohl ihm seine Kleidung sonst eher egal war. Angelika hat Bernds Wunsch respektiert und ihm einen grauen Anzug gekauft, wenngleich ihr und auch mir ein Steireranzug schon besser gefallen hätte. Wir sind nach der Erstkommunion dann zusammen essen gegangen. Ich kann mich gar nicht mehr daran erinnern, doch Gelli hat gesagt, dass ich sie zum Essen eingeladen habe.

Als ich mit Constanze schwanger war, habe ich Dr. Machart erzählt, dass ich bei Margits und Bernds Geburt Probleme hatte. Dr. Macharts Spezialgebiet war eigentlich Gynäkologie. Deswegen empfahl er mir schon während der Schwangerschaft eine bestimmte Diät, die ich gerne eingehalten habe, denn durch diese Diät ging es mir sichtlich besser. Ich habe fast nur Müsli, Obst und Gemüse zu mir genommen und erst kurz vor der Geburt etwas Fleisch.

An dem Tag, als Constanze geboren wurde, war ich allein zu Hause; Margit und Bernd waren in einem Ferienlager auf der Alm und mein Mann war auf Montage. Es ging mir sehr gut, das Wetter war herrlich und ich habe fleißig im Garten gearbeitet, doch dann zog ein Gewitter auf und ich musste die Flucht ergreifen, sodass mein Gartenwerkzeug im Garten verblieb, denn ich hatte einen Blasensprung. Ich bin schnell zu meiner Schwester hinaufgegangen und sie hat für mich die Rettung verständigt, denn wir hatten noch kein Telefon. In der Klinik wurde ich dann schon von einem lieben Kollegen von Dr. Machart empfangen. Er hat mich untersucht und ich habe beim Gespräch gleich bemerkt, dass er Tiroler war. Dr. Machart hatte ihm schon von meinen Geburtenproblemen berichtet. Es wurde ein riesiges Wehen Gerät bei mir angeschlossen und das Gerät hat alles gesteuert. Währenddessen haben ich mich mit dem netten Innsbrucker Arzt köstlich unterhalten über Bergtouren und alles Mögliche vom schönen Land Tirol. Mitten im Gelächter über Tiroler Späße und Bräuche kam unsere Tochter Constanze auf die Welt. Der Arzt war ganz enttäuscht, weil es ein Mädchen war. Das Mädchen war kerngesund und wog über vier Kilo, trotz meiner gut eingehaltenen Diät. Sie war sehr brav und mir ging es blendend.

Als mein Mann von Oberösterreich anrief und die Schwester ihm sagte, dass es ein Mädchen sei, sagte mein Mann, er höre schlecht, aber er hatte dann doch seine Freude mit unseren Mädchen. Im Zimmer mit mir war eine junge Akademikerin, sie war kurz vor ihrem Ingenieurabschluss. Mit ihr verstand ich mich ausnehmend gut.

An einem Abend gingen wir nach einem Gewitterregen spazieren, es roch frisch und würzig, die Luft war einfach herrlich. Ich weiß nicht mehr genau, wie lange wir im Park und in dem angrenzenden Wald unterwegs waren. Jedenfalls hatten wir eine lustige Zeit miteinander. Solche Ausflüge wiederholten wir während unseres Aufenthaltes mehrmals. Zur selben Zeit war eine junge Bäuerin in unserem Zimmer, die später bei uns im Ort auf dem Bauernmarkt Köstlichkeiten von ihrem Bauernhof mit Schweinezucht verkauft hat. Sie hat mir hinterher erzählt, wie sie mich damals bewundert hat; obwohl sie einige Tage vor mir entbunden hatte, ging es ihr gar nicht gut. Sie wusste nicht, dass meine anderen Geburten bei Weitem anstrengender gewesen waren. Die meisten glaubten es nicht, wenn ich von Constanzes unkomplizierter Geburt erzählte; die meinten, ich mache Witze.

Die Bäuerin hat mir nachher von meiner großen Tochter Margit erzählt. Sie wollte nämlich immer einen Hund. Wir haben aber anfangs gesagt, dass ein Hund zu viel kosten würde. Deswegen wollte sie ihre kleine Schwester nicht anschauen, denn sie sagte: „Die kostet viel mehr als ein Hund." Obwohl mein Mann schon auf einen Buben fixiert gewesen war, hatte er mit seinem Mädchen dann doch eine große Freude. Abends nach dem Stillen legte ich Constanze mit dem Bauch auf seine Brust, da konnte sie gut aufstoßen, und ihr gefiel es da besonders gut.

Als die Bäuerin zu uns in den Ort kam, um ihre Produkte zu verkaufen, erkannte sie mich sofort und erzählte mir diese Geschichte von Margit und dass ich damals ständig mit meiner netten Zimmerkollegin auf Achse war. Zur Visite waren wir selten da. Stattdessen waren wir Waldluft tanken, das hat uns unsagbar gutgetan. Ich hatte jetzt keine Schmerzen mehr, das war ein herrliches Gefühl.

Constanze habe ich am längsten von allen gestillt. Heinz, mein Lieblingsschwager, kam auch vorbei, um nach Constanze zu sehen. Ich sagte noch zu Heinz: „Schau sie dir nur gut an, denn bald hast du auch so etwas." Doch er sagte: „Ein Bub schaut anders aus." Das waren leider die letzten Worte, die ich von ihm in Erinnerung habe.

Sein Bruder Gerd war genau das Gegenteil von Heinz; der Mann meiner Schwester hieß auch Gerd. Die zwei blödelten gern herum, verspielten Geld und machten allerlei Unfug. Einmal kam ich gerade noch rechtzeitig dazu, da haben die zwei Blödiane Bernd festgehalten und ihm Kuhmist in den Mund stopfen wollen. Bernd hat sich verzweifelt gewehrt. Ich war so entsetzt, was diesen beiden Gerds alles einfiel. Schon bevor Constanze auf die Welt kam, haben wir zu ihnen gesagt: „Gerd nennen wir unseren Buben nicht, weil am Ende ist er so blöd wie ihr beide." Natürlich gibt es auch sehr nette Gerds.

Constanze hat später bei Siemens gelernt. Sie hat schon sehr früh ihren Sohn bekommen. Da ich mit 50 Jahren von meinem Arbeitgeber in Pension geschickt wurde, habe ich dann auf unseren Enkel Marvin geschaut.

Heinz ist verunglückt, als Constanze fünf Wochen alt war. Heinz wollte vor der Geburt seines Sohnes noch einmal mit seinem Freund die Freiheit genießen und nach Kärnten zelten fahren.

Sein Auto ließ er bei der Mutter seines Kindes. Er fuhr mit seinem Freund und Arbeitskollegen mit. Als am nächsten Tag frühmorgens zwei Polizisten vor unserem Haus standen, ahnten wir bereits Schlimmes.

Um halb sieben Uhr in der Früh fuhr sein Freund Richtung Neuhaus. Da kam ihm ein Betrunkener auf der falschen Spur entgegen. Heinz sagte zu seinem Freund: „Fahr schnell auf die andere Seite." Aber durch das Quietschen der Bremsen und den Spurwechsel kam der Betrunkene anscheinend wieder auf die Idee, auf die richtige Seite zu fahren, und so fuhr er genau in die Gurthalterung auf Heinz' Seite. Die Gurthalterung hat Heinz' Halswirbelsäule so verletzt, dass er auf der Stelle tot war. Sein Freund hatte nur einen Kratzer. Franz fuhr zur Unfallstelle. Mein Mann und auch ich mochten Heinz sehr gerne. Er war so ein wunderbarer Mensch sowie auch mein Skilehrer und Vertrauter. Sein Freund machte sich furchtbare Vorwürfe, wenn sicherlich auch unbegründet. Leider haben sich einige blöde Leute das Maul darüber zerrissen. Constanze hatte auf einmal Fieber, der Arzt sagte zu mir, dass ich aufgrund meiner Aufregung aufhören müsse, Constanze zu stillen, sie würde sonst die ganze Trauer aufnehmen.

Wir kümmerten uns um alles, was notwendig war für das Begräbnis. Ursprünglich wollten sie Heinz seine Lieblingskleider anziehen, aber der Sarg wurde noch in Kärnten versiegelt. Seine Mutter war geschockt und auch sein jüngerer Bruder. Gerd schien es gar nichts auszumachen. Er bekam die Kleider von Heinz. Ich hätte Gerd am liebsten den Hals umgedreht, wie achtlos er mit Heinz' Lieblingskleidern umgegangen ist. Er hatte einen so hübschen blauen Blazer. Ich sehe Heinz noch heute darin gekleidet vor mir stehen, er war ein so fröhlicher, hilfsbereiter junger Bursch. Er rauchte nicht und trank sehr selten und wenn, dann gab er vorher seinen Autoschlüssel bei einem Freund ab.

Wir hatten ein gemeinsames Problem, und das hieß Gerd. Heinz arbeitete zu Hause immer sehr fleißig, doch zeitweise verging ihm das, denn da kam Gerd und half eine kurze Zeit und dann knöpfte er seiner Mutter Geld ab und verjubelte es oft nur in einer Nacht. Heinz sagte einmal zu mir: „Deswegen bleibe ich nicht zu Hause, ich arbeite die ganze Zeit und bekomme kaum etwas. Gerd kassiert alles ab." Am 20. August 1978 verunglückte Heinz und am 3. September kam sein Sohn schwer krank auf die Welt. Das erste halbe Jahr wussten wir nicht, ob er es überleben würde, aber heute ist er ein sehr tüchtiger, fleißiger und sehr netter Familienvater.

Ich verstand die Schwiegermutter oft nicht. Jahrelang ließ sie sich von Gerd das hart erarbeitete Geld abknöpfen, obwohl ihr ja längst bewusst sein musste, dass er es immer sorglos verprasste.

Einmal ging ich mit der Schwiegermutter für Leo eine Hose kaufen. Leo war gerade 13 geworden und wünschte sich eine Jeans, doch die Schwiegermutter sagte: „Die kann er nicht zur Kirche anziehen." Da wurde ich grantig und sagte zu ihr: „Gerd gibst du einen Tausender nach dem anderen, da kannst du jetzt auch mal Leo zwei Hosen kaufen – eine Jeans und eine für die Kirche." Sie sagte darauf: „Der Gerd kann immer so schön bitten." Da wurde ich erst richtig grantig, denn sie wusste ja selbst, dass er das Geld immer wieder verprasste und dass wir das Geld, das er bei uns erbettelt hatte, nie mehr gesehen haben, obwohl er immer versprochen hat, es zurückzugeben. Einmal musste Gerd quer übers Maisfeld fliehen, weil ihn die Polizei verfolgte, außerdem ist er dann ohnedies eine Zeit lang gesessen.

Ich bekam dann noch eine Eierstockentzündung. Es waren die gleichen Schmerzen wie damals nach der Geburt von Margit; geblutet habe ich auch, aber nicht so viel. Meine Schwiegermutter hat mich in dieser Zeit kein einziges Mal besucht. Mein Mann bekam als Betriebsmaurer in der Nähe Arbeit. Margit und Bernd haben mir sehr viel geholfen. Vor allem hatte ich jetzt einen hervorragenden Arzt, eine vollautomatische Waschmaschine und eine gut eingerichtete Küche mit Geschirrspüler. Außerdem war jetzt Sommer, was immer besser ist als ein kalter Winter, wo ich damals bei eiskalten Temperaturen noch aufs Plumpsklo gehen musste, das einige Meter vom Haus entfernt war. Die Medikamente haben nicht so gut geholfen; als ich nicht mehr blutete, hat mir der Eichenrindentee hervorragend geholfen. Denn Eichenrindentee ist entzündungshemmend. Aber man darf ihn erst anwenden, wenn man keine Blutungen mehr hat. Auch bei allen anderen Endzündungen hilft ein Bad oder ein Umschlag mit Eichenrindentee.

Heinz hatte eine Lebensversicherung und als Erbe war seine Mutter eingetragen. Franz überredete seine Mutter, dass sie mit dem Geld das Haus umbaut. Denn es war noch kein WC im Haus und es gab nur eine alte steile Holzstiege. Franz machte die Arbeit, denn wenn seine Mutter das Geld nicht sinnvoll angelegt hätte, wäre Gerd wieder mit dem ganzen Geld abgerauscht, und das wäre gar nicht im Sinne von Heinz gewesen. Auf der einen Seite mauerte Franz neu auf. Unten ging es in den Heizraum und innen eine Steinstiege hinauf.

Obwohl ich einige Wochen krank war, habe ich noch immer zu viel Gewicht gehabt. Ich bin abends, wenn Franz nach Hause gekommen ist, in den Keller einheizen gegangen, damit ich nichts esse, doch das hat kaum geholfen. Als dann der Schnee kam, bin ich jeden Tag beim Nachbarhang hinaufgestapft und meistens im Schuss wieder heruntergefahren. Etwas besser konnte ich jetzt schon fahren, dank Heinz, der mir beibrachte, die ersten Kurven zu fahren. Heinz war ein ausgezeichneter Skifahrer. Das war Gerd zwar auch, aber er fuhr eher rücksichtslos. Immer wenn ich am Hang war, kamen viele andere ebenfalls zum Skifahren, Jung und Alt, das war dann immer lustig. Unser Nachbar Martin, dem der Hang gehörte, fuhr auch mit, ebenso sein Sohn und viele andere vom ganzen Ort. Mit Martin haben wir gemeinsam einen Skikurs bei den „Naturfreunden" gemacht. Das war auch sehr lustig. Für Constanze hatte ich immer jemand zum Aufpassen. Jedenfalls habe ich in einer Woche gleich fünf Kilo abgenommen, gerade richtig, sonst wäre ich nicht mehr in meine Arbeitskleidung hineingekommen.

Weihnachten stand vor der Tür. Dieses Weihnachten ging es uns finanziell schon viel besser, nur Heinz fehlte uns. Kurz vor Weihnachten kam Frau Klug, meine ehemalige Chefin, um mich zu fragen, ob ich über Weihnachten zu ihnen aushelfen kommen würde. Ich ging gerne. Margit und Bernd passten sehr gut auf ihre Schwester Constanze auf und mein Mann war ja auch meistens da. Constanze war ein sehr liebes und braves Kind.

Wir hatten einen sehr schönen Weihnachtsbaum von einem lieben Bauern, der Baumgipfel hatte viele Zapfen. Wir setzten Constanze auf den Baum und machten ein Foto von ihr mit einem Weihnachtmannanzug, den sie von Heinz' Freundin bekommen hatte. Franz und die Kinder bauten über die Feiertage, während ich arbeitete das Puzzle zusammen, das ich von Gästen bekommen hatte.

Es war richtig lustig bei der Arbeit, die meisten Gäste kannte ich noch von früher. Die Chefin war sehr nett, na ja, nett war sie damals auch manches Mal, aber so gutes Essen hatte ich früher nie bekommen, diese Vorspeise aus Reh Leber kann ich bis heute nicht vergessen. Eine ausgezeichnete Köchin ist sie schon immer gewesen, sie hat auch immer wieder Kurse gemacht, und die Bezahlung stimmte auch, obwohl es ein Kinderspiel war, zu Weihnachten fast nur die Hausgäste zu bedienen. Nachmittags ging ich dann immer nach Hause. Die Chefin hatte nun selbst ein Auto.

1980 hat mich Herr Martini gefragt, ob ich ein paar Tage in der Woche aushelfen kommen würde. Ich stimmte freudig zu. Ich machte die Arbeit sehr gerne. Auch kam uns diese Finanzspritze sehr gelegen. Beim Haus war noch allerhand zu machen und die Kinder brauchten auch so manches.

Die Gäste haben mich gefragt, wie ich das mache, dass ich mir ihre Namen so schnell merkte, denn wir hatten keine Tischnummern, sondern nur Tischkärtchen, wo der Name draufstand und das Menü angekreuzt war. Zwei Servierkräfte, die sechs Tage in der Woche servierten, hatten sehr oft Verwechslungen und mussten immer wieder nachfragen und ich nahm die Karten in die Hand und habe es gleich gespeichert. Nur Susi war wie immer sehr tüchtig.

Im Sommer hatte Constanze eine Darminfektion, so arg, dass sie ins Krankenhaus musste. Anstatt konkret zu sagen, dass ich zu Hause bleibe, habe ich verschiedene Kolleginnen gefragt, ob sie mich vertreten würden, doch anscheinend war niemand dazu bereit. Einer Kollegin habe ich dies erst vor Kurzem erzählt, sie erwiderte, das habe sie damals gar nicht richtig wahrgenommen und es tue ihr leid. Sie war immer eine der Nettesten und Fleißigsten, aber da sie selbst keine Kinder hatte, konnte sie es nicht so nachvollziehen.

Ich ärgerte mich sehr und blieb zu Hause. Constanzes Darminfektion war arg, zuerst bekam sie vom Kinderarzt Infusionen, aber dann musste sie doch noch ins Krankenhaus. Obwohl sie schon nach einem Tag ein Fläschchen bei sich behielt, verweigerte sie die Nahrung, sie schrie nur „heim" und „Mama". Der Arzt fragte mich, ob sie nicht reden könne. Einer Schwester hat Constanze ordentlich in den Finger gebissen. Ich probierte, Constanze das Fläschchen zu geben, aber sie wehrte sich auch bei mir und schrie immer wieder „heim".

Ich fuhr heim und erzählte es meinem Mann. Dann fuhren wir beide ins Krankenhaus und sagten zum Arzt, wir nehmen Constanze gegen Revers mit nach Hause. Der Arzt sagte uns, dass sie eine schwere Bronchitis habe, doch wie konnte sie gesund werden, wenn sie solches Heimweh hatte? Sobald Constanze bemerkte, dass wir sie mitnehmen würden, hat sie sogar noch im Krankenhaus ihr Fläschchen getrunken. Im Krankenhaus wäre sie seelisch draufgegangen bei diesem Heimweh.

Am nächsten Tag brach die Bronchitis aus. Es war sehr kritisch. Zuerst bekam sie eine Spritze, es trat aber nur eine kurzzeitige Besserung ein, ich bat den Arzt daraufhin um eine zweite Spritze, doch er sagte, dass verkrafte das Herz nicht. So habe ich Constanze nackt ausziehen müssen und je nach Fieber in halbstündlichem oder stündlichem Rhythmus in kalte Leintücher gewickelt, bis das Fieber etwas zurückgegangen ist. Zwei Tage und zwei Nächte bin ich ständig am Bett gesessen. Wenn ich Constanze aus den Tüchern gewickelt habe, hat es nur so gedampft. Endlich war sie übern Berg und ich war erschöpft. Nachher habe ich von einer Bekannten erfahren, dass ihr Kind im gleichen Alter auch eine schwere Bronchitis hatte und nach der zweiten Spritze zuerst ruhig geworden und dann verstorben ist.

Als Constanze wieder gesund war, habe ich die drei Enkelkinder von Herrn Martinis Schwester ins Haus bekommen zum Aufpassen. Der Jüngste war erst ein Jahr und so brav. Miki war drei Jahre alt und hat laut gekreischt und rebelliert, denn sie wollte lieber mit ihrer Mutter mit. Bei Miki war es am besten, wenn man sie stehen ließ, bis sie sich ausgeschrien hatte, danach ging sie sehr gerne in den Garten Erdbeeren holen. Miki war entsetzt, dass Constanze nackt badete. Ich finde es idiotisch, kleinen Kindern einen Badeanzug oder eine Badehose anzuziehen, denn sie hüpfen immer wieder ins Wasser und dann rennen sie mit den nassen Sachen herum. In Australien gibt es so etwas nicht. Mario war schon circa acht Jahre alt und doch musste man ihn beschäftigen, sonst wäre ihm so allerhand eingefallen, was gefährlich war. Am liebsten verdrückte er sich dann in die Werkstatt meines Mannes. Ihre Mutter war mit mir in die dritte und vierte Volksschulklasse und auch in beide Klassen der Hauptschule gegangen. Danach hat sie in Australien gewohnt, dort hatte ihr Vater eine Fabrik.

Im Winter hat mich Martinis Bruder gebeten, bei den Bällen zu helfen. Anfangs ging das gar nicht gut. Diese Weibergemeinschaft war schrecklich. Ich habe mich gefragt: „Warum holen die mich eigentlich zum Arbeiten?" Alle anderen haben immer mindestens vier Essen von der Küche bekommen. Ich habe gerade mal zwischendurch ein eher kleines Schnitzel oder ein halb verbranntes bekommen. Den Gästen ist es auch schon aufgefallen, denn die haben zu mir gesagt: „Bei dir bestellen wir nichts mehr, denn bei dir bekommen wir nichts Gescheites und müssen ewig warten." Da habe ich kurz und bündig gesagt: „Entweder bekomme ich die Speisen gleich wie meine Kolleginnen oder ich gehe nach Hause." Von da an hat es funktioniert. Aber dann, beim Bezahlen, hat der Martini-Karl einen Schock bekommen, denn ich sagte, für die Nachtarbeit und den Stress beim Ball muss ich mindestens 10 Schilling in der Stunde mehr bekommen, wie bei seinem Bruder im Sporthotel. Er hat es dann doch mit Widerwillen bezahlt. Die Ballarbeit war schon sehr anstrengend. Vor allem der Maskenball. Man kennt kaum jemanden. Die Leute bestellen und dann sind sie irgendwo auf der Tanzfläche und man darf dann dem Geld hinterherrennen.

Ich habe aber doch einige Jahre die Ballarbeit gemacht. Später hatten wir eine andere Chefin. Die war sehr nett. Doch ich habe mich von Jahr zu Jahr schwerer getan. Dabei habe ich eine Kollegin gehabt, die mir später beim Vermieten sehr viele nette Gäste geschickt hat, sie mir teilweise sogar direkt ins Haus gebracht hat.

Meine Schwester Verena bekam einen kleinen Sohn. Unsere Constanze war verrückt auf dieses süße kleine Baby. Von da an plagte sie uns mit dem Wunsch nach noch einem Geschwisterchen. Doch wir wollten eigentlich kein Kind mehr. Aber mein Mann wollte dann doch noch einen Sohn. Da mir die Pille gar nicht behagte, haben wir uns dann doch noch für ein Kind entschlossen. Gleich anschließend wollte ich eine Eileiterunterbindung machen lassen.

Einmal sind wir zu einer Geburtstagsfeier bei dem Lebensgefährten der Schwiegermutter eingeladen gewesen. Es hat eine großartige Musikgruppe gespielt und unsere Constanze hat mit anderen anwesenden größeren Kindern sehr viel getanzt. Als die Musik schon aufgehört hat zu spielen, hat sie noch immer weitergetanzt. Als wir nach Hause fuhren, dachten wir, sie würde im Auto einschlafen, denn es war schon circa 2.00 Uhr in der Früh. Als wir nach Hause kamen, ist sie über die Stiege hinauf zu Margit und auch zu Bernd ins Zimmer gelaufen und hat gesagt: „Was, die Kinder schlafen schon!" Da haben wir so gelacht.

Eines Tages kam Margit heim und hat erzählt, dass eine Frau gestorben sei und da gebe es einen kleinen Schäferhund und der brauche dringend ein neues Zuhause. Da sie sich schon sehr lange einen Hund wünschte, fuhren wir zu dem beschriebenen Ort hin. Es sah dort sehr wüst aus. Auf dem Hof standen alte Lkws umher und überall waren Hunde angekettet, die furchterregend kläfften. Da kam aus dem Haus die Tochter heraus mit einem lieben, halb ausgewachsenen Schäferhund auf dem Arm. Er sah sehr zutraulich aus. Doch auf einmal wollte

Margit den Hund nicht mehr. Sie sagte: „Der ist zu klein." Aber diese Ausrede passte nicht ganz, denn der kleine Schäferhund würde ja noch um einiges wachsen bis zu seiner vollen Größe. Die Frau wollte sie noch überreden, aber Margit schüttelte nur den Kopf. Auf dem Heimweg fragte ich sie, warum sie den Hund nicht wollte. Da sagte sie: „Weißt du, Mama, ich hatte Angst, dass der kleine Hund auch mal so wild bellt wie die großen." Das konnte ich natürlich verstehen. Ich war eigentlich erleichtert, denn im Überfluss hatten wir das Geld noch nicht.

Margit und Bernd waren sehr brave und selbstständige Kinder und sie lernten beide auch sehr gut. Als ich das erste Mal zum Elternsprechtag in die Hauptschule kam, hat der Englischlehrer gemeint, ich wäre die Schwester von Margit.

In Tirol hatte ich immer und überall hingehen können, da habe ich älter gewirkt. Manches Mal haben mich die Gäste sogar gefragt, ob ich die Chefin sei. Anscheinend ist die Heilquelle doch ein Jungbrunnen, denn seit ich diese Quelle trank, haben mich alle immer viel jünger geschätzt. Einmal musste ich mit 21 Jahren den Ausweis holen, weil mich ein Polizist nicht ins Kino lassen wollte für einen Film ab 16 Jahren. Ich habe mich köstlich amüsiert.

Als Constanze circa drei Jahre alt war, hatte sie trotz Keuchhustenimpfung ganz schlimm Keuchhusten und sehr hohes Fieber. Ich weiß nicht mehr genau, was ich da alles angeordnet bekam vom Arzt, aber es war kräfteraubend. Es dauerte circa ein halbes Jahr, da fuhren wir einige Male in der Woche auf die umliegenden Almen, damit sie Höhenluft hatte, und über ihr Gitterbett hängte ich feuchte Tücher, damit sie besser atmen konnte. Heute würde ich mir viel leichter tun. Schüßlersalze und Homöopathie würden sicher viel besser helfen.

1982 kam Lore auf die Welt.

Ich hatte das erste Mal Wehen, aber nur ganz leicht. Ich hatte schon lange Wehen, aber immer gleich, sie wurden nicht stärker. Wir verständigten die Rettung, denn mir war so schlecht. Ich erzählte im Krankenhaus, dass ich bei meinen drei bisherigen Geburten nie natürliche Wehen hatte und dass ich so ein ungutes Gefühl hatte, weil mir so eigenartig schlecht war. Doch die meinten, so ist es halt bei einer Geburt. Es war sehr viel los an diesem Tag. Sie legten mich auf ein Zimmer. Doch ich konnte die ganze Nacht kaum schlafen und sagte gleich, dass mir unbeschreiblich schlecht sei. Da brachten sie mich in den Kreißsaal, aber weil alles voll war, haben sie mich vor dem Kreißsaal in einen Sessel gesetzt. Ich kann mich nur mehr erinnern, dass ich da nur ganz kurz saß. Ich bin erst wieder zu mir gekommen, als ich am Boden lag und alles vollgebrochen hatte. Da haben sie mich doch in den Kreißsaal gebracht, aber ich war so schwach und nur halb bei mir. Ich habe die Geburt nicht ganz mitbekommen. Ich weiß nur mehr, dass, als Lore dann auf der Welt war, da kein Schrei war. Die Ärzte sind mit Lore fortgelaufen. Da bin ich augenblicklich hellwach geworden und habe gefragt, was mit Lore ist. Zuerst bekam ich keine Auskunft, aber dann kam doch ein Arzt. Er sagte mir, dass Lore in ein Sauerstoffzelt musste und dass es ihr gut gehe. Sie wog 3,90 Kilo.

Ich hatte unmittelbar nach der Geburt eine Eileiterunterbindung. Da haben sie mir ein normales Pflaster auf die Wunde gegeben, obwohl ich vorhersagte, dass ich darauf allergisch bin. Diese Entzündung machte mir schön zu schaffen.

Endlich konnte ich Lore sehen. Sie lag fast nackt, nur mit einer Windelhose in dem Sauerstoffzelt. Sie hielt die Schwestern schön auf Trab. Sie aß nämlich nur, wenn es ihr einfiel, sonst hat sie sehr viel geschrien. Die Schwester hat mir erzählt, dass sie versucht hätten, zwischendurch eine Mahlzeit auszulassen, aber das nützte nichts, so ein Kind hatten sie noch nie. Die Schwester sagte, man müsse sofort da sein, wenn sie zeigte, dass sie Hunger habe, ansonsten verweigere sie das Essen. Zusätzlich hatte sie eine angeborene Bronchitis und eine Hüftluxation.

Einmal ging ich zu Lore auf die Frühgeburtenstation, da standen eine ganze Menge Schwestern und Ärzte um ihr Bett herum. Zuerst habe ich mich erschreckt. Doch dann lachten auf einmal alle. Die Ärzte glaubten nämlich nicht, dass sie die Medizin immer wieder ausspuckt. Da sagte ein Arzt, der sehr gut mit Neugeborenen umgehen konnte: „Und jetzt zeige ich euch, wie man es macht, dass sie die Medizin schluckt." Zuerst meinten alle, der Arzt hätte es geschafft, doch auf einmal hat sie alles in hohem Bogen ausgespuckt. Das war dann der Grund für das allgemeine Gelächter. Ich glaube, Lore ist mit ihren Eigenheiten den Ärzten ans Herz gewachsen, denn sie wollten sie partout nicht mit mir nach Hause lassen. Ich war selbst lange im Krankenhaus, weil die Wunde wegen der Allergie nicht heilen wollte, aber dann war ich schon eine Zeit lang zu Hause und fuhr fast jeden Tag zu Lore. Sie wollten mir Lore immer noch nicht mit nach Hause geben, wegen ihrer Bronchitis – bis ich endlich den richtigen Arzt erwischte, den ich davon überzeugen konnte, dass die frische Luft zu Hause viel besser war als die Krankenhausluft.

So war es dann auch. Ich fuhr mit Lore viel spazieren. Constanze ging das erste Jahr in den Kindergarten. In der Früh brachte ich sie zusammen mit Lore hinunter und zu Mittag ging ich sie mir ihr wiederholen. Aber wenn ich einkaufen wollte, hat Lore ein so arges Schreikonzert angefangen, dass ich alles im Geschäft lassen musste und den Heimweg antreten musste. Wenn ich dann zu Hause war, hat sie erst nichts gegessen, ich musste beinahe auf die Sekunde ihr Fläschchen bereithaben. Das hieß das Fläschchen immer warmhalten und sofort füttern, aber ja keine falsche Bewegung machen, sonst hörte sie auf zu essen und es gab ein Schreikonzert. Dr. Machart gab mir einfach den Rat: Schön warm einpacken und auf den Balkon hinausstellen und einfach schreien lassen, bis sie einschläft. So war es am besten. Durch die frische Luft hat sie dann doch etwas mehr Hunger bekommen, aber musste man nach wie vor sehr behutsam mit ihren Eigenheiten umgehen.

Eine Frau am gegenüberliegenden Hang hat mich vor den Leuten im Ort angepöbelt, weil Lore sehr oft so laut geschrien hat. Aber diese Tussi nahm ich gar nicht ernst, jedes Kind ist halt anders, ich weiß es aus eigener Erfahrung. Schließlich sind alle meine Kinder sehr tüchtige Erwachsene geworden. Sie hingegen hat ihre Kinder teilweise so ungesund ernährt und derart vernachlässigt, dass einige Kinder eine Behinderung haben. Eines ist sogar gestorben. Eine Nachbarin von ihr hat erzählt, dass es bei ihr fast immer Nudeln und Frankfurter zum Essen gab.

Als es dann im November kälter wurde, habe ich mich nicht mehr getraut, Lore auf den Balkon zu stellen, da hat sie wieder angefangen zu röcheln. Da gerade Mütterberatung war bei unserem Dorfarzt, bin ich da hin. Als er Lore untersucht hat, habe ich etwas gefragt wegen Lores Bronchitis, da hat der Arzt gesagt: „Wir haben jetzt Mütterberatung und keine Arztstunde. Außerdem heizt ihr wahrscheinlich zu wenig." Daraufhin habe ich mehr geheizt, doch da hat Lore noch stärker geröchelt und gehustet. Dann bin ich zu Dr. Machart gefahren. Dr. Machart hat gesagt: „Schön warm einpacken, eine Wärmeflasche oder ein Kirschkernsackerl ins Bett und hinaus an die frische Luft, bei jedem Wetter." So habe ich es dann gemacht. In der Nacht habe ich immer ein nasses Leintuch übers Gitterbett gespannt und tagsüber auch immer geschaut, dass genug gelüftet wurde und etwas feuchte Wäsche in den Räumen war. So hat es bestens funktioniert.

Über Weihnachten bis zu den Heiligen Drei Königen habe ich wieder bei der „Pension Klug" ausgeholfen und in den Energieferien sind wir mit vier Kindern mit Hänger – damit wir alles untergebracht haben – nach Wildbach Ski fahren gegangen. Mein Mann und ich haben uns abgewechselt beim Fahren. Wir hatten für Lore einen Tragesack vorne zum Umschnallen mit einer guten Kopfstütze. Sie war schon sehr kräftig und konnte auch schon länger allein sitzen. So hat sie mein Mann ein paar Sessselliftfahrten mit auf die Skipiste genommen und ist mit ihr etwas langsamer als sonst den Berg hinuntergefahren. Sie hat so gejauchzt vor Freude, aber sobald sie am Lift warten musste, hat sie gebrüllt. Die Leute haben sich furchtbar aufgeregt, wie unverantwortlich es sei, mit dem Kind zu fahren, wenn sie nicht wolle. Ich sagte zu ihnen: „Sie will nur nicht warten, aber beim Fahren müsstet ihr sie mal hören, wie sie da jauchzt." Die Leute machten das auch und haben uns dann beim nächsten Mal schnell vorgelassen, damit Lore nicht so lange warten musste.

Die Höhenluft hat ihr unglaublich gutgetan, ihre Bronchitis war wie weggeblasen.

Constanze fuhr schon sehr gut, denn im Vorjahr waren wir auch dort gewesen und da fuhr sie innerhalb von einer Woche viel besser als die meisten anderen größeren Kinder. Mein Mann hat sie den ersten Tag zwischen die Beine genommen und am nächsten Tag nur mehr die steilen Stücke und am dritten Tag ist sie schon ganz allein hinuntergefahren. Ich kann mich noch so gut erinnern. Ich bin vorgefahren und habe nach dem Steilstück abgeschwungen und auf sie gewartet. Da ist sie übers Steile so flott gefahren und dann einfach fast ungebremst auf die Seite. Die Skier sind im Schnee stecken geblieben und Constanze hat es ein paar Meter kopfüber in den Schnee geschleudert. Da hat sie mein Mann gleich herausgezogen. Ein bisschen hat sie geraunzt, ist dann aber gleich im vollen Tempo weitergefahren. Allerdings haben wir ihr das schon erklärt, dass sie nicht ungebremst auf der Seite in den Schnee fahren durfte. Am Abend sind wir dann gleich in die Stadt gefahren, um einen Sturzhelm zu kaufen. Damals hatte kaum jemand einen Helm. Wir hatten Glück, dass sie nur in den Schnee gefallen war, es hätte auch ein Stein oder sonst ein Gegenstand sein können, da hätte sie tot oder schwer verletzt sein können.

Abends, wenn wir essen gefahren sind, haben sich die Töchter des Hauses sehr gerne um Lore gekümmert, sie haben nur Späße machen müssen, dann hatten sie das größte Vergnügen. Lore tat die Höhenluft enorm gut. Das war ursprünglich unsere Motivation gewesen, die uns auf die Idee gebracht hat, Ski fahren zu gehen, damit Lore Luftveränderung hätte und hoch in die Berge hinaufkäme. Wir sind mit der Familie, wo wir und die anderen Gäste gewohnt haben, immer kegeln gefahren, das war immer sehr lustig. Besonders der Hausherr war ein richtiger Spaßvogel. Diesen Winter hatte Lore keine Probleme mit ihrer Bronchitis.

Aber als Lore circa ein Jahr war, waren Constanze und sie immer wieder sehr krank. Dr. Zech war bei uns schon Stammgast. Er kümmerte sich immer sehr liebevoll um die beiden. Er sagte, so arg erwische es meistens nur Erwachsene. Beide Mädchen hatten immer wieder bis zu 41 Grad Fieber. Bei Lore hat man das Fieber oft gar nicht so gemerkt. Sie war auf der einen Seite oft kühl und auf der anderen Seite glühend heiß, außerdem ist sie umhergehüpft, als ob ihr nichts fehlen würde. Doch auf einmal ist sie umgefallen und hat nicht mehr geatmet und ist ganz blau geworden. Ich habe sofort nach meinem Mann gerufen, er war zum Glück ganz in der Nähe. Er hat sie gleich beatmet. Mein Mann hat als Monteur permanent Erste-Hilfe-Kurse machen müssen. Sie hat dann bald wieder selbst weitergeatmet. Doch dann bekam sie Fieberkrämpfe. Der Arzt hat sie gleich ins Krankenhaus eingewiesen.

Im Krankenhaus war es eine Katastrophe. Wir brachten Lore ihre Puppe, an der sie besonders hing, doch als wir sie besuchen kamen, war die Puppe nicht mehr da. Die Schwestern hatten alle möglichen Ausreden, aber eine junge Lernschwester hat uns dann doch offenbart, was sich zugetragen hatte. Lore hatte sich selbst ihrer Kleidung samt Windel mit viel Inhalt entledigt, dabei hatte sie ihre Puppe mit ihrem Stuhl aus der ausgepackten Windelhose beschmiert. Weiter hat sie uns erzählt, dass die Schwestern ihr in der Mitte ein Tuch umgebunden hatten, sodass sie ihren Overall nicht ausziehen konnte, aber sie hat es trotzdem immer irgendwie geschafft, und dann war halt alles immer zu reinigen. Bei mir kam das nie vor. Ich habe es immer gleich bemerkt, wenn sie die Hose vollgedrückt hatte.

Wir sind im Krankenhaus dann immer mit Lore ins Spielzimmer gegangen. Die Schwestern haben uns immer wieder, ohne zu fragen, irgendwelche fremden und sehr schwierigen Kinder dazugegeben. Lore bekam im Krankenhaus eine Infektionskrankheit nach der anderen, dass es uns gereicht hat, denn immer wieder, wenn neue Kinder dazukamen, hatte Lore schon wieder eine andere Infektionskrankheit. Irgendwann haben wir uns gesagt, dass es keinen Sinn hat, wenn sie immer wieder mit einer neuen Krankheit infiziert wird.

Als ich Lore gegen Revers mit nach Hause nehmen wollte, hat der Arzt zuerst gesagt, dass sie nicht nach Hause könne, bevor nachgewiesen sei, dass sie gegen Penicillin allergisch war, er hat dann aber doch eingewilligt, dass ich sie ohne Revers mit nach Hause bekomme, doch er sagte, er müsse ihr zuerst noch eine Spritze geben. Ich fragte nach, was für eine Spritze sie bekomme, und er sagte, damit sie keine weitere Infektionskrankheit bekäme.

Als wir nach Hause kamen, habe ich gleich einen Kräutertee gemacht, ihn abgekühlt und in die Trinkflasche gefüllt. Gott sei Dank, denn auf einmal ging es bei Lore hinten und vorne los. Sie erbrach eine widerliche Flüssigkeit, ich habe ihr instinktiv immer wieder Tee eingeflößt. Sie hat wie wild um sich geschlagen und geschrien. Ich weiß nicht mehr, wie lange das so ging, aber mir kam es ewig vor. Ich war schweißgebadet. Der Arzt hat mir später erzählt, dass er den Bericht vom Krankenhaus bekommen hat, in dem stand, dass Lore gegen Penicillin allergisch ist. In der Krankenakte stand drin, dass Lore im Krankenhaus, bevor sie heimdurfte, Penicillin gespritzt bekommen hatte. Der Arzt erzählte mir auch, dass kurz zuvor ganz in unserer Nähe eine 20-jährige Frau deswegen gestorben ist und ich bei Lore mit dem Tee-Einflößen das einzig Richtige gemacht habe.

Lore und Constanze waren sehr lebhafte Kinder, aber immer wieder sehr viel krank. Bernd war sehr sportlich, er war bald der beste Fußballer der Umgebung. Margit war auch immer ein Bewegungstalent, vor allem beim Skifahren.

Einmal hatte Constanze eine schlimme Mundinfektion. Sie konnte gar nichts essen vor lauter Schmerzen, stattdessen musste sie schluckweise Kräutertee trinken. Aber Tee mochte sie eigentlich nie besonders, ganz gleich welcher, aber es war enorm wichtig, dass sie trank. Da hat Bernd für sie ein Pferd gemacht. Sie ist auf seinem Rücken durchs Wohnzimmer geritten. Die zwei Großen haben sich immer rührend um die zwei Kleinen gekümmert.

Inzwischen ging Constanze schon zur Schule. Aber sie war immer wieder sehr viel krank. Sie hatte fast ständig 37,2 bis 37,5 Grad Körpertemperatur, wurde öfter ohnmächtig und klagte ständig darüber, dass ihr der Bauch und die Füße wehtaten.

Nachmittags schlief sie sehr viel, trotzdem war sie ein sehr aufgewecktes Kind. Immer wieder gingen wir mit ihr in die Kinderklink zur Untersuchung, aber es wurde nie etwas gefunden.

1986 im Februar zu den Energieferien wollten wir wieder alle zusammen nach Wildbach Ski fahren gehen. Nur Margit war nicht mehr dabei. Sie hatte gerade erst angefangen zu arbeiten. Franz brachte Lore auf einem nahen Hang die ersten Kurven bei. Doch es war ein schwieriges Unterfangen. Sein Arbeitskollege Manfred erzählte, dass sein Sohn schon sehr gut das Kurvenfahren beherrsche, obwohl er ein paar Monate jünger war als Lore. Schlussendlich hat sie es dann doch kurz vor den Ferien geschafft, einige Kurven zu fahren.

Ich hatte über Weihnachten wieder genug für den Skiurlaub verdient. Das war gut, denn im Winter war bei uns das Geld meistens sehr knapp, da im Dezember immer 15.000 Schilling Förderungsrückzahlungen und noch einige andere Zahlungen fällig waren.

Endlich war es so weit. Bernd war das letzte Mal dabei, er war schon ein sehr guter Skifahrer, er fuhr über die Buckelpisten, als hätte er Flügel. Franz' Arbeitskollege und seine Frau mit den zwei Söhnen fuhren auch mit. Die ersten Tage war es fürchterlich kalt. Es hatte minus 25 Grad und zusätzlich einen Schneesturm. So blieb die Lederer-Elfi mit ihren und unseren Kindern vormittags noch in unserer Ferienwohnung.

Die drei Männer – mein Mann, mein Sohn und der Arbeitskollege meines Mannes – beschlossen, gleich die Buckelpiste zu fahren. Ich musste mich anschließen, oben weg sah es nicht so steil aus, aber weiter unten war es schon extrem. Zurück konnte ich nicht mehr und eine Ausweichmöglichkeit gab es leider nicht. Mein Sohn schwebte nur so über die Buckel dahin, es war einfach schön zuzusehen, mein Mann hatte schon auch zu kämpfen und sein Kollege noch etwas mehr, aber ich am meisten, ich war ja die Einzige, die erst mit 28 Jahren mit Skifahren angefangen hatte. Die paar Fahrten, die ich als Kind mit Zweimeterbretteln gemacht hatte, wo noch dazu einer keine Spitze hatte, zählten ja kaum. Aber ich kam dann doch heil und relativ schnell hinunter. Ich dachte, Augen zu und durch. Obwohl wir 25 Grad minus hatten und ein Schneesturm wütete, rann bei mir ein Bächlein über den Rücken. Diese Buckelpiste bin ich nie wieder gefahren, obwohl ich später durch einen sehr guten Skilehrer aus unserem Ort erheblich besser Ski fahren konnte.

Zum Glück wurde es bald wieder wärmer und die Kinder verbrachten eine wunderschöne Skiwoche. Obwohl Stefan vorher viel besser als Lore fuhr, war Lore jetzt die Schnellere. Sie flitzte nur so über den Hang hinunter.

Zu den Energieferien 1987 ging es erneut nach Wildbach zum Skifahren. Lore konnte mittlerweile schon sehr gut Ski fahren und ich hatte kurz zuvor bei den „Naturfreunden" einen Skikurs gemacht. Ich hatte zwar zuvor auch schon einige Kurse gemacht, aber das war immer mehr so zum Spaß gewesen. Aber beim letzten Kurs hatte ich den Chef der „Naturfreunde" als Lehrer und da habe ich sehr viel gelernt, der Skilehrer hatte selbst eine große Freude mit meinen Fortschritten, und kurz bevor wir nach Wildbach gefahren sind, habe ich beim Ausverkauf neue Ski bekommen, da konnte ich das Gelernte erst richtig umsetzen, weil die Kanten gut gehalten haben auf dem Eis. Da sind wir dann oft die Marlies-Schild-Rennstrecke gefahren. Ich habe Constanze in Wildbach gezeigt, was ich beim Chef der „Naturfreunde" gelernt habe, und sie hat es dann auch gleich sehr gut umgesetzt.

Lore brauchten wir nichts beizubringen, die ist einfach drauflosgefahren. Am letzten Tag ist sie mit Maria gefahren. Das war die Enkelin unserer Vermieterin, sie ging in die erste Klasse und war dort die beste Skifahrerin. Sie hatte eine Menge Pokale in ihrem Zimmer stehen. Ich war bis Ende der Woche recht müde und ausgelaugt und die Knochen taten mir weh, ich bekam von der Hausfrau eine gute Salbe zum Einreiben. Ich gab die Stöcke weg, weil ich solche Schmerzen in den Händen und Schultern hatte.

Aber Lore fuhr die Strecke hin und retour ohne jede Anstrengung. Ich blieb oft etwas zurück, da rief sie: „Hopp, hopp,

Mama, Gemma, Hocke, Mama." Bei Hintergoss war es steil, da dachten wir bei den Hügeln, jetzt schmeißt es Lore, aber da war nur ein Skier etwas in der Höhe und dann ging es schon wieder weiter, sie fuhr wie eine Wilde hinter Maria her. Wie wir später erfahren haben, war das die Rennstrecke von Marlies Schild.

Wieder zu Hause hat die Kindergartentante gesagt, dass Lore im Kindergarten auf dem Stuhl eingeschlafen ist. Ich habe das gleich unserem damaligen Hausarzt mitgeteilt und auch gesagt, dass es sehr ungewöhnlich ist, dass Lore so etwas passiert, weil sie immer ein sehr aufgewecktes und lebhaftes Kind war. Ich erinnerte ihn an die Fieberkrämpfe, da war dann Lore auch schon vorher etwas weggetreten. Schlussendlich gab mir der Arzt spezielle Zäpfchen mit für den Notfall. Kurz darauf hatte sie einen schlimmen Anfall. Constanze und Lore saßen in der Küche und haben zusammen einen Fruchtsalat gegessen und dabei gestritten, wer mehr abbekommt, da habe ich jeder extra eine Schüssel voll gegeben und bin dann aus der Küche gegangen, um irgendwelche Arbeiten im Haus zu verrichten. Als ich zurück in die Küche kam, hatte Constanze ihren Fruchtsalat aufgegessen und Lore saß vor der vollen Schüssel. Ich fragte sie, warum sie ihren Fruchtsalat nicht esse. Da merkte ich, dass sie nicht reagierte. Sie saß steif da und ich holte sofort das Zäpfchen. Es war sehr schwierig, das Zäpfchen einzuschieben, denn ihr Körper war steif.

Zum Glück war Margit zu Hause. Sie half mir und wir haben sofort mit dem Arzt telefoniert. Er sagte, wir sollten zu ihm kommen. Wir packten Lore ins Auto. Ich hatte wahnsinnige Angst. Sie hatte die Augen offen, zeigte aber sonst keine Reaktion. Als wir beim Arzt waren, hat der Arzt nur wieder so ein Zäpfchen eingeführt. Dann sind wir weiter ins Bezirkskrankenhaus. Dann ging es mit der Rettung weiter in die Kinderklinik. Lore war weiterhin ohne Bewusstsein, auch drinnen bei den weiteren Untersuchungen. Ich musste alles berichten von der Behandlung vom Hausarzt und der Vorgeschichte. Die Ärzte sagten mir, dass es grob fahrlässig war von unserem Hausarzt, dass er Lore nicht sofort in die Kinderklinik eingewiesen hatte, am besten wäre es gewesen, er hätte das gleich nach dem Vorfall im Kindergarten getan. Zusätzlich hätte sie sofort mit der Rettung ins Krankenhaus gefahren gehört, um ihr zuerst sofort eine Injektion zu geben. Obwohl dieser Hausarzt immer sehr nett zu den Kindern war und sehr viele Hausbesuche machte, habe ich ihn nachher nie mehr kontaktiert. Ich wollte bei Lore im Krankenhaus bleiben, doch die Ärzte haben gesagt, ich solle nach Hause fahren, denn schon aufgrund der Medikamente würde sie heute nicht mehr aufwachen.

Am nächsten Tag habe ich gleich in der Früh angerufen. Mir wurde gesagt, dass Lore munter und fidel sei. Ich konnte es fast nicht glauben. Ich fuhr gleich in die Klinik. Sie lachte mir schon entgegen. Mir fiel ein Stein vom Herzen. Ich fragte Lore, was sie sich gedacht hat, als sie im Krankenhaus aufwachte und nicht wusste, wo sie war. Da sagte sie: „Aber Mama, so dumm bin ich doch nicht, ich habe sofort gewusst, dass ich im Krankenhaus bin." Die anderen Leute dachten, Lore würde schon lesen können, denn sie schaute die Bilderbücher, die sie von der Schwester bekam, so genau an, als ob sie lesen würde. Auch war sie für ihr Alter schon groß. Von da an musste sie täglich Medikamente nehmen. Sie hatte eine Art von Epilepsie. Davon gibt es sehr viele Arten. Lore hatte laut EEG in der Nacht heimliche Anfälle und hat dann das Bett genässt. Trotzdem war Lore immer ein sehr kluges und aufgewecktes Kind, wenn auch etwas eigensinnig und schwierig, und doch hatten wir mit ihr viel Freude.

Lore verstand sich immer besser mit Buben. Die Buben bewunderten sie, weil sie völlig furchtlos auf die höchsten Bäume kletterte. Maria, die Tochter von dem Cousin meines Mannes, war eine richtige Zicke. Sie überlegte sich, wie sie Lore beleidigen könnte. Lore kam öfter weinend nach Hause. Einmal hat Maria zu ihr gesagt, wir seien eine Verbrecherfamilie, weil vor vielen Jahren, als Lore noch gar nicht auf der Welt war, Gerd, der Halbbruder von Lores Vater, ihren Vater wegen eines Mopeds geprellt hatte. Uns hatte er auch um viel Geld geprellt. Ich habe mit Marias Mutter gesprochen und sie gefragt, wie sie Lore mit solchen Sachen konfrontieren könne, das gehe uns doch gar nichts an. Lore bat mich danach, nichts mehr zu Marias Mutter zu sagen, denn jetzt sei Maria noch gemeiner zu ihr. So habe ich dann viele Jahre nichts mehr gesagt. Als es dann aber nach Jahren um Lores Gesundheit ging, und ich erfahren habe, dass Maria damals Lores Stiefel bei minus 16 Grad in den tiefen Schnee geworfen hat, da schrieb ich den verhängnisvollen Brief, wodurch sich alle 4 Kinder gegen mich wanden.

Im Sommer bei Constanzes Geburtstag und im Herbst bei Lores Geburtstag haben wir immer ein schönes Fest ausgerichtet. Da waren die Nachbarskinder und viele Freunde da. Im Sommer haben mein Mann und ich stets sehr viel gearbeitet und im Winter sind wir dann viel Ski gefahren, aber wir haben trotzdem permanent sparen müssen. Wir haben halt immer Tee und Brote und Obst mitgenommen und uns so nebenbei im Auto gestärkt.

In Wildbach sind wir immer besonders gerne gefahren. Wir waren schon zweimal bei Familie Jäger, weil bei Obermeiers alles besetzt war. 1988 wollten wir zu den Energieferien auch wieder zu den Jägers, doch circa eine Woche vor den Energieferien wurde Lores Blinddarm operiert. Sie kam nach der Operation in die Intensivstation, weil ihre Lunge angegriffen war. Der Arzt sagte zu uns, dass sie mindestens 14 Tage im Krankenhaus bleiben müsse. Da mussten wir leider bei Jägers absagen. Wir hatten uns bei den Jägers immer sehr wohlgefühlt. Doch nach einer Woche ging es Lore bereits sehr gut. Sie lag inzwischen schon auf der Normalstation. Sie war fast nicht zu bändigen. Sie flitzte durch die Gegend. Ein Kind in ihrem Zimmer wollte sie aufheben, davon haben wir sie im letzten Moment noch abhalten können. Sie schwang sich nur so aus dem Gitterbett, dass sogar dem Arzt die Sprache wegblieb. Eine Patientin aus unserem Ort lag im gleichen Zimmer, sie kümmerte sich liebevoll um Lore, doch auch sie war überfordert, denn Lore war blitzschnell.

Da wir dem behandelnden Arzt erzählt haben, dass wir ursprünglich in den Skiurlaub fahren wollten, hat er uns geraten, wegen der Höhenluft und ihrer Lunge doch mit ihr auf Urlaub zu fahren. Aber bei Jägers war die Ferienwohnung inzwischen schon vergeben. So haben wir uns anderweitig umgesehen. Wir waren Mitglieder bei den „Naturfreunden" und die hatten in Mauterndorf einen Wohnwagen stehen. Da war ein bekanntes Paar so lieb und hat uns den Wohnwagen für diese Woche überlassen, weil Constanze ja Energieferien hatte. Der Arzt sagte: „Aber Sport darf Lore wegen ihrer Operation keinen treiben!" Wir haben ihre Skier trotzdem mitgenommen. Am ersten Tag gingen wir mit ihr rodeln. Sie hat gesagt: „Rodeln ist langweilig, Ski fahren ist viel besser." Bei unserem Stellplatz waren auf der Seite steile Hügel, da ist Lore nach dem Rodeln hinuntergerutscht und hat Purzelbäume geschlagen. Wir hätten sie anbinden müssen, um sie zu bändigen. Wir haben dann beschlossen, morgen gehen wir Ski fahren. Lore musste uns versprechen, immer schön brav vor mir zu fahren und schön auf der Piste zu bleiben und keine Waldabfahrten zu machen, sonst würden wir wieder rodeln gehen. Sie hielt sich erstaunlicherweise daran und fuhr sehr diszipliniert in mäßigem Tempo über die Piste.

Es war eine sehr schöne Woche. Das Essen auf den Hütten war auch sehr gut. Nur in der letzten Nacht war es sehr stürmisch. Es tropfte die ganze Nacht bei der Lüftung vom Wohnwagen herunter. Wir stellten zuerst eine Schüssel unter, aber das tropfte so laut. Dann legten wir ein Handtuch hinein, damit man es nicht so tropfen hörte, die Kinder und mein Mann schliefen weiter, aber ich konnte nicht mehr schlafen, man hörte den Wind pfeifen. Am nächsten Tag tobte ein starker Schneesturm; obwohl wir für die ganze Woche Karten hatten, blieben wir im Ort, denn der Wind warf uns herunten fast um. Da wären Langlaufskier optimal gewesen. Lore hatte sich sehr gut erholt. Bei der Kontrolluntersuchung war der Arzt sehr zufrieden, aber erzählt haben wir ihm nicht, dass sie Ski gefahren ist.

In diesem Sommer haben wir unsere Böschungsmauer in Angriff genommen. Franz' Arbeitskollege und Margits zukünftiger Schwiegervater Markus haben auch fleißig mitgeholfen. Markus hat so gerne Krapfen gegessen. Jeden Tag hat er mich gefragt, ob ich heute wieder so gute Krapfen machen würde. Mir haben die Krapfen auch sehr gut geschmeckt, aber gutgetan haben sie mir sicher nicht. Mir ging es immer schlechter. Zusätzlich hatten wir auch noch Ärger mit den Nachbarn. Aber dazu später mehr.

Kathrin, die liebe Köchin des Sporthotels, war inzwischen schon lange Wirtin. Bei ihr habe ich jahrelang bei verschiedenen Veranstaltungen ausgeholfen. Aber meistens war etwas im Saal. Ich habe besonders deshalb so gerne bei Kathrin gearbeitet, weil sie eine so nette und liebe Person ist. Immer hat sie mir für die Kinder etwas von ihren ausgezeichneten Mehlspeisen mit nach Hause gegeben.

Inzwischen hatte ich leider schon ziemliche Probleme mit meinen Händen. Ich konnte die Teller nicht mehr richtig halten und die Hände fühlten sich taub an. Ein Orthopäde sagte zu mir, dass ich mit dieser Wirbelsäule auf keinen Fall mehr servieren dürfe. So musste ich schweren Herzens aufhören.

Bei Kathrin habe ich auch oft unvergessliche Erlebnisse mit den dummen Gasthausbrüdern gehabt. Einmal hat mich ein Einheimischer gefragt, ob ich meinen Mann zu Hause eingesperrt hätte. Ich habe ihm darauf geantwortet: „Mein Mann ist ja kein solcher Gasthausbruder wie du." Da hat er gerufen: „Das hat Kathrin gehört!" Doch Kathrin hatte nur ein Lächeln auf den Lippen.

Ein anderes Mal habe ich an der Decke gefragt, wie ein bestimmter Bauer ausschaue, denn von ihm hatte ich mein Bauholz bekommen, kannte ihn aber gar nicht. Da hat sich so ein Wichtigtuer über mich lustig gemacht und gegrinst und gesagt: „Haha, die fragt blöd, dabei steht er eh an der Decke." Darauf habe ich erwidert: „Na ja, wenn ich nicht so blöd gefragt hätte, wüsste ich es noch immer nicht, denn keiner hat seinen Namen auf der Stirn geschrieben." Solche Tölpel waren nicht gerade meine Lieblingsgäste, denn so diplomatisch wie Kathrin bin ich nun mal nicht, aber ich bin ihnen ja meistens nur an der Decke beim Getränkeholen begegnet. Hauptsächlich habe ich Busausflügler, Bestattungen, Hochzeiten und Mittagsgäste zum Bedienen gehabt. Ich habe häufig an vier verschiedenen Stellen ausgeholfen. Gäste fragten mich oft, ob ich eine Zwillingsschwester hätte, weil sie mich erst kurz vorher irgendwo anders gesehen hatten. Aber zum Glück wurde ich nie auf zwei Stellen zur gleichen Zeit gebraucht.

Lore hat sich beim Lernen am schwersten getan. Doch in Rechnen war sie immer gut. In Polytechnik waren die Lehrer begeistert von ihr, weil sie so gute Fähigkeiten in der Technik hatte. Sie wollte gerne Mechanikerin werden. Sie schnupperte bei einer VW-Werkstätte. Sie sagten zu ihr, wenn sie beim Wirtschaftsförderungsinstitut, kurz WiFi genannt, einen guten Eignungstest machen würde, bekäme sie die Lehrstelle. Lore war die Einzige und die Erste, die beim WiFi bei den ganzen Logikfragen zu 100 Prozent alles richtig hatte. Die WiFi haben mich angerufen und waren ganz begeistert, dass es ausgerechnet ein Mädchen geschafft hatte, alle Fragen richtig zu beantworten. Da freute sie sich sehr und dachte natürlich, dass sie nun mit der Lehre beginnen könne. Doch auf einmal bekam sie eine Absage, ohne irgendeine Angabe von Gründen. Wir haben erst später erfahren, dass damals die Förderung gestrichen wurde, wenn ein Betrieb ein Mädchen nahm. Sie hat dann später eine Lehre als Hoch- und Tiefbauschlosserin gemacht. Sie hat inzwischen zwei wunderbare tüchtige Mädels.

1987 – „Waldhotel"

Da der Arzt gesagt hatte, dass ich nicht mehr servieren dürfe, habe ich mir gedacht, dann gehe ich als Stubenmädchen. So habe ich mich im „Waldhotel" bei der Schwester von Herrn Martini beworben und die Stelle bekommen. Ich dachte immer, die wird besonderen Wert darauflegen, dass die Zimmer sauber sind, weil sie beim Sporthotel oft das Besteck zurechtgerückt hat und so was. Aber da habe ich mich gründlich getäuscht. Ich hatte zuvor noch nie so schmutzige Zimmer gesehen. Es waren überall Teppichböden drin und auf den Rändern lag überall eine dicke Staubschicht. Sie hatten den gleichen Staubsauger wie ich zu Hause, aber keine Düse mehr für die Ränder, so nahm ich meine mit. Fast in jedem

Zimmer stand eine Couch mit einem Bettzeug Kasten. Doch da war überall dick Staub drinnen, teilweise sogar Mörtel, da muss jahrelang nie mehr unterhalb geputzt worden sein. Ich arbeitete fleißig und mit dem festen Willen, das Hotel auf Hochglanz zu bringen. Da kam die Chefin und sagte zu mir, dass noch nie jemand so lange gebraucht hätte wie ich. Ich sagte zu ihr: „Ja, das kann ich mir denken, denn so viel Dreck und Staub habe ich noch nie in einem Hotel erlebt, und außerdem mangelt es an geeignetem Putzzeug und Zubehör für den Staubsauger." Die Chefin sagte zu mir: „Sie sind nicht geeignet für ein Stubenmädchen." Ich sagte darauf: „Dann kündige ich." Sie sagte: „Wird wohl das Beste sein."

Aber nach einiger Zeit kam sie zu mir und sagte: „Frau Pfeifenberger, kommen Sie zu mir in die Wohnung und lassen Sie uns zusammen einen Kaffee trinken, dann können Sie aufschreiben, was Sie alles brauchen." Das machte ich dann auch und die Chefin besorgte alles.

Aber dann musste ich auch noch im „Wiesenhof" für Ordnung sorgen. Allerdings habe ich dort keinen Staubsauger gefunden, also schnallte ich den Staubsauger auf mein Moped. Dort oben war vielleicht ein Chaos! Die ursprünglich weißen Vorhänge waren grau und voller Fliegendreck. Ich montierte alle Vorhänge ab und habe sie gewaschen. Ein altes Stubenmädchen, das eigentlich fürs Nachbarhaus zuständig war, schwirrte öfter umher. Obwohl sie wusste, dass die Vorhänge in jedem Stockwerk verschiedene Längen hatten, sagte sie kein Wort. Sie wusste das mit Sicherheit, denn sie war schon jahrelang dort beschäftigt.

Es sollte bald ein Reisebus mit Gästen in den „Wiesenhof" kommen. Aber die Betten waren alle noch vom Vorjahr bezogen, da war überall Fliegendreck an der Bettwäsche und ganz muffig roch das Bettzeug. So überzog ich die Betten alle neu. Das war ein Aufwand! Die Glucke vom Nebengebäude sagte: „Das ist unnötig, weil diese Bus Leute einen solchen Saustall hinterlassen." Ich habe darauf erwidert, dass ich mir das Denken könne, wenn sie in solch ungepflegte Zimmer kämen.

Als ich fast fertig war mit Putzen im „Wiesenhof", fragte mich das Stubenmädchen, warum ich den Staubsauger vom „Waldhotel" mitnehmen würde, oben im „Wiesenhof" sei doch ein Staubsauger. Ich machte mich gleich auf den Weg zum Nebengebäude, erledigte dort einige Kleinigkeiten und wollte jetzt noch schnell saugen, aber so wie ich den Staubsauger in Betrieb nahm, machte es einen Knall und eine riesige Rußwolke erfüllte das Zimmer. Ich war entsetzt und nervlich am Ende. Ich sperrte alles ab, gab den Schlüssel im Sporthotel ab und sagte, dass ich wegen des Zwischenfalls mit dem Staubsauger einfach nicht mehr könne. Ich glaube, dass das Stubenmädchen sehr wohl wusste, was mit dem Staubsauger los war, nach dem Ruß zu beurteilen wurde der Sauger anscheinend zum Ruß absaugen verwendet.

Leider ging es mir zu Hause gar nicht gut. Ich fühlte mich ohne Arbeit ziellos und nutzlos. Zu meiner Überraschung bekam ich zumindest einen sehr guten Lohn, mehr als ausgemacht war, und dazu auch noch Urlaubs- und Weihnachtsgeld, obwohl ich ja von mir aus aufgehört hatte zu arbeiten. Nun, mein Arbeitgeber war Herr Martini.

Leider hatte sich das Netz an Intrigen immer mehr verflochten. Wenn ich gesund gewesen wäre, hätte ich das alles besser weggesteckt, aber so konnte ich in der Nacht kaum mehr schlafen.

Ich bekam dann einen Anruf von der Krankenkasse. Sie fragten mich wegen der Versicherung, denn bevor ich im „Waldhotel" gearbeitet habe, hat mein Mann die Versicherung bezahlt, seit ich mit meinem dritten Kind schwanger war. Ich hatte nur fallweise als Kellnerin ausgeholfen; als ich dann merkte, dass ich es nicht mehr schaffte zu kellnern, habe ich es als Stubenmädchen versucht. Wären die Bedingungen besser gewesen, hätte ich es vielleicht geschafft. So sagte ich, dass es mir momentan so schlecht geht, dass ich nicht mehr arbeiten kann. Da sagte die Dame von der Versicherung, dann solle ich um die Pension ansuchen. Zuerst habe ich mich innerlich dagegen gewehrt, ich war doch erst etwas über 40 Jahre! Aber dann dachte ich, so werde ich Hilfe bekommen, damit es mir wieder besser geht und ich wieder arbeiten gehen kann. Doch da hatte ich mich gewaltig getäuscht! Jetzt fingen die Demütigungen vonseiten der Ärzte erst richtig an!

Zuerst wurde ich zu einem Orthopäden bestellt. Der hat mich untersucht und gesagt: „Servieren können Sie auf keinen Fall mehr, denn da ist alles kaputt und zwei Wirbel gehen nicht mit, aber das reicht noch nicht für die Pension, Sie müssen erst noch zum Nervenarzt." Das hatte ich schon selbst gemerkt beim Turnen, ich konnte meine Wirbelsäule nicht abrollen, so wie ich es jetzt mache, es tat furchtbar weh und ging auch mit noch so starkem Willen nicht.

Nach einiger Zeit hatte ich dann den Termin beim Nervenarzt. Mittlerweile ging es mir noch schlechter, ich konnte nie länger als eine halbe Stunde durchschlafen, dann musste ich aufstehen, weil ich es im Bett nicht mehr aushielt. Ich machte einige Turnübungen, die ich noch in der Schule gelernt habe, weil vom Arzt habe ich nie irgendwelche Turnübungen empfohlen bekommen. Erst nach circa 30 Minuten Turnübungen und Gehen konnte ich nach einiger Zeit wieder einschlafen. Oft hatte ich die ganze Nacht nur ein bis zwei Stunden Schlaf.

Als ich dann beim Nervenarzt war, sagte er: „Körper frei machen." Ich war bei meinen Bewegungen schon immer sehr flink, ich konnte nur nichts mehr heben, nicht mehr stehen oder sitzen, da hatte ich schlimme Schmerzen, vor allem in der Ruhestellung, so wie beim Schlafen. Ich zog mich so schnell wie möglich aus, da sagte der Arzt: „Was, Sie sind schon fertig? Da kann Ihnen nicht viel fehlen, Sie können sich gleich wieder anziehen und gehen."

Kurze Zeit später war eine Verhandlung. Die Arbeiterkammer sollte mich vertreten. Doch davon habe ich nichts bemerkt. „Was wollen Sie eigentlich? Nicht einmal einen Beruf haben Sie", sagte dieser Nervenarzt zu mir. So, das war es. Ich sagte dann noch: „Dann bleibe ich sitzen, damit ihr seht, wie schlecht es mir geht." Der Arzt sagte: „Dann lassen wir den grünen Heinrich kommen und Sie ins Sonderkrankenhaus bringen, dort können Sie ein paar Monate bleiben, aber die Pension bekommen Sie nicht." Daraufhin bin aufgestanden und gegangen. Ich hatte die Tür schon geöffnet, da bin ich noch einmal stehen geblieben und habe zum Arzt gesagt: „Wenn Sie solche Eltern gehabt hätten wie ich, wären Sie wahrscheinlich nicht einmal ein guter Hilfsarbeiter geworden." Die Leute im Gang haben das gehört und haben alle laut darüber gelacht. Das hat mir gutgetan.

Kurz nach dieser Untersuchung bekam ich den Befund vom Orthopäden. Darin stand, dass mir absolut nichts fehlen würde, sondern dass ich nur altersbedingte Abnützungen hätte.

Ich habe dann zu Hause allerhand Arbeiten verrichtet, so wie ich es eben konnte. Tagsüber ging es einigermaßen, aber in der Nacht wurde es immer schlimmer. Mein Mann sagte: „Lass doch die Arbeit, ich kriege das schon hin", doch ich sagte: „Die Ärzte sagen ja, mir fehlt nichts."

Inzwischen hatte ich auch tagsüber starke Schmerzen. Beim Einkaufen traf ich meine Cousine. Sie sagte: „Tina, wie steigst du denn daher, was ist los mit dir?" Ich erzählte ihr von meinen Schmerzen.

1988 kam mein erster Enkel auf die Welt. Mir ging es immer schlechter. Immer wieder wurde mir gesagt, dass mir nichts fehle. Meine Blutwerte waren sehr gut. Aber ich konnte in der Nacht kaum mehr schlafen vor lauter Schmerzen. Bei jeder Untersuchung wurde mir gesagt, es sei alles in Ordnung. Ich dachte, vielleicht habe ich Knochenkrebs und sie wollen es mir nicht sagen.

Mein Sohn heiratete im Mai standesamtlich, deswegen fuhren wir nach Tirol zur Hochzeit. Ich hatte unglaubliche Schmerzen, durchs Autofahren noch viel mehr als sonst. Ich habe mich im Auto, soweit es ging, zurückgelegt, denn so hatte ich nicht solche argen Schmerzen. Ich kannte schon die ganzen Orte an ihren Kirchtürmen.

Zu Hause musste ich dann einige Tage ins Krankenhaus. Ich stand immer wieder auf und ging umher, weil ich sonst höllische Schmerzen hatte. Der Arzt schrie mich an: „Jetzt gehen Sie ja schon wieder den Gang entlang, bleiben Sie gefälligst im Bett liegen, wenn Sie solche Schmerzen haben!" Abends konnte ich nicht schlafen, erstens brauchte ich absolute Ruhe und zweitens frische Luft, um etwas schlafen zu können. Der Arzt gab mir gleich zwei Schlaftabletten, doch ich konnte trotzdem nicht schlafen.

Ich bekam von den Tabletten nur ein fürchterliches Jucken. Deswegen ging ich mitten in der Nacht duschen. Der Arzt schrie mich deswegen wieder an. Ich brach in Tränen aus, weil ich mir nicht mehr zu helfen wusste. Da machte mir der Arzt einen Vorschlag. Ich sollte zu ihm in seine Privatpraxis kommen, er würde mich dort behandeln; die Kosten, sagte er, würde ich von der Krankenkasse zurückerstattet bekommen. Ich nahm sein Angebot an und hatte dann ein ausführliches Gespräch mit diesem Arzt. Ich bekam dann Magnetfeldbehandlungen. Diese Taten mir gut, aber nur für kurze Zeit. Doch ich erhielt eine saftige Rechnung von der Krankenkasse und entgegen dem Versprechen des Arztes bekam ich nur die Mehrwertsteuer zurück. Diesen Arzt haben sehr viele Patienten den „Schilcher-Doktor" genannt, weil er den Schilcher mehr liebte als seinen Beruf.

In diesem Jahr starben auch mein Vater und ein ehemaliger Klassenkamerad von mir. Unser Arzt war bei diesen Begräbnissen auch zugegen. Mich hat es so gequält beim Stehen. Das merkte der Arzt und er hat mich darauf angesprochen. Er hat mir geraten, auf Kur zu gehen, und empfahl mir einige Kurorte. Ich entschied mich für Gastein. Innerhalb kurzer Zeit bekam ich die Kur in Gastein bewilligt. Eine Woche vorher fuhren wir noch nach Tirol zu meinem Sohn und meiner neugeborenen Enkeltochter. Ich hatte eine solche Freude mit meiner Enkelin. Unsere zwei Mädchen blieben noch einige Zeit bei der Schwiegertochter. Mein Mann musste arbeiten, er kam mich aber jedes Wochenende mit den Mädchen besuchen.

Ich war bei der Kur sehr gut untergebracht. Es war ein altes Jagdschloss von Kaiser Maximilian. Das Beste daran war, dass es vom Kurhaus weg einen wunderschönen Weg zu einem grünen Baum gab, aber so weit kam ich meistens nicht, denn ich ging eine halbe Stunde und dann musste ich mich wieder eine halbe Stunde niederlegen, denn beim Sitzen hielt ich es einfach nicht aus.

Die Raucher machten sich alle über mich lustig, obwohl die Kurärztin ausdrücklich gesagt hatte, dass die Kur kaum helfe, wenn man rauche, da sich das Radon nicht mit dem Rauch vertrage. Jaja, über mich lästern, aber selbst nichts für die Gesundheit tun.

Es gab aber auch viele liebe, nette und lustige Kurkollegen. Wir hatten viel Spaß miteinander. Ein ganz Lieber hieß Fritz. Er war verheiratet und hatte zwei liebe Kinder. Wir gingen abends kurz in ein Café tanzen. Da hatten die Raucher wieder was zum Lästern: „Was, mit Stiefeln haben Sie getanzt?" Es war zwar Juli, aber es hatte zu dem Zeitpunkt kurz einige Zentimeter Schnee in Gastein. Ich trug Stiefletten, weil es mir besonders bei den Füßen besonders kalt war. Fritz störte es nicht. Seine Frau auch nicht. Sie kam öfter mit ihren beiden lieben Kindern auf Besuch. Wir wussten beide, dass wir beide glücklich verheiratet waren, warum sollten wir da nicht miteinander tanzen? Ein anderer Kurkollege hieß Franz. Er war auch verheiratet, aber doch ein kleines Schlitzohr. Er wollte schon etwas mehr, aber ich habe ihm klar zu verstehen gegeben, dass ich glücklich mit meinem Mann sei und dass ich keinen Kurschatten haben wolle. Er war ein sehr fescher Mann, von Beruf Lokführer, aber ich habe nie Männer akzeptiert, die zweigleisig fuhren. Das hat er sofort akzeptiert und sich dann an meine Zimmerkollegin rangemacht. Doch das Fleisch, das ich ihm immer gegeben hatte, da es mir selbst gar nicht guttat, bekam er nach wie vor. Er hatte schon am ersten Tag gierig auf mein Fleisch geblickt, das ich nicht anrührte. Das habe ich gleich bemerkt und ihm dann mein Fleisch gegeben. Eine Tischnachbarin hat mich deswegen gleich kritisiert. Doch ich sah dabei nichts Schlechtes. Der Herr Lokführer war ein großer Mann, der brauchte sicherlich etwas mehr zum Essen als ich. Ich aß stattdessen oft zusätzlich einen Salat; Grünzeug habe ich schon immer sehr gern gegessen; jeden Tag Fleisch mochte ich schon beim Arbeiten nicht.

Der Masseur, und zugleich mein Therapeut von der Kur war super. Ich hatte fast nur Ihn für viele verschiedene Anwendungen. Wegen meiner argen Schmerzen hat mich der Therapeut den Kopf unter Wasser getaucht, und daran hochgezogen. Er hat mir auch gesagt, dass ich durch die Behandlungen schlimme Reaktionen haben werde, aber da musste ich durch. Mit diesen

Hintergrundwissen konnte ich mit meinen Reaktionsschmerzen besser umgehen. Doch er sagte das ich anfangs doch Medikamente brauche. Er hat mir sehr wertvolle Tipps gegeben. Er sagte mir, dass ich schon in der Früh gleich einen halben Liter Wasser trinken solle, und auch öfter am Tag, wenn ich bei der Quelle vorbeikäme. Das Wasser kam schön warm aus dem Brunnen, das tat mir sehr gut, denn mir war immer kalt. Ich war stets bereits um 6.00 Uhr beim Brunnen Wasser trinken, zusätzlich half das Wasser bei Rheuma, die ersten Therapien gab es auch schon sehr früh; erst viel später gab es dann Frühstück.

Die Ärztin dagegen war das Gegenteil des Masseurs. Sie hat nur meinen Blutdruck gemessen und mich dann sofort abserviert. Ich hatte keine Tabletten mit auf die Kur genommen, weil in der Kurinformation stand, dass man alles dort bekommen würde. Ich bekam bald arge körperliche Reaktionen zu spüren und konnte in der Nacht kaum schlafen. Ich hielt mich die meiste Zeit im Bad auf, damit ich meine Kurkollegin nicht beim Schlafen störte.

Deshalb ging ich nochmals zur Ärztin etwas holen gegen die Schmerzen und damit ich etwas besser schlafen könnte. Sie gab mir die Medikamente nur widerwillig. Als mein Mann auf Besuch kam, brachte er meine Tablettenschachtel mit. Ich teilte mir die Tabletten nach Vorschrift ein und gab meinem Mann die restlichen Tabletten wieder mit. Aber eine Nacht hatte ich so arge Schmerzen, dass ich zwei Tabletten genommen habe, und so hatte ich zur Heimfahrt keine Tablette mehr. Ich hatte eine solche Angst, dass ich bei der Heimfahrt unerträgliche Schmerzen bekommen würde, deswegen habe ich die Ärztin bei ihrer Sprechstunde am letzten Tag gebeten, ob ich noch eine Tablette haben könne für die Heimfahrt. Ich habe ihr gesagt, dass ich die restlichen Tabletten meinem Mann mit nach Hause gegeben habe, aber die Ärztin hat mir nicht geglaubt und gesagt: „Sie sind ja tablettensüchtig." Ich war schockiert und ging. Ich habe meinen Tischnachbarn von diesem Gespräch erzählt. Die fanden es auch idiotisch, aber eine Dame hatte zufällig die gleichen Tabletten. Sie gab mir dann eine, für den Fall der Fälle.

Da waren einige komische Typen auf Kur; ob Männlein oder Weiblein, verheiratet oder nicht, die hatten nichts anderes im Kopf, als auf Anmache zu gehen. Spazieren gehen konnte ich mit den Gleichaltrigen nicht, denn da kam ich einfach nicht mit. So habe ich eine Dame kennengelernt, die war gleich alt wie meine Mutter. Sie hatte eine Knieoperation. Aber sie konnte sitzen und stehen, ich dagegen ging immer im Kreis herum, denn ich hielt es nicht aus im Sitzen und Stehen, besonders niedrige Banken peinigten mich sehr; beim Essen hatten wir höhere Stühle, aber auch da schaute ich, dass ich so schnell wie möglich fertig war, damit ich mich in die Waagrechte begeben konnte, oder ich machte einen kurzen Spaziergang an der frischen Luft. Die Dame war aus Oberösterreich aus St. Valentin und hieß Rauscher. Ihr Gatte kam sie oft besuchen und der war auch sehr nett. Beide kamen später zu mir auf Urlaub und ich zeigte ihnen unsere Gegend, wir hatten auch regelmäßig Briefverkehr. Damals haben wir selbst noch nicht vermietet, deswegen wohnten sie in der „Pension Sorger". Sie waren meistens eine Woche da. Die Rauscher freuten sich so sehr, wie gut es mir jetzt ging.

Bei der Heimfahrt mit dem Zug hatten wir viel Spaß. Die meisten Kurkollegen waren Eisenbahner, denn ich wurde bei den Eisenbahnern eingeteilt, weil da ja überwiegend Männer waren als Ausgleich. Da allen aufgefallen war, dass ich nicht lange sitzen konnte, haben sie mir im Zug ein Bett gemacht, damit ich mich hinlegen konnte. Als der Schaffner kam, haben sie einen Schwächeanfall vorgetäuscht, damit meine Beschwerden nicht groß an die Glocke gehängt würden. Leider stiegen die meisten schon in Kärnten aus, nur meine Wiener Zimmernachbarin blieb noch übrig.

Zu Hause hatte ich arge Reaktionsschmerzen. Mein Therapeut hat mir den Rat gegeben, so wenig Medikamente wie möglich zu nehmen, Das tat ich auch, denn ich wusste, es würde besser. Ich konnte nur auf dem Rücken schlafen, auf die Seite drehen hielt ich nicht aus und am Rücken kam es mir vor, als ob ich auf einem Nagelbeet liegen würde. Zusätzlich hatte ich anfangs fürchterliche Kopfschmerzen. Später hatte ich niemals mehr so arge Kopfschmerzen und auch die Rücken- und Gliederschmerzen wurden immer weniger.

Ein Rechtsanwalt gab mir den Rat, zu einem Homöopathen zu gehen. Ich bekam von dem Homöopathen Basenpulver und lauter natürliche Mittel, um meine Wirbelsäule aufzubauen. Er gab mir den Rat, keine sonstigen Medikamente zu nehmen. Er sagte, dass ich eine schwere Stoffwechselerkrankung hätte, doch leider wusste ich zum damaligen Zeitpunkt nicht, dass dies mit meiner Schilddrüse zusammenhing. Weil ich aber auf der rechten Seite rund ums Auge so ein taubes Gefühl und ein Zucken hatte, ging ich zur Nervenärztin und berichtete ihr von meinen Symptomen. Ich erwähnte, dass ich in der Schule von der Schilddrüse die Begleitsymptome gelernt habe und das wie bei einer Unterfunktion wären. Doch die Ärztin nahm mir Blut ab und sagte: „Im Blut sieht man nichts, das sind die Nerven." Sie verschrieb mir zehn Tabletten täglich. Ich sagte ihr, dass der Homöopath gesagt hatte, dass ich keine Tabletten nehmen dürfe, doch die Ärztin sagte: „Sie müssen die Tabletten unbedingt regelmäßig nehmen." Ich war leider so dumm und schluckte dieses Gift. Ich schlief fast Tag und Nacht und war trotzdem müde. Ich sah im stockfinsteren Zimmer fürchterliche Fratzen. Mein Mann sagte: „Das sind die neuen Tabletten." Ich habe in einem halben Jahr 28 Kilo zugenommen und war todunglücklich. Ich habe mit ehemaligen Gästen gesprochen, die mich fast nicht mehr erkannten, die haben mir dann einen anderen Arzt empfohlen, doch obwohl ich ihm auch von der Schilddrüse erzählte, hat auch er mir nur Blut abgenommen und gesagt, meine Schilddrüse wäre in Ordnung.

Im Herbst hatte mein Sohn Bernd seine kirchliche Trauung. Die meisten kannten mich fast nicht mehr, weil ich so viel zugenommen hatte. Aber mir ging es trotzdem sehr viel besser. Meine Enkelin war so ein liebes Mädchen.

Nach drei Jahren ging ich nochmals auf Kur nach Gastein. Ich fuhr wieder mit dem Zug. Beim Umsteigen habe ich zwei Kurkollegen kennengelernt, die ganz in der Nähe von mir zu Hause wohnten und auch nach Gastein fuhren.

Dieses Mal hatten wir eine nette Kurärztin. Die Kurärztin meinte, ich müsste unbedingt abnehmen. Das wollte ich selbst; ich aß Salat statt Suppe und verzichtete auf Kuchen und aß stattdessen Obst, aber mit diesen blöden Tabletten ging das Gewicht einfach nicht runter; wenigstens war ich nicht mehr so müde. Ich habe dann noch einige Bekannte aus meiner Gegend getroffen. Wir hatten schon am Vormittag sämtliche Anwendungen und so konnten wir am Nachmittag gemeinsam schöne Wanderungen machen. Obwohl ich älter war als die Männer, konnte ich jetzt schneller den Berg hinaufmarschieren, ohne außer Atem zu geraten. Die Raucher hatten sowieso Schwierigkeiten, bergauf zu gehen. Sie gingen meistens gar nicht erst mit.

Heimhilfe

Diese Kur tat mir sehr gut. Dieses Mal hatte ich kaum Reaktionsschmerzen. Als ich nach Hause kam, war ich voller Tatendrang. Ich habe als Heimhelferin ausgeholfen und machte eine Umschulung. Diese Arbeit machte mir viel Freude. Ich hatte sehr nette Menschen zu betreuen. Am Anfang war es etwas schwierig, denn ich musste oft Holz, Kohle und Wasser ins Haus schleppen. Da ich nach wie vor sehr aufpassen musste, meine Wirbelsäule nicht zu überlasten, habe ich gelernt, wie ich richtig tragen musste; von nun an nahm ich den Eimer vorne zu meinem Körper. Da fragten mich die Leute, warum ich das so mache. Ich sagte ihnen, dass ich einen Wirbelsäulenschaden hatte und deswegen richtig tragen musste. Da bekam ich anfangs oft die Antwort: „Na bravo, so eine halbe Portion schicken die uns." Doch nach einer kurzen Zeit sagten die zu Betreuenden: „Setzen Sie sich einmal nieder und essen und trinken Sie etwas, Sie sind sowieso viel schneller und genauer als die anderen." Das freute mich dann schon sehr.

Doch als meine Vorgesetzte nachfragte, wie zufrieden sie mit mir wären, hat dann doch eine Frau gesagt, dass ich zu viel reden würde, und einer anderen Dame haben einige Dinge nicht so gepasst, sie wollte jemand anders haben, war dann aber mit der anderen noch weniger zufrieden und wollte schließlich doch wieder mich. Sie hat es sogar ermöglicht, dass unsere Tochter bei Siemens eine Lehre anfangen konnte, denn ihr Sohn war bei Siemens promovierter Ingenieur. Ich habe ihn selbst nie kennengelernt, das wurde alles über drei Ecken besprochen. Sie war eine bewundernswerte Frau, die ihr Leben lang hart gearbeitet hat. Sie hat die Ziegel fürs Haus selbst gebrannt und auf vieles verzichtet, um den Söhnen eine Ausbildung zu ermöglichen. Vor solchen Menschen muss man den Hut ziehen.

Bei der anderen Dame, die sich beschwert habe, war ich fortan still und sprach nur noch das Allernötigste, aber nach einiger Zeit sagte sie: „Bitte, Frau Pfeifenberger, sprechen Sie doch wieder etwas mit mir, es war immer so lustig und interessant." So habe ich halt wieder angefangen, mit ihr zu plaudern. Am meisten hatte ich jedoch Männer zu betreuen. Die waren alle sehr nett.

Frau Seiner mochte ich auch sehr gern und sie hat mich auch sehr geschätzt. Wir hatten oft nette Gespräche, weil ich doch 25 Jahre im Gastgewerbe tätig war. Sie lobte mich sehr, weil ich so gut massieren konnte. Ich habe dafür für mich persönlich einige Kurse gemacht und so konnte ich es meinen zu Betreuenden teilweise weitergeben. Außerdem tut man sich wesentlich leichter, wenn man selbst weiß, wie es ist, Schmerzen zu haben, und was man am besten macht, um diese Schmerzen zu lindern. Nur habe ich mich in der letzten Zeit sehr schwergetan, weil ich gerade bei der Schulter sehr starke Schmerzen hatte, wo sich Frau Seiner gern einhängte, weil sie auf der anderen Seite Schmerzen hatte.

Im Ort zu Hause hatte ich eine liebe Frau zum Betreuen. Ich fragte sie, ob es ihr etwas ausmachen würde, wenn sie sich auf der anderen Seite einhängt, weil ich doch ziemliche Schmerzen hatte bei der einen Schulter. Sie fragte mich: „Frau Pfeifenberger, geht's noch, oder sollen wir wechseln?" Diese liebe Frau war sehr bewundernswert: Wenn wir spazieren gegangen sind, hat sie sich nach jedem Müll gebückt und alles aufgehoben, was irgendwelche ungehobelten Leute achtlos weggeworfen haben.

Eine andere Dame hatte so ihre Eigenheiten: Wenn ich sagte, dass ich heute viel Zeit hätte, falls sie etwas Besonderes machen wolle, konnte ich gleich gehen; wenn ich aber sagte: „Heute habe ich es eilig", dann hat sie mich voll eingespannt. So habe ich eben immer alles umgedreht und das hat dann bestens funktioniert.

Einen fast blinden Mann mit seiner Gattin, die sehr nervös war, habe ich auch betreut. Der Mann war Zimmermann. Er hat mich mit in den Keller genommen und mir seine Werkstatt präsentiert und mir gezeigt, was für wunderschöne Arbeiten er machte. Da lernt man zufrieden und dankbar zu sein, wenn man solche außerordentlichen Menschen kennenlernt.

Herr Marchel war einer meiner Liebsten. Er war der Schwiegervater des Vaters meines Sohnes. Ich war bei ihm anfangs zwei bis drei Stunden täglich. Ich musste putzen und kochen und dann mitessen; wenn ich für mich weniger anrichtete, tauschte er die Teller aus. Herr Marchel hatte den gleichen Geschmack wie ich, er hatte im Garten selbst Salat angesetzt. Er hat auch immer mitgeholfen und einige Sachen vorbereitet. Einen Tag in der Woche gab es fleischlos, wie zum Beispiel Apfelspalten, Kartoffelpuffer oder Zwetschkenknödel, und die anderen Tage Hendl auf verschiedene Art, Faschiertes und so weiter, aber nur kleine Fleischportionen und jedes Mal viel Gemüse und Salat dazu. Dann kam jedoch der Essensdienst. Das Essen schmeckte ihm nicht, der Salat schon gar nicht. Meistens hat er das Essen für seinen Sohn übriggelassen. Traurigerweise hatte er Depressionen, weil er so viel allein war.

Leider wurde nach circa drei Jahren eine Umstrukturierung vorgenommen und wir haben permanent gewechselt; so bekamen blinde Menschen fast jeden Tag jemand anders, die Menschen kannten mich gar nicht mehr und sagten: „Nicht schon wieder eine andere!" Ich war oft nur eine Stunde unterwegs und zwischendurch zu Hause, dafür war ich häufig auch abends unterwegs und ebenfalls für Pflegebedürftige zuständig; allerdings hatte ich keine Prüfung absolviert für die Pflegehilfe, ich wollte sie auch gar nicht machen, da diese Tätigkeit zu schwer gewesen wäre für mich wegen meiner Wirbelsäule. Ich habe ursprünglich gefragt, ob es möglich ist, dass ich einen Krankenpflegekurs machen könnte, denn Spritzen verabreichen konnte ich sehr gut, meine Mutter hat gesagt bei mir bekommt sie nie einen blauen Fleck. Außerdem hatte ich 2 blinde Menschen, die sich gegenseitig spritzten, weil ich das nicht machen durfte. Mir wurde gesagt, Ich wäre zu alt. Ich konnte in der Nacht nicht mehr schlafen, weil ich starke Schmerzen hatte.

So habe ich abermals um eine Kur in Gastein angesucht. Mein Mann hatte mittlerweile auch Schmerzen in der Wirbelsäule und in den Knien. So haben wir beide um eine Kur angesucht. Doch mich schickten sie nach Althofen und meinem Mann nach Bad Zell. Leider hat mir das viele Moor in Althofen gar nicht gutgetan. Einmal wäre ich in der Badewanne fast ertrunken; ich merkte zwar, dass es mir nicht so gut ging, aber ich dachte, man muss schon ein bisschen aushalten. Dass ich für einen Moment ohnmächtig wurde, bemerkte ich nicht; zufällig kam eine Therapeutin vorbei und zog mich aus der Wanne, wo ich schon mit dem ganzen Kopf unter Wasser war.

Bis zum fünften Lebensjahr unserer Enkelin Constanze haben wir sehr viel Zeit mit Bernd und seiner Familie verbracht. Im Frühjahr und im Herbst waren sie jeweils circa einen Monat bei uns und im Sommer waren wir circa 14 Tage lang bei Bernd in Tirol. Sind mit der Enkelin im Thiersee baden gegangen. Mein Mann hat bei Bernds Schwiegervater einige Steinmaurerarbeiten gemacht. Mit der kleinen Constanze hatten wir viel Freude. Auch im Winter waren wir draußen und sind mit Constanze Ski gefahren. Fünf Jahre später kam der Sonnenschein Judith auf die Welt, sie war immer ein besonders fröhliches und lustiges Kind. Im Januar darauf wurde Marvin geboren, deswegen brauchte unsere Constanze die Wohnung für ihre Familie. Von da an war Bernd bei seiner Schwester Margit untergebracht. Doch in den Ferien haben wir die Urlaube immer wieder bei Bernd verbracht.

Leider ist der Kontakt später abgebrochen, als Margit behauptet hat, dass Franz Bernd misshandelt hätte. Dann stand Constanzes Firmung an. Franz wollte nicht nach Tirol zur Firmung fahren, weil Margit ja auch dort war; wir wollten beide Margit nicht sehen. Zuerst dachte ich, wir könnten von Kärnten ein paar Tage nach Tirol fahren, aber ich hatte nach der Fahrt wieder arge Kreuzschmerzen, deshalb habe ich mir gedacht, es hat keinen Sinn, die Strapazen der Autofahrt hin und retour auf uns zu nehmen, denn in Kärnten hatte ich mich sehr gut erholt beim Radfahren an der Drau. Auch in Bad Kleinkirchheim in der alten Therme war alles wunderbar, da gab es ein ovales Schwimmbecken, in dem nur Einbahnschwimmen erlaubt war, das war für mich optimal, da ich mit meiner ramponierten Wirbelsäule nur rückenschwimmen durfte. Zusätzlich gab es dort beheizte Liegeflächen, das war superpraktisch, so konnten die Badetücher trocknen, während wir im Wasser waren.

Deshalb überwies ich Constanze Geld für ihre Firmung sowie auch für Judiths Geburtstag auf das Konto von Andrea. Doch es folgte nie eine Reaktion darauf. Deshalb habe ich meiner Schwiegertochter einen Brief geschrieben und nachgefragt, ob die zwei Mädels das Geld erhalten hätten. Darauf hat sie mir einen so argen Brief zurückgeschrieben, dass ich in Tränen ausbrach. Ich ging damals in unserer Marktgemeinde zu einer Gesprächsrunde, die sich viel mit dem Thema Gesundheit beschäftigte. Ich zeigte der Leiterin dieser Runde den Brief. Ich fragte sie, was ich darauf erwidern sollte, und erzählte ihr auch den ganzen Hintergrund. Sie sagte: „Am besten du erwiderst ihr gar nichts, sonst bekommst du womöglich noch einen ärgeren Brief."

Lange Zeit hatte ich den Zahlschein für die Überweisung zu Hause liegen. Aber wie sollte ich meinen lieben Enkelkindern das alles erklären? Ich würde ihnen nichts Gutes tun, wenn ich ihnen die Wahrheit sagte.

Nach einiger Zeit hat uns Judith eine Zeichnung und einen Brief geschickt. Wir haben uns sehr darüber gefreut. Von da an haben wir immer zwischendurch Briefverkehr gehabt. Ich habe mich auch immer wieder an bestimmten Stellen über meine Enkel erkundigt. Beide sind sehr tüchtig und strebsam. Ich bin stolz auf alle meine Enkel. Selbst wenn mich meine zwei Enkelkinder von Margit nicht kennen, bin ich doch zu Fotos gekommen; außerdem ist Lea auf meinem Schoß gesessen bei der Taufe von Lore, obwohl sie es nicht gewusst hat, dass ich ihre Oma bin.

Mit Judith und Constanze hatte ich später über WhatsApp lange Kontakt, bis mich Andrea angerufen hat wegen der Scheidung. Ich habe zu Andrea gesagt, dass ich mich da nicht einmische, denn sie haben ja immer so viel gestritten, dass wir uns schon überlegt hatten, nicht mehr nach Tirol zu fahren. Die Chefin vom „Kärntner Hof" hatte mich damals angerufen, als Bernd dort lernte, weil sie meinte, dass die beiden nicht zusammenpassen würden, da sie ständig miteinander stritten. Doch ich sagte ihr, dass Bernd das selbst entscheiden müsse. Ich persönlich finde es besser, dass wenn Paare sich immer streiten, sie sich besser trennen sollten. Doch nach diesem Anruf, von meiner Schwiegertochter Andrea haben mich beide aus WhatsApp entfernt. Heuer habe ich Judith über Messenger zum Geburtstag gratuliert. Sie hat sich bedankt.

Vor vielen Jahren habe ich beiden ein Ölmalerei gemacht. Für Constanze Seerosen und für Julia einen Tiger. Vielleicht kommen sie mich eines Tages besuchen und nehmen ihre Bilder mit. Ich liebe alle meine Enkel. Wir hatten auch sehr schöne Erlebnisse mit Larisa, Bernds Nachzügler. Sie hat mich immer so lieb angestrahlt. Beim Lachen ähnelt sie sehr Judiths großer Schwester, auch in der Herzlichkeit. Eigentlich hätte ich das Recht, sie zu besuchen, aber ich will keinen Stress machen.

Gott sei Dank haben wir mit Lore und Larisa Kontakt. Wir sind sehr stolz auf die beiden tüchtigen und vernünftigen Mädels. Wir haben viele schöne Stunden zusammen verbracht, auch als sie klein waren. Zusammen mit unseren Gästen haben wir wunderschöne Ausflüge gemacht. Vielleicht übernimmt eine von den beiden einmal unser Haus. Oder es will eine bei uns wohnen, denn Platz haben wir genug. – Ob wir jemals wieder Mieter nehmen werden, ist fraglich. Denn, bevor wir wieder solche Mieter haben wie zuletzt, nehmen wir lieber gar keine.

Wir haben einige Jahre Ferienwohnungen vermietet. Auch beim Vermieten habe ich Ausgrenzungen zu spüren bekommen. Vaters ehemalige Chefin hatte auch Ferienwohnungen zum Vermieten. Eine ehemalige Kollegin von der Ballarbeit hat es mir erzählt, die waren so hinterhältig. Wenn sie dir ins Gesicht schauten, waren sie freundlich zu mir. Aber hinterm Rücken haben sie ausgemacht, dass niemand mir Gäste empfehlen sollte. Da hätten sie die Gäste lieber in die Nachbargemeinde geschickt. Die Frau des Baumeisters war auch so eine. Sie wollte zwar meinen Mann zu allerhand Renovierungsarbeiten in ihrer Pension haben, aber zu mir wollte sie keine Gäste schicken. Zu meiner Freude haben aber doch einige junge Vermieter zu mir gehalten und mir Gäste geschickt. Ein Bauer mit Matura war so lieb und hat mir zu einem günstigen Preis meine Homepage gemacht. Zusätzlich hat er mir geraten, bei „Ferienwohnungen.de" einen Vertrag abzuschließen. Ich bezahlte damals für ein Jahr ungefähr 30 Euro. Von dort bekam ich mindestens 90 Prozent meiner Gäste aus der ganzen Welt. Ich war damals fast die Einzige aller Vermieter, die Englisch konnte. Deshalb hatte ich bald sehr viele nette Gäste aus allen möglichen Kontinenten. Mit einigen von ihnen habe ich heute noch Kontakt.

Es war eine sehr schöne Zeit. Wir machten auf Wunsch Ausflüge mit den Gästen. Ein Ehepaar aus Deutschland hat in unserem Ort ein Haus gebaut, deshalb waren sie sehr viel bei uns. Sie waren wunderbare Gäste. Wir wollten auch gerne Sommerurlaub machen, aber wir waren den ganzen Sommer eingeteilt. Deshalb haben wir angefangen, fix zu vermieten. Doch das ist ein Lotteriegeschäft. Eine junge, nette Frau hatten wir jedoch sieben Jahre lang.

Zusammenhang mit Margit

Ich habe vieles auf Margits Seite geschrieben, weil so viel mit ihr zusammenhängt, leider gehen sehr viele Sachen von Margit aus. Sie war mit Bernd, Constanze und Lore am meisten zusammen. Ich war entweder arbeiten, bei der Gartenarbeit oder sehr müde von diesen blöden Tabletten, die nicht einmal erforderlich gewesen wären. Leider habe ich viel zu lange den Ärzten vertraut, vor allem der Nervenärztin. Obwohl mein langjähriger Hausarzt, mich gleich Anfangs gewarnt hat, dass sie mich nur mit Tabletten vollstopfen würde. Leider war ich so nervlich fertig, dass ich mich nicht zu helfen wusste.

Margit war immer ein besonders liebes und gescheites Mädchen. Sie lernte gut. Nur in der dritten Klasse hatte sie eine Lehrerin, bei der sie am Ende der dritten Klasse das Einmaleins schlechter konnte als am Ende der zweiten Klasse. Dadurch hatte sie am Anfang der vierten Klasse Probleme. Wir haben dann mit ihr Turmrechnungen um eine Wette gemacht, damit sie einen Ansporn hatte. In Deutsch war sie von Haus aus ein Talent, Rechtschreibfehler gab es bei ihr kaum. Als sie in der Volksschule war, kam sie öfter mit Kathrin, der Tochter meines Arbeitgebers mit, die Mädchen aßen zusammen und machten nachher gemeinsam die Hausaufgaben. Margit kam zwar ab und zu fragen, wie man dieses oder jenes schreibt, doch ich wollte immer auf Nummer sicher gehen und sagte zu ihr: „Schau doch im Wörterbuch nach." Da hat meine Chefin dann manches Mal gesagt, wie man das richtig schreiben würde, doch ich habe entgegnet, dass es anders geschrieben wird. Als dann in Margits Heft ersichtlich war, dass es falsch war, hielt ich der Chefin das Heft unter die Nase.

Nächstes Jahr im Frühjahr habe ich dann beim Sporthotel angefangen. Als ich zum Elternsprechtag kam, hat Margits Lehrerin gleich zu mir gesagt: „Du brauchst gar nicht zu warten, denn Margit war die beste beim Hauptschulreifetest." So konnte ich gleich wieder zurück zum Sporthotel zum Arbeiten.

Allerdings hatte Margit in der Hauptschule eine Deutschlehrerin, die ihr ständig sehr schlechte Noten gab. Zur damaligen Zeit wurden in Deutsch hauptsächlich fast nur Aufsätze bei den Schularbeiten geschrieben. Ich fand Margits Aufsätze gut, doch die Lehrerin strich alles durch und gab ihr eine schlechte Note darauf. Einmal schrieb sie über das Ereignis, als sie blind war. Aber sie traute sich wohl nicht, darüber zu schreiben, warum das geschah, weil sie sich höchstwahrscheinlich deswegen geschämt hat, oder aber sie wusste die Ursache tatsächlich nicht. Da hat die Lehrerin auch wieder alles durchgestrichen und ihr erneut eine Fünf draufgegeben. Ich finde eine solche Lehrerin ohne jedes Mitgefühl komplett ungeeignet als Pädagogin.

Viele Jahre später, als Margit schon bei einer Firma für den In- und Export zuständig war, habe ich diese Lehrerin in der Stadt getroffen und ihr gesagt, wie ungerecht sie Margit benotet hat. Margit hatte nämlich in der HAK im Maturazeugnis als Einzige in der Klasse ein „Sehr gut" und in den fünf Jahren maximal eine Zwei im Zeugnis, und das bei drei verschiedenen Lehrern. Diese Lehrerin war die Tante von dem Arbeitskollegen meines Mannes. Sie hatte sich damit gebrüstet, dass sie die Kinder so prüfen könne, dass sie eine gute oder eine schlechte Note bekämen. Am meisten dürfte es sie wohl gestört haben, dass die liebe Frau des Baumeisters (zugleich Margits geliebte Turnlehrerin) und noch eine Dame dabeistanden. Die Frau des Baumeisters hat mich nachher nach den Details gefragt. Sie fand diese Art, Kinder so zu behandeln, auch nicht in Ordnung. Auch eine Mutter von Margits Mitschülerin hat mir erzählt, dass ihre Tochter oft sehr frustriert war, weil die Tochter des Bankdirektors ständig bessere Noten hatte als sie, obwohl sie eindeutig schlechter war.

Margit hatte kurz nach meiner Begegnung mit dieser ungeeigneten Lehrerin ein Klassentreffen. Meine Tochter war stinksauer auf mich, weil ich diese Lehrerin zurechtgewiesen hatte. Aber auch einige Schulkolleginnen von ihr waren damals davon betroffen. Und der Tochter des Bankdirektors hat sie letztendlich nichts Gutes getan mit dem Notenschenken, denn wenn das Mädchen früher besser gelernt hätte, dann hätte es später bei der Matura mit Sicherheit nicht die Nachprüfung machen müssen. – Alle anderen Lehrer waren sehr nett und Margit lernte gut und war beliebt bei den Lehrern.

In der HAK war es genauso. Nur in Geografie bekam sie meistens eine Vier, da war nämlich der gleiche Lehrer wie in Religion, aber ab dem zweiten Jahr in der HAK hat sich Margit von Religion abgemeldet, weil sie fand, dass sie mit ihrer Zeit etwas Besseres anfangen konnte. Margit kümmerte sich nachmittags viel um ihre kleinen Schwestern, weil ich oft aushelfen ging, und sie und ihr Bruder bekamen immer etwas Geld dafür.

Margit fuhr ab der dritten Ausbildungsjahr in der HAK immer in jeden Ferien nach Salzburg kellnern. Sie hat sich dort ohne unser Wissen, als wir draußen auf Urlaub waren, vorgestellt und gleich zugesagt bekommen.

Zum Maturaball lud Margit ihren Vater aus Tirol ein. Er kam zwar nicht, aber er lud sie ein, ihn zu besuchen. So hat sie ihren Vater zu Ostern besucht, doch seit sie bei ihrem Vater war, ist sie zu Hause anders gewesen. Ich finde es arg von ihrem Vater, dass er über seine Mutter so schlechte Sachen gesagt hat. Ich kannte sie kaum, aber seine Brüder haben immer wieder erzählt, was für eine Perle die Mama war, und auch die ganzen Einheimischen haben seine Mutter nur gelobt, sie hat zusätzlich Pflegekinder gehabt, die haben sie auch alle sehr gerngehabt. Als Margit 3.000 Schilling, die wir ihr mit nach London mitgegeben haben, im Telefonkasten liegen gelassen hat, habe ich Moritz, Margits Vater, gebeten, seiner Tochter auch etwas Geld zu schicken, doch der feine Herr hat einfach zu mir gesagt, er schicke ihr nichts, denn er habe bemerkt, dass sie ohnedies nicht mit Geld umgehen könne. Wir haben Margit dann Geld geschickt, obwohl wir selbst einige notwendige Zahlungen hatten, weil wir nicht wollten, dass sie in einer fremden Stadt ohne Geld zurechtkommen müsste.

Als sie mit der HAK fertig war, hat sie sich als Obermädchen in London beworben, damit sie noch besser Englisch lernen würde, obwohl sie sehr gut in Englisch war. Sie bekam sofort eine Zusage und konnte gleich nach der Matura nach London fahren. Sie hatte dort eine hervorragende Stelle bei einer Großindustriellenfamilie mit Kindern. Sie brauchte eigentlich nur auf die Kinder achtzugeben, doch überdies kochte und backte sie allerhand, die Kinder und auch die Eltern waren von ihr begeistert. Sie durfte zwei Monate mit aufs Meer fahren. Bei Partys durfte sie ebenfalls teilnehmen und die Gastfamilie war sehr bestrebt, dass Margit besonders das Wirtschaftsenglisch lernte, deshalb sprachen sie und ihre Gäste sehr viel mit Margit. Sie wollten sie bei sich im Betrieb beschäftigen, doch die Chefin des Hotels, wo sie in den Ferien gekellnert hatte, schrieb Margit, ob sie zurückkomme, so wie sie es vereinbart hatten. Als sie zurückkam, war nur der Sohn da. Die Mutter war inzwischen in einem neuen Hotel im Nachbarort. Besagtem Sohn hatte sie einst eine Abfuhr verpasst, deswegen teilte er sie jetzt als Mädchen für alles ein anstatt fürs Büro, so wie es mit der Mutter ausgemacht war. Dann hat er Margit einfach Geld in die Hand gedrückt und gesagt: „Kannst heimfahren, ich kann dich nicht gebrauchen."

Danach war Margit lange zu Hause und schrieb sehr viele Bewerbungen. Fast alle verlangten ein gerichtlich beglaubigtes Zeugnis, das kostete Geld, doch viele schickten die Zeugnisse nicht einmal zurück, obwohl sie überall ein frankiertes Retourkuvert beifügte. Immer wieder wurde sie gefragt, ob sie Praxiserfahrung habe. Das Kellnern haben alle nicht anerkannt.

Dann hat Margit vom Arbeitsmarkt aus bei einer Firma anfangen können, doch das war ein Horror für sie. Abends, wenn sie nach Hause kam, sagte sie: „Mama, ich bin so fertig, denn die wollen mich alle keine Arbeit machen lassen, ich habe höchstens eine Stunde gearbeitet." Für die Arbeit bekam sie aber nur circa 4.000 Schilling, während andere Produktionskinder, die sogar teilweise die Klasse hatten wiederholen müssen und zur Matura ein paarmal hatten antreten müssen, gleich Jobs bekamen, wo sie circa 15.000 Schilling bezahlt bekamen. Bernd wollte dann nicht mehr in die HAK gehen. Er sagte: „Soll ich etwa nachher Briefträger werden, wenn nur die Kinder von besseren Familien die gut bezahlten Jobs bekommen?"

Doch dann bekam sie einen anderen Chef. Der hat sofort gemerkt, dass Margit am besten von allen Englisch konnte, und hat sie zu Geschäftsreisen mitgenommen. Dann hat der Chef zu einer anderen Firma gewechselt und Margit und ihren jetzigen Mann gleich mitgenommen. Sie hat bei der WiFi arabisch sprechen gelernt. Dort machte sie viele Kurse beim WiFi. Sie hat sich hochgearbeitet und war für den Import und Export zuständig. Margits Freund wurde Betriebsmeister.

Markus, ihr Freund, war immer sehr nett, ebenso wie seine Eltern und Schwestern. Wir hatten lange ein sehr gutes Verhältnis. Mein Mann hat Margit und Markus so viel wie möglich geholfen bei ihrem Hausbau. Markus' Vater hat dann auch sehr viel bei uns geholfen.

Wir haben bei uns zu Hause sehr oft für alle Kinder Raclette gemacht. Margit hat mir sehr viele hübsche und brauchbare Geschenke mitgebracht, sowie ein selbstgemachtes wunderschönes Dufthäuschen. Danach sind wir mit der ganzen Familie schön spazieren gegangen. Da war die Welt noch in Ordnung. Zum Raclette habe ich meistens noch ein Stück Lungenbraten gekauft. Zusätzlich war ich lange als Kellnerin tätig. Denn Bernds Frau hat es besser gewusst, was ich bei einer lieben Bekannten zum Essen bekommen habe. Sie sagte: „Du wirst einen Lungenbraten bekommen haben." Ich verstehe nicht, warum unsere Kinder und die Schwiegertochter so mit mir umgehen.

Als Margit mich nach einer Lungenentzündung im Krankenhaus abholte, erfuhr sie, dass ich meine Lebensgeschichte niederschreibe. Da ist sie grantig geworden und hat behauptet, dass Franz Bernd misshandelt hätte, und mein Vater war auf einmal der Gute, schließlich sei er im Krieg gewesen und habe viel Schlimmes erlebt. Aber deswegen hatte er doch nicht das Recht, zu mir und Mutter so gehässig zu sein! Ob Margit vergessen hat, wie sie sich vor Opa niedergekniet und ihn angefleht hat: „Bitte tu Oma nichts!"?

Ich habe, als Margit noch kleiner war, viel vom Katalog bestellt. Vater hat meistens alles von der Post abgeholt und Margit hat dann immer gesagt: „Das hab ich vom Opa bekommen." Ich ließ sie in dem Glauben, denn ich hatte von Vaters Mutter nie etwas bekommen, außer eine kräftige Ohrfeige, weil ich im Sommer bei brütender Hitze eine kurze Hose getragen habe. Ich weiß noch gut, wie Margit bitterlich geweint hat, als wir im Spielwarengeschäft ein schönes Dreirad gesehen haben, es aber nicht mitnehmen konnten. Es war ein sehr gutes Dreirad mit Lufträdern. Es wäre viel zu schwer gewesen, damit mit der Straßenbahn und dem Bus bis nach Hause zu fahren. Deshalb habe ich vom Spielwarengeschäft einen Katalog mitbekommen und die Spielsachen dann immer bestellt.

Ich habe Margits schwere Anschuldigung zwei Jahre lang mit mir herumgeschleppt. Zu Hause habe ich dann einen Rückfall gehabt und nochmals hohes Fieber bekommen. Außerdem habe ich fast nichts mehr an Nahrung vertragen. Ich hatte ständig Durchfall. In den zwei Jahren hat sich mein Gewicht von 78 Kilo auf 36 Kilo reduziert.

Zu dieser Zeit habe ich auf Marvin, unseren lieben Enkel, geschaut. Er war ein sehr liebes, aber sehr ängstliches und anhängliches Kind. Er wollte in der Früh nie in den Kindergarten gehen, jeden Tag gab es in der Früh ein Schreikonzert. Er hatte Angst. Wenn er aufs WC ging, war oft auch ein anderer Junge da, und da hat Marvin erzählt, dass dieser ihn immer schupft. Eigentlich wäre es die Aufgabe der Hilfskindergärtnerin gewesen, dem Jungen zu sagen, dass er das nicht darf. Das hat im zweiten Kindergartenjahr angefangen, im ersten Jahr hatte er zwei ältere Jungs sehr gerne, davon hat mir Marvin im zweiten Kindergartenjahr erzählt. Er sagte, dass er Christian und Thomas sehr vermisse, denn das waren seine besten Freunde. Ob sonst noch etwas vorgefallen ist, weiß ich nicht. Marvin war ein ruhiges, sehr angenehmes und herzliches Kind.

Als Michi, jene Hilfskraft, wegen einer Knie-OP einige Zeit fehlte, war es sehr angenehm, Marvin weinte in der Früh nicht mehr und ging gerne in den Kindergarten. Doch als Michi wieder zurückkam, ging der Zirkus von vorne los. Seine Mama Constanze hat währenddessen bei Siemens Elektrikerin gelernt.

Ich habe damals durch Zufall erfahren, dass Michis Tochter Maria vor einigen Jahren bei 16 Grad minus Lores Winterstiefel in den tiefen Schnee geworfen hat. Bei Maria und ihrer Mutter war es Usus, dass sie ihre oft noch fast neuen Kleider einfach wegwarfen. Ihr Schwiegervater war der Onkel meines Mannes, dieser hat oft erzählt, dass Michi sogar oft nagelneue Sachen, die sie bestellt hatte, die ihr aber nicht gefallen haben, einfach in die Mülltonne warf. Der Onkel war ein fleißiger und sparsamer Mensch. Er hat in seinem Garten für sich Salat angesetzt, aber die Schwiegertochter hat alles rausgerissen und den Pferden zum Fressen gegeben. Er hatte dem Jungen sein Haus überlassen und zog in ein Zimmer oberhalb vom Pferdestall ein. Leider kam dort immer der Dampf vom Pferdestall hinauf. Sein Sohn war Fernlastfahrer. Sie hatte immer wieder andere Männer. Wenn der Onkel seinem Sohn etwas sagte, musste er es bitter büßen, irgendeine Gemeinheit fiel ihr immer ein.

Ein nettes, gleichaltriges Mädchen hat gesehen, wie Maria Lores Stiefel weggeworfen hat, damals dachte das Mädchen, sie hätte ihre eigenen Stiefel weggeworfen. ihre Wegwerfaktionen waren allgemein bekannt. Lore hatte ungefähr vom fünften Lebensjahr an sowie während ihrer ganzen Schulzeit Epilepsie. Maria hat Lore einen Hund nach dem anderen angetan, hat das nette Mädchen gesagt, sie könne das gar nicht verstehen, die Lore hatte ihr keinerlei Veranlassung dazu gegeben. Außerdem gingen sie jetzt sowieso in verschiedene Klassen. Auch von anderen Personen hörte ich, wie gemein Maria und ihre Mutter zum Opa waren. Sie nannten ihn „den alten Hund".

Wenn Lore auf Klassenfahrt fuhr, musste ich jedes Mal mit den Lehrkräften sprechen wegen Lores Epilepsie, zusätzlich musste ich eine Betteinlage mitgeben, weil sich bei einem möglichen Anfall in der Nacht die Blase entleerte. Auch deswegen hat Maria sie verspottet und auch noch andere Mädchen dazu angestachelt, Lore zu hänseln.

Lore hatte zu diesem Zeitpunkt verschiedene Untersuchungen, weil sie schon zwei Jahre lang keine Anfälle mehr hatte und deswegen die leberschädlichen Tabletten absetzen könnte. Doch wegen der Geschichte mit den Stiefeln hat sie sich derart aufgeregt, dass sie in der Nacht wieder einen heimlichen Anfall hatte, wie laut EEG festgestellt wurde. Jetzt musste sie die Tabletten doch zwei Jahre weiternehmen.

Lore hatte damals ihre Stiefel gesucht und deswegen den Autobus verpasst, eine Verwandte hat sie frierend an der Bushaltestelle stehen gesehen und hat sie dann mit zu sich genommen, bis der nächste Bus fuhr. Sie hatte nur billige Stoffpatschen an den Füßen, die schon durchgescheuert waren. Bei jedem Schritt ist sie bei minus 16 Grad im Schnee stecken geblieben; so habe ich sie aufgelesen, als ich von der Arbeit nach Hause fuhr und sie um 16.00 Uhr weinend auf dem Weg nach Hause vorfand.

Ich bekam jedes Mal, wenn ich Michi sah, eine Mordswut, deswegen habe ich ihr einen Brief geschrieben. Zwei Sätze darin waren weniger schmeichelhaft. Ich habe geschrieben, dass es für mich die größte Freude gewesen wäre, wenn sie nicht wieder in den Kindergarten zurückgekommen wäre, und dass ich von verschiedenen Personen gehört habe, dass sie und ihre Tochter gemein zu Mensch und Tier sind. Überdies habe ich in dem Brief geschrieben, dass ich durch Zufall gehört habe, dass Maria Lores Stiefel bei minus 16 Grad in den Schnee geworfen hat und dass Maria Lore ständig schikaniert hat, ohne jeglichen Grund, und was solche Schikanen für die Gesundheit von Lore bedeuten. Ich schrieb ihr, dass ich das alles von einem Mädchen sowie auch von einigen anderen Personen erzählt bekommen habe.

Die Kindergartenhilfe Michi hat daraufhin unsere Tochter Constanze angerufen und zu ihr gesagt, ich hätte vier Seiten Gemeinheiten geschrieben. Außerdem hätte ich vor Jahren der Kindergartenleiterin auch einen solchen Brief geschrieben.

Ja, das habe ich, aber das hatte auch einen triftigen Grund. Die Kindergartenleiterin hatte mich vor allen Müttern, die gerade ihre Kinder abholten, lautstark angesprochen. Sie hat gesagt, ich solle besser auf meine Tochter Margit aufpassen, denn die würde so allerhand anstellen. Ich schluckte kurz und dachte mir meinen Teil, denn ich wollte vor den Leuten nicht kontern. Ich habe ihr dann in einem Brief kurz und bündig mitgeteilt, sie solle lieber auf ihren Sohn schauen, denn der hat ganz andere Sachen aufgeführt, dass er sogar von der Schule geflogen ist; außerdem ist mir von Margit nichts Schlimmes zu Ohren gekommen. Zusätzlich hatte sie nicht das Recht, mich vor anderen Personen wegen meiner inzwischen 18-jährigen Tochter abzuregeln. Damals ist Constanze in den Kindergarten gegangen und ich hatte die Kindergartenleiterin bis dahin eigentlich sehr geschätzt, zumal ich auch ihre Eltern sehr gerne mochte. Aber ich war mit der Zeit zu der Überzeugung gekommen, dass sie sehr auf sich bezogen war; beim Erntedankfest in der Kirche hat man bei den Liedern überwiegend die Kindergartenleiterin singen gehört. Bei der anderen Kindergartengruppe hat man die Kinder so schön singen gehört und die Kindergärtnerin nur leise im Hintergrund. Ich glaube inzwischen, dass die ganzen Attacken gegen Lore und später auch gegen Marvin auch auf die Kappe von der Kindergartenleiterin geschehen sind.

Danach haben alle drei Töchter kein Wort mehr mit mir geredet und Constanze ist ausgezogen in eine Wohnung, wo Marvin sehr viel allein war. Für mich war es schrecklich, denn Marvin weinte herzzerreißend und sagte: „Warum muss ich da weg? Ich möchte dableiben."

Ich war damals gesundheitlich auf dem Tiefpunkt. Margit hat für Lore eine Wohnung in der Stadt organisiert. Sie hat damals noch gelernt. Leider hat sich Margit aber nicht um Lore gekümmert, denn einen Gesellenbrief haben wir nie gesehen von Lore. Zusätzlich hatte Lore in ihrer Firma Probleme, weil der Ex-Präsident von einem Fußballverein den Vizepräsidenten, ihren Chef, in die Pleite gebracht hat. Lore hätte zwar trotzdem dort fertig lernen können, doch Margit hat ihr geraten, die Lehre beim Arbeitsmarkt fertig zu machen. Zusätzlich hatte Lore Probleme mit ihrem Freund. Wir gaben Lore das Geld für die Wohnung, weil sie ja noch Lehrling war, aber der gute Freund hat das Geld verspielt. Als Lore nicht mehr zurechtkam, ist sie nach Hause gekommen. Wir waren damals davon ausgegangen, dass Lore ihren Gesellenbrief gemacht hat. Lore hat kurz danach bei der Firma Magna zu arbeiten angefangen.

Damals wollte ich meinem Leben ein zweites Mal ein Ende setzen. Ich wollte mich an der Schaukel im Vorraum, wo Marvin immer schaukelte, erhängen, ich hätte nur mehr die Leiter umzustoßen brauchen, aber in dem Moment dachte ich an Marvin, der würde wohl einen Schock erleiden. Diese Zeit war verdammt hart für mich. Aber mein Mann ist immer hinter mir gestanden. Ich konnte fast nichts mehr essen und kaum schlafen. Ich war beim Arzt, um mein Blut untersuchen zu lassen. Meine Blutwerte waren wie bei einer 17-Jährigen. Eine Woche später war ich dann beim Internisten, um eine Magenspiegelung vornehmen zu lassen. Der Internist sagte zu mir: „Frau Pfeifenberger, wie haben Sie das ausgehalten? Ihr Magen ist komplett voll mit Geschwüren." Die Tabletten, die ich daraufhin bekam, haben bei mir einen starken Juckreiz ausgelöst. Ich habe dann heilgefastet und meinem Magen ging es sofort besser. Ich hatte einige sehr gute Berater fürs Heilfasten. Vor allem hatte ich sehr viel Wurzelwerk und Kräuter in meinem Biogarten.

Wir haben unser Haus renoviert und isoliert. Neue Fenster und Türen eingesetzt. Früher war das Haus weiß, jetzt strahlt es in Sonnengelb. Das Dach war grau, jetzt ist es rot.

Ich habe Malkurse besucht und viele Bilder gemalt. Ich habe unzählige Kurse über richtige Ernährung und Gesundheit gemacht.

Margit hatte inzwischen geheiratet und einige Fehlgeburten gehabt. In dieser Zeit kam mich ihre Schwiegermutter besuchen. Nach ihrem Reden wäre Franz dafür verantwortlich, dass Margit damals blind war. Ich kam gar nicht dazu, ihr zu sagen, dass es Franz damals noch gar nicht in unserem Leben gab, denn Margit war ja schon neun Jahre alt, als ich ihn kennenlernte. Ich war durch dieses Gespräch so durch den Wind, dass ich gar nicht richtig antworten konnte.

Nach einiger Zeit starb der Schwiegervater. Er hatte gewollt, dass wir uns versöhnen, und so luden sie uns zum Begräbnis ein. Doch am Tag vorher hat mich meine Schwägerin angesprochen wegen der Beerdigung meiner Mutter, wenn es bei ihr so weit wäre. Zusätzlich hat sie mir unter die Nase gerieben, dass Mutter einmal ein Kind fast erwürgt habe. Ich habe darauf gesagt: „Das kann wohl nur ich gewesen sein, ich bin ja allerhand gewöhnt." Doch es machte mir doch mehr aus, als ich nach außen hin zu erkennen gegeben hatte. Ich bin tagsüber auf der Alm herumgesaust und konnte nachts nicht schlafen, ich war komplett fertig. Nach dem Begräbnis fand beim Dorfwirt der übliche Leichenschmaus statt, wir haben einen Sitzplatz ganz abseits von den anderen zugewiesen bekommen. Wir haben uns dann bald von Margits Schwiegermutter verabschiedet und sind nach Hause gegangen.

Margit haben wir erst wieder bei der Taufe von einer Enkelin gesehen. Da war ihre Tochter Lea schon circa drei Jahre alt. Sie war ein liebes und lebhaftes Kind und wirbelte nur so durch die Gegend. Sie wusste nicht, dass ich ihre Oma bin, und setzte sich auf meinen Schoß, da blieb sie eine ganze Weile sitzen, aber Margits Blicke waren alles andere als freudig.

Das nächste Mal sah ich Margit bei der Taufe von Larisa. Ich ging zu ihr hin und streckte ihr die Hand entgegen, aber sie drehte sich um und ging weg von mir. Das schnitt mir ins Herz. Schon wegen der Enkel wollte ich Frieden mit Margit.

Immer wieder haben wir den Eindruck, dass Margit ihre Geschwister gegen uns aufhetzt. Bei Constanze war das jetzt schon dreimal der Fall. Aber jedes Mal, wenn sie etwas braucht, kommt sie wieder; das letzte Mal war es der Enkel Marvin. Wir freuten uns, dass er angerufen hatte. Sie hatten gerade eine große Baustelle, aber große Schwierigkeiten mit den Handwerkern, die viel Pfusch machten. Das alles erzählte mir Marvin am Telefon. Ich sagte: „Da wäre wohl der Opa gut, willst du ihn sprechen?" Von da an hat mein Mann zwei Jahre fleißig sämtliche Handwerkerarbeiten verrichtet: im zukünftigen Laden der Tochter, in Marvins Wohnung und in der Außenanlage. Dann war Bernd aus

Tirol zu Besuch. Margit, Bernd und Constanze sind eine ganze Woche zusammen gewesen, da fingen die Feindseligkeiten wieder an. Natürlich hat auch Corona eine Rolle gespielt, dass sich die Fronten wieder verhärtet haben. Ich habe schlechte Erfahrungen mit Medikamenten und Impfungen gemacht. Vor Jahren bei Margit, als sie erst ein halbes Jahr alt war, später auch bei Constanze, als sie Keuchhusten hatte. Wir haben uns daher gründlich informiert und diese Informationen den anderen weiterzugeben versucht, um alle vor negativen Nachwirkungen zu verschonen. Bernd ist bei einem Pharmakonzern angestellt. Er weiß natürlich alles besser. Aber zwischendurch hat Constanze auch ganz andere Momente, Sie schenkte mir einige Naturheilbücher und Heilkräuter, auch als Marvin in die Schule ging, da hat sie angerufen und gefragt, ob ich bestimmte homöopathische Mittel zu Hause hätte, weil er Schullandwoche fährt und die ihn so gut helfen.

Constanze schrieb mir auf WhatsApp drei arge Schimpfwörter; nur weil ich schon lange ein Schwarzkümmelöl bestellt hatte und dieses dringend benötigte, hatte ich am Montag eine Frist bis zum Wochenende gesetzt; ich sehe keinen Grund, mich deswegen so zu beschimpfen. Ein Schimpfwort davon war so arg, dass ich gleich alles blockiert habe.

Ich hatte nämlich im September einen Fahrradunfall; weil ich mit der vielen Gartenarbeit zu Hause überfordert war, konnte ich zwei Nächte hintereinander kaum schlafen. Mein Mann war bei Constanze, um die Außenanlage fertigzustellen. Gleich in der Früh fuhr ich mit dem E Bike einkaufen, dabei hatte ich wie stets einen Tee für meinen Blutdruck dabei. Ich hatte kurz vor meinem Unfall einen Schluck getrunken und bin dann im Kreisverkehr gefahren, ohne auch nur das geringste Anzeichen von Müdigkeit zu verspüren, aber kaum war ich auf dem Gehsteig, wurde mir plötzlich schwarz vor Augen und ich stürzte in einen gut gepolsterten Rasenstraßengraben. Ein junger Mann ging vorbei und hat mir aus dem Straßengraben geholfen. Ich habe vor Kurzem mit einer Therapeutin gesprochen, die bezüglich meiner Wirbelsäule im Bilde ist. Sie hat gemeint, dass meine plötzliche Bewusstlosigkeit dem Ruck beim Übergang auf den Gehsteig geschuldet sei, denn an der Stelle war die Kante hoch und nicht abgeflacht, wie es sonst üblich ist.

Die letzten zwei Jahre hat mein Mann fleißig geholfen. Die ganze Gartenarbeit und das große Haus musste ich in dieser Zeit allein machen. Ich habe schon in aller Frühe Vogerlsalat gestochen und geputzt und gewaschen für die Tochter und die Arbeiter.

Ich war so dumm und habe Marvin meinen Bausparvertrag auf drei Etappen gegeben. Wir hatten zwischenzeitlich viel Freude mit Marvin, mit welchem großen Einsatz er dabei war um das Geschäft seiner Mutter, seine Wohnung und die Außenanlage fertigzustellen. Besonders gern mochte Marvin unseren Apfelsaft. „Mhmm, der ist soso gut!", hat er immer geschwärmt. Die Arbeiter haben ihn auch sehr gern getrunken. Auch meinen Salat hat Marvin immer liebend gern gegessen. „Der ist so lecker und knackig", hat er stets gesagt. Als Constanze mir dann später auf Whats App noch verschiedene Sachen an den Kopf geworfen hat, konnte ich nur darüber lachen. Mein Mann wusste genau, dass es nicht so war.

Über all meine Verletzungen und Krankheiten zusammengefasst. Aber auch ein starke Wille, gesund zu werden.

Angefangen hat es schon im Mutterleib. Meine Mutter nahm Pillen, damit ich sterbe.

Mit zwei Jahren hatte ich Keuchhusten.

Mit fünf Jahren hatte ich eine Zeitzünder-Verletzung.

Als ich zehn war, habe ich einen Stockzahn verloren wegen eines Dentisten, der einfach drauflosgebohrt hat, obwohl eine Wurzelbehandlung notwendig gewesen wäre. Er sagte: „Wenn es wehtut, dann hebst die Hand hoch." Mich hat es vor lauter Schmerzen vom Hocker gehoben, denn er hörte nicht auf, obwohl ich die Hand schon lange hochgestreckt hatte. Ich erbrach vor lauter Schmerzen. Da hat er mir gleich noch eine geknallt. Gut so, da hatte ich wenigstens eine Betäubung. Ich bin danach sofort davongestürmt und nachmittags gleich zu meinem

Zahnarzt gegangen. Er konnte den Zahn nur mehr rausreißen, denn alles war eitrig. Infolgedessen sind im Oberkiefer und im Unterkiefer die Zähne schief gewachsen. Wir durften nämlich zu diesem Dentisten während der Schulzeit gehen. Mit zwölf Jahren hat es die restlichen Splitter innerhalb von zwei Monaten heraustransportiert in Form von Abszessen. Schon in der Volksschulzeit hatte ich bei sämtlichen Stockzähnen im Oberkiefer Wurzelbehandlungen. Wegen der vielen Amalgamplomben hatte ich gesundheitliche Probleme.

Einmal bin ich in eine Gartenharke getreten. Ich war derart auf den Spitz getreten, dass er oben herausgeschaut hat. Leider habe ich deshalb beim Rist einen Trümmerbruch, das wurde vor Kurzem beim Röntgen festgestellt. Der hat sich vor circa 20 Jahren das erste Mal bemerkbar gemacht.

Mit 15 Jahren hatte ich gefrorene Beine, weil wir leider keine Hosen tragen durften.

In Tirol hatte ich eine schwere Angina.

Nach der Geburt meiner ersten Tochter war ich ein Jahr krank.

Als ich einer Mandel-OP unterzogen wurde, waren die Klosterschwestern sehr unfreundlich. Als ich eine Schüssel verlangte, sagten sie ungehalten: „Niemand macht einen solchen Zirkus wie du!" Ich dachte: „Na gut, gesagt habe ich es ja." Da machte es plitsch und ich erbrach eine riesige Menge verschleimtes Blut übers ganze Bett. Das haben sie dann aber, ohne zu murren, weggeputzt. Ich hatte Tag für Tag Fieber und wollte nur weg von diesen bösen Schwestern. So habe ich das Fieberthermometer nur kurz drinnen gelassen und nachgeschaut, ob die Normaltemperatur einigermaßen passte, und so durfte ich nach Hause. Aber die Krankheit hat mich ganz schön geschlaucht. Ich habe danach einige Monate gebraucht, bis ich außer einem Brei etwas essen konnte; damals hat mir halt der notwendige Wissensschatz gefehlt. Ich bin heute davon überzeugt, dass ich das viel schneller hinbekommen hätte, wenn ich mit Eichenrindentee gespült hätte. Auch von der Heilkraft des Hirtentäschel Tees habe ich damals nichts gewusst. Ich habe zwar verschiedene Tees getrunken, aber keiner von ihnen hatte diese heilsame Wirkung.

Mit etwa 20 Jahren hatte ich Probleme mit meinen Weisheitszähnen. Innerhalb von einigen Monaten waren alle Weisheitszähne eitrig. Nur einen Zahn konnte mein Zahnarzt mit viel Aufwand herausreißen, die anderen drei musste er stückweise herausstemmen. Dabei stand ich Wahnsinnsschmerzen aus. Ich konnte sehr lange den Mund nicht normal öffnen. Dadurch hatte ich eine Kieferluxation.

Als ich ungefähr 26 Jahre alt war, hatte ich Gelbsucht. Mit ungefähr 28 Jahren bekam ich im Winter im Bereich meiner Beine und meines Unterkörpers zehn Abszesse hintereinander; bei jedem Abszess hatte ich um die 40 Grad Fieber. Die Abszesse waren so hart, dass der Arzt sie immer aufschneiden musste, damit der Eiter ausrinnen konnte. Der Arzt gab jedes Mal eine andere Tube Ärztemustersalbe drauf, da bekam ich dann auch noch eine arge Allergie. Ich konnte nicht mehr schlafen und lief die ganze Nacht umher, der ganze Körper war voller Blasen und ich war aufgedunsen wie ein Krapfen. Ich ging zu meinem Hausarzt. Der sagte: „Kommst du am Donnerstag wieder und bringst deinen Urin mit." Das war am Dienstag. Mittwochs hatte mein Hausarzt frei.

Am Mittwoch ging ich zu Dr. Machart. Zu dem bin ich immer gegangen, wenn ich nicht gesund wurde, beziehungsweise wenn mir der Arzt des Ortes nicht mehr helfen konnte. An diesem Tag hatte der Sohn von Dr. Machart Dienst. Ich kannte ihn noch nicht. Obwohl ich Hosen anhatte – an den Beinen war die Allergie am heftigsten, sie waren fast doppelt so dick wie normalerweise –, sagte er gleich: „Sie haben eine Medikamentenvergiftung." Dr. Machart Junior hat mir gleich Infusionen gegeben und Penizillin gespritzt. Ich habe ihn gefragt, ob er nichts machen könne, damit ich keine solchen Abszesse mehr bekomme. Darauf hat Dr. Machart gesagt: „Ja natürlich, ich habe bereits etwas gemacht, aber hoffentlich ist es nicht zu spät."

Ich bin anschließend zur Apotheke meine verschriebenen Medikamente holen gegangen. Eine Schulkollegin von mir arbeitete dort. Sie war gerade beschäftigt, als ich eintrat, und grüßte deshalb nur kurz. Dann schien sie mich an der Stimme erkannt zu haben und ihr Blick ging in meine Richtung. Ich merkte, dass sie mich nicht erkannte, aber dann kam sie doch auf mich zu und sagte: „Tina, bist das du?!" Durch die Infusionen konnte ich inzwischen schon etwas besser herschauen; vorher hatte ich enorme Mühe beim Autofahren, da meine Augen arg verschwollen waren.

Die Medikamente haben sehr gut gewirkt und ich spürte rasch eine Besserung. Nach einigen Tagen lief im Fernsehen gerade eine Sendereihe, sie hieß „Das Jahrhundert der Chirurgen". An diesem Tag wurde über die Erfindung des Penizillins gesprochen, und da waren zwei Fälle, die genau so waren wie bei mir. Bei der einen Frau war es leider zu spät. Die ist jämmerlich verfault. Doch bei der zweiten hat es gewirkt. Jetzt wusste ich, was Dr. Machart gemeint hatte mit seinen Worten „Hoffentlich ist es noch nicht zu spät". Obwohl es mir schon viel besser ging, hatte ich schon ein mulmiges Gefühl. Aber ich schaffte es. Dennoch habe ich seitdem ständig mit verschiedenen Allergien und Juckreiz zu kämpfen.

Als ich mit 32 mit meinem dritten Kind im sechsten Monat schwanger war, hatte ich – vorwiegend in der Nacht – sehr starke Schmerzen in den Händen und Füßen, sodass ich kaum schlafen konnte. Dr. Machart schrieb mich krank. Doch der Chefarzt haute mich raus. Er sagte: „Wenn Sie zu faul sind zum Arbeiten, dann bleiben Sie halt zu Hause." Ich habe mir den Wirbelsäulenschaden sicher durch das Tragen der schweren Tabletts mit der linken Hand dadurch zugezogen, weil vom Speisesaal zur Küche einige Stufen waren, dadurch wurde die Wirbelsäule zusammengestaucht. Es ist mir unbegreiflich, dass man da Stufen hingebaut hat. Es waren auch viele behinderte Gäste anwesend. Daran sieht man, dass es Menschen gibt, die zwar in einem Bereich sehr intelligent sein mögen, denen es aber andererseits an logischem Denken fehlt. Es haben damals zwei sehr unbeholfene Mädchen im Speisesaal serviert. Ich habe zu jener Zeit die Getränke gemacht. Sie haben das Leergeschirr auf das Tablett geschichtet, aber tragen konnten sie das Tablett nicht. Deshalb trug ich das Tablett dann immer in die Küche, wenn ich zwischendurch Zeit hatte. All die Jahre zuvor hatte ich nie so schwere Tabletts getragen, denn ich nahm das Leergeschirr stets jedes Mal gleich mit in die Küche. Zusätzlich standen im Speisesaal um 10 Uhr, wenn meine Arbeitszeit begann, einige vollbeladene Tabletts, mit Silberkannen, teilweise halb voll und die Teller übereinandergestapelt, in die Küche zu tragen. Leider spürte ich den Schaden erst im nächsten Jahr als ich bei meinem dritten Kind schwanger war.

Mein schwerer Wirbelsäulenschaden wurde erst nach circa 13 Jahren festgestellt. Da wurde mir gesagt, dass ich nicht mehr als zwei Kilo heben solle. Ich suchte einige Ärzte und Wirbelsäulenspezialisten auf, aber es wurde keine Ursache gefunden. Ich beziehungsweise mein Mann bezahlte 13 Jahre lang meine Versicherung, weil ich immer Schmerzen hatte und deswegen keiner geregelten Arbeit nachgehen konnte. Ab und zu ging ich aushelfen, ich kellnerte sehr gerne, aber in der Nacht waren die Schmerzen dann noch ärger.

Mit 42 Jahren war ich körperlich und seelisch ein komplettes Wrack. Mein Hausarzt schickte mich auf Kur nach Gastein. Dort hatte ich einen hervorragenden Masseur. Ich hatte zwar hinterher enorme Reaktionsschmerzen, aber schon bald wurden die Schmerzen weniger. Dann merkte ich, dass ich ums rechte Auge herum ein taubes Gefühl hatte. Ein Rechtsanwalt riet mir, zu einem Homöopathen zu gehen. Da habe ich verschiedene Mineralien und Spurenelemente bekommen. Dieser Arzt sagte zwar zu mir, dass ich keine Tabletten nehmen solle, aber nicht, dass mein taubes Gefühl mit der Schilddrüse zu tun hatte. Eine Schwägerin von Margit riet mir, zu ihrem ehemaligen Chef, einem Orthopäden, zu gehen; dieser empfahl mir, zu einem Nervenarzt zu gehen.

Ich war leider so dumm und bin wieder zu Frau Dr. Sumpf gegangen. Ich fragte sie, ob meine Beschwerden mit der Schilddrüse zu tun haben könnten, denn in der Schule hatte ich gelernt, dass bei einer Schilddrüsenunterfunktion die gleichen Symptome auftreten. Sie hat mir Blut abgenommen, doch mein Blutbild war in Ordnung, deswegen sagte sie, dass käme von den Nerven.

Ich bekam von ihr zehn Tabletten täglich verordnet. Ich teilte ihr mit, dass mein homöopathischer Arzt gesagt hatte, dass ich keine Tabletten nehmen solle, doch sie entgegnete: „Diese Tabletten müssen Sie unbedingt nehmen!", doch von diesen Tabletten bekam ich fürchterliche Halluzinationen. Obwohl es im Zimmer stockdunkel war, sah ich furchtbare Monster von der Decke herunterkommen und das Gesicht meines Mannes war eine arge Fratze. Ich nahm diese Tabletten und zeigte sie meinem Orthopäden. Er sagte: „Um Gottes willen, werfen Sie dieses Gift weg!" Ich bekam dann von Dr. Sumpf andere Tabletten, davon habe ich in einem halben Jahr 28 Kilo zugenommen und ich war immer sehr müde. Doch dann haben mir ehemalige Gäste einen anderen Arzt in der Hauptstadt empfohlen, der hat zwar auch keine Schilddrüsenuntersuchung angeordnet, doch er verschrieb mir wenigstens Tabletten, die mich nicht mehr so müde gemacht haben.

Mit 45 ging ich nochmals auf Kur. Die Kurärztin war dieses Mal sehr nett. Sie sagte: „Es wäre gut, wenn Sie abnehmen würden." Das wollte ich auch, ich war nicht glücklich mit 78 Kilo. Doch keine Diät half. Meine Schilddrüsenunterfunktion wurde erst kurz vor meiner Lungenentzündung festgestellt. Dadurch, dass ich fallweise als Pflegehelferin eingesetzt wurde, hatte ich wieder Rückenprobleme, aber vorwiegend Schulterschmerzen.

Nach einigen Jahren ging es mir in Tirol sehr schlecht, weil ich mir zu viel zugemutet hatte, deshalb schickte mich meine Schwiegertochter zu einem sehr bekannten und hoch geschätzten Fußreflexmasseur. Dort war ein angehender Arzt nebenbei als Masseur tätig. Dieser hat mich zu einer Spezialuntersuchung für die Schilddrüse geschickt. Seine und meine Vermutung, dass ich eine Schilddrüsenunterfunktion hatte, hat sich bestätigt. Später hat mir die Exschwiegertochter auch noch einen Masseur empfohlen, der maßgeblich für meine Gesundheit war. Er hat mir Ratschläge gesagt, was ich bei meiner Narbe machen muss, damit ich Niere, Milz und Blase gesund erhalte.

Mit 49 Jahren suchte ich erneut um eine Kur in Gastein an, ich wurde jedoch nach Althofen geschickt. Das viele Moor tat mir nicht gut, ich bin in der Badewanne ohnmächtig geworden, die Therapeutin hat mich gerade noch rechtzeitig herausgezogen. Geholfen hat mir diese Kur nicht, ganz im Gegenteil, es ist alles nur noch schlimmer geworden. An den Händen bekam ich Rheumaknoten, die ich teilweise heute noch habe. Ich konnte danach die meiste Zeit nicht mehr arbeiten gehen. Ich ersuchte daraufhin um eine Kur in Gastein, weil mir diese damals so gut geholfen hatte, doch die Kur wurde abgelehnt und ich wurde mit 50 Jahren in Pension geschickt. Es wurde mir gesagt, mit meiner Wirbelsäule könnten sie mich nicht gebrauchen.

Zu meinem 50. Geburtstag wurden meine Gallensteine entfernt. Die Oberärztin sagte: „Die Steine haben Sie von der Wirbelsäule bekommen, denn die Entzündung hat auf die Galle gedrückt." Das war tatsächlich so, denn immer, wenn ich etwas tat, was die Wirbelsäule belastete, bekam ich diese Anfälle. Ich litt immer wieder an starken Schmerzen an der Wirbelsäule, an den Knien sowie an den Schultern und hatte deshalb schlaflose Nächte. Mein Mann kaufte mir ein MRS-Magnetfeld, so konnte ich es wenigstens im Bett aushalten, sonst musste ich mich zwischendurch mindestens einige Zeit bewegen, damit ich wieder etwas schlafen konnte. Dann machte mir mein Mann in der Sauna ein Sonnenlicht mit Farbfolien, da lag ich dann auf Matten und machte Dehn- und Turnübungen, das tat mir unglaublich gut, aber Schmerzen hatte ich trotzdem immer wieder.

Ich bin ein Mensch, der immer etwas zu tun haben möchte. Schon als Kind bin ich auf den Bäumen herumgekraxelt; so wollte ich jetzt unbedingt helfen, Äpfel zu pflücken, und mein Mann leerte dann den Korb aus. Leider rutschte ich aus und riss mir die Sehne, aber das wurde erst nach über zehn Jahren bei einem MR festgestellt. Ich fuhr zur Untersuchung ins nächste Krankenhaus in einer Kleinstadt. Sie konnten nichts finden, deswegen haben sie in den Befund nur geschrieben, dass ich eine starke Rötung und eine Schwellung hätte. Ich bin dann zum Orthopäden gegangen. Er meinte, vielleicht wäre ein Nerv gerissen, ich solle zu Dr. Sumpf gehen. Doch ich entgegnete: „Zu der gehe ich auf keinen Fall! Diese Ärztin hat mich immer mit starken Tabletten vollgefüllt, aber die Ursache hat sie nie festgestellt."

Ich ging zu meinem Hausarzt zu einer Therapie, weil meine Schulter so stark schmerzte, dass ich nicht einmal mit der rechten Hand essen konnte. Auf dem kurzen Weg nach Hause bekam ich plötzlich fürchterliche Schmerzen, ich konnte kaum mehr die zwei kleinen Steigungen bewältigen. Als ich zu Hause war, habe ich sofort die Rettung angerufen. Ich wollte wegen der Vermutung des Orthopäden in die Nervenklinik, zumal ich schon öfter gehört hatte, dass sie dort sehr gut seien. Mein Hausarzt saß inzwischen bereits im Gasthof, ich war seine letzte Patientin gewesen und er hat gleich hinter mir geschlossen.

Auf der Fahrt in die Klinik hat mich der Sanitäter gefragt: „Frau Pfeifenberger, lassen Sie sich das gefallen, was auf der Überweisung steht?" (Auf der Überweisung stand nämlich ich wäre eine Hypochonderin) Ich sagte darauf: „Mir ist alles wurscht, Hauptsache ich bekomme Hilfe." Doch da hatte ich mich gewaltig getäuscht! Dr. Groll, die Oberärztin, fragte mich nach meiner Lebensgeschichte. Ich sagte zu ihr: „Ich habe zwar viel erlebt, aber deswegen bin ich nicht hier", machte meine Bluse auf und zeigte ihr meine geschwollene und rote Vorderseite. Doch Dr. Groll sagte, sie sähe nichts. Ich ärgerte mich über diese Antwort, denn erstens sah man es deutlich und zweitens hatte ich von der Klinik den Befund, wo drinstand, dass ich eine Rötung und Schwellung habe. Deswegen sagte ich zu der Ärztin: „Wenn Sie nichts sehen, dann lassen Sie sich pensionieren."

Ich bekam jede Menge Nerventabletten, aber leider wurden meine enormen Schmerzen dadurch kein bisschen besser. Die Ärztin schrie mich immer wieder an und sagte: „Gehen Sie grad und tun Sie nicht so blöd." Es war eine liebe junge Frau in meinem Zimmer, mit ihr verstand ich mich auf Anhieb sehr gut. Leider konnte sie meinetwegen kaum schlafen. Am nächsten Tag fragte sie eine Schwester, wie es ihr gehe. Sie sagte, dass sie kaum schlafen konnte, weil ich immer wieder, wenn ich kurz eingeschlafen bin, so arg gestöhnt habe. Ich habe ihr gesagt, dass ich das gehört hatte und dass es mir sehr leidtut, denn ich weiß, dass es sehr schlimm ist, wenn man nicht schlafen kann.

Mittlerweile hatte ich 41 Grad Fieber. Aber man untersuchte mich deswegen überhaupt nicht und ich bekam auch keine anderen Medikamente. Ich konnte zwischendurch nicht aufstehen. Als ich dringend auf die Toilette musste, bekam ich die Schüssel, doch es ging einfach nicht. Bei der Umschulung zur Heimhilfe hatten wir über dieses Symptom gesprochen, aber dass mir das passieren könnte, hatte ich mir damals nicht vorstellen können. Ich verspürte einen riesigen Druck und versuchte es verzweifelt, doch es funktionierte einfach nicht. Nach einigen Stunden schaffte ich es dann doch, mit Hilfe der lieben Bettnachbarin aufzustehen und sie begleitete mich auch aufs WC. Dort funktionierte es. Die Ärztin ihre Pflicht, wäre es gewesen, mich auf Grund des hohen Fiebers zu untersuchen, und auch ein Pflegepersonal zur Verfügung zu stellen, damit sie mich auf das WC gehen helfen.

Am nächsten Tag wurde diese nette Person entlassen. Ich vermute stark, dass sie gemeldet hat, wie schlecht es mir ging. Denn es kam eine Dame zu mir und fragte mich, wie es mir gehe. Ich sagte zu ihr, dass ich mich hier, wie eine Schwerverbrecherin fühle und keine Hilfe gegen meine argen Schmerzen bekomme. Kurz darauf kam Dr. Groll hereingestürmt und sagte zu mir: „Sie gehören nicht hierher, sondern in die Rheumaklinik."

Zur Rheumaklinik bekamen die Rettungsmänner den Auftrag. Dort war kein Platz, deswegen wurde ich eine Stunde durch die Stadt chauffiert, doch endlich kam ich zur 4. Med. Endlich bekam ich Hilfe! Allein die liebe Art des Oberarztes Wunderbar tat mir unglaublich gut. Ich bekam gleich Infusionen und anderes mehr. Er sagte mir, dass ich eine doppelseitige Lungenentzündung, Schockzucker und keine Abwehrkräfte hätte. Noch als ich auf dem Behandlungstisch von Dr. Wunderbar lag, hat er seine Kollegin in der Nervenklinik angerufen und gesagt: „Werte Kollegin, wenn Sie das nächste Mal einen Patienten mit so viel Schmerzen und so hohem Fieber haben, erkundigen Sie sich bitte zuerst, ob ein Platz frei ist, damit der Patient nicht durch die ganze Stadt gefahren wird!" Bei jeder Unebenheit und in fast jeder Kurve entfuhr mir unwillkürlich ein Schmerzensschrei.

Auf der 4. MED ging mir sofort besser. Alle waren sehr nett zu mir. Ich erzählte dem Personal, dass ich gerade meine Lebensgeschichte niederschreibe und auch über diese Oberärztin Dr. Groll berichten würde, denn es ist mir unbegreiflich, dass ein Patient mit 41 Grad Fieber ein eingebildeter Kranker sein soll und deswegen keine Hilfe bekommt. Ein Arzt hat zu mir sogar gesagt, dass ich in der anderen Klinik noch 1 Nacht ohne Hilfe höchstwahrscheinlich nicht überlebt hätte.

Meine Tochter Margit und ihr Freund haben mich vom Krankenhaus abgeholt. Ein Pfleger hat in ihrer Anwesenheit gesagt, dass er dieses Buch unbedingt lesen möchte. Ich merkte schon bei der Heimfahrt, dass es meiner Tochter überhaupt nicht passte, dass ich meine Lebensgeschichte niederschrieb.

Meinen Hausarzt habe ich nachher vor allen Patienten zur Rede gestellt wegen seiner Diagnostik. Mein Hausarzt hat erwidert: „Was soll ich denn anderes schreiben als den Befund von Dr. Sumpf, wenn Sie in das Krankenhaus wollen?" Er hat aber auch gesagt, er habe doch nicht wissen können, dass ich bei so hohem Fieber keine Hilfe bekommen würde. Ich habe mich auch bei der Krankenversicherung beschwert, doch die haben mir nur geschrieben, dass Dr. Groll alles richtig gemacht hätte.

Zu Hause habe ich einen Rückfall bekommen, offensichtlich hat mich das Gespräch mit meiner Tochter wieder umgeworfen. Dann habe ich auch noch einen Drohbrief von Dr. Groll bekommen. In dem Drohbrief stand, dass ich mich entschuldigen müsse; was sonst noch drinstand, weiß ich nimmer. Ich war so verängstigt und so dumm, wir hätten ja eine Rechtsschutzversicherung gehabt. Damals hatten wir noch kein Handy. Mein Mann hat gearbeitet und gedacht, dass es mir im Krankenhaus gut ginge. Seit der Lungenentzündung habe ich fast nichts mehr vertragen; was auch immer ich aß, ich bekam Bauchkrämpfe und Durchfall. Ich ließ einige medizinische Untersuchungen durchführen, doch es war alles negativ; trotzdem habe ich kaum etwas vertragen. Überdies habe ich unzählige Kurse über Gesundheit absolviert und dabei einiges gelernt, sicher war dafür auch diese arge Fehlbehandlung maßgeblich dafür verantwortlich, denn schon im Krankenhaus habe ich gemerkt, dass ich zum Beispiel Weintrauben überhaupt nicht mehr vertrage, aber anscheinend hat es mir zusätzlich zugesetzt, dass Margit gesagt hat, mein Mann hätte Bernd misshandelt. Ich habe das meinem Mann zwei Jahre lang nicht erzählt. Das war höchstwahrscheinlich auch nicht gut für mich. Jedenfalls hat sich mein Gewicht innerhalb von circa zwei Jahren von 78 Kilo auf 36 Kilo reduziert. Zuerst war ich froh, dass ich diese vielen Kilos losgeworden bin, die ich durch die unnötigen Tabletten von Dr. Sumpf zugenommen hatte, aber so viel abnehmen bis zu 36 Kilo, das wollte ich nicht. Ich habe absolut nichts mehr vertragen; wenn ich eine Karottensuppe mit Wasser und Dinkelmehl gegessen habe, schied ich sie nach kurzer Zeit unverdaut hinten wieder aus. Ich habe beim Arzt eine Blutuntersuchung machen lassen. Der Arzt sagte: „Ihre Blutwerte sind wie bei einer 17-Jährigen." Aber so fühlte ich mich nicht.

Kurz darauf habe ich beim Internisten eine Magenspiegelung vornehmen lassen. Der Internist hat zu mir gesagt: „Wie haben Sie das ausgehalten? Der Magen ist komplett voll mit Geschwüren." Ich bekam zwar irgendein Medikament, doch das habe ich überhaupt nicht vertragen. Ich bekam davon eine arge Allergie und starkes Jucken. Ich habe heilgefastet, mein Mann hat mit mir mitgefastet. Ein paar Tage ging es nicht so gut, mein Mann hatte wieder andere Tage. Meinem Mann fehlte eigentlich nichts, er wollte nur ein wenig abnehmen. Wir sind vorher von einigen Personen beraten worden, die sich sehr gut damit auskannten. In der Früh haben wir verschiedene Tees getrunken, für mittags und abends habe ich eine Wurzelsuppe mit vielen Kräutern gekocht. Das Flüssige, nur mit einer Prise Cayennepfeffer gewürzt, haben wir zu uns genommen, das Feste haben die Hühner bekommen. Mittags haben wir uns immer einen Leberwickel in unserer Farblichtkabine gemacht. Vormittags und nachmittags sind wir je nach Verfassung circa eine Stunde gewandert. Ich habe zuerst zwei Kilo abgenommen, aber kurz darauf habe ich während des Fastens wieder 2 kg zugenommen. Mein Mann hat zehn Kilo abgenommen, ihm war es so leicht, 70 Kilo passten für ihn perfekt. Ich habe nach drei Wochen Flüssignahrung noch mit drei Wochen ohne tierisches Eiweiß weitergemacht. Gemüse und Kräuter hatten wir in unserem Garten. Angefangen zu fasten hatten wir am 2. November. Zu Ostern hatte ich meine 50 Kilo. Das war mein Normalgewicht. Ich fühlte mich rundherum wohl.

Ich ging zum Frauenarzt zur Routineuntersuchung. Er sagte, ich müsse einen kleinen operativen Eingriff vornehmen lassen. Doch dann sagten die Ärzte, dass mein ganzer Bauch voller Geschwüre sei, diese seien jedoch nicht bösartig. Circa eine Woche sollte der Krankenhausaufenthalt dauern. Ich hatte meinen Diätplan mit, was ich vertrage, doch die Ärzte meinten, jetzt, nachdem die Geschwüre inklusive der Gebärmutter entfernt wurden, könne ich wieder alles essen. Doch dem war nicht so. Ich hatte ständig Blähungen, aber die Ärzte und das Pflegepersonal nahmen mich nicht ernst und ich bekam weiterhin die normale Kost. Ich hatte innere Blutungen und musste sofort operiert werden. Als sie die Nähte herausnahmen, sagten die Ärzte, dass ich nochmals operiert werden müsse, weil alles vereitert sei, normalerweise gebe es das nicht bei schlanken Personen. Ich sagte: „Ich lasse mich nur nochmals operieren, wenn ich sofort meine Diät bekomme." Nach der dritten OP bekam ich dann endlich meine Schonkost. Schon Galina Schatalova, eine bekannte russische Ärztin, hatte bei den Finnischen Kriegen durchgesetzt, dass alle Frischoperierten diese Diät bekamen, weil sie bewiesen hatte, dass sie dadurch schneller gesund wurden. So war es auch bei mir, die Narbe ist bestens verheilt. Insgesamt war ich wegen der Sturheit der Ärzte und des Pflegepersonals vier Wochen im Krankenhaus mit drei OPs.

Dann hatte ich eine Knie-OP am rechten Knie. Sie gelang perfekt. Schon bei der Erstuntersuchung war der Herr Doktor sehr nett. Die Diätassistentin konnte mich sehr gut verstehen, denn sie hatte dieselbe Unverträglichkeit wie ich. Das Zimmer und die Zimmerkollegin waren spitze. Der Chirurg war großartig, er war mir von einer Bekannten empfohlen worden. Sie war 45 Jahre im Krankenhaus OP-Schwester.

Nach einigen Jahren fuhr mein Mann auf Kur und ich bekam ein günstiges Angebot, das ich jedoch selbst bezahlen musste. An meinem Tisch saß eine Dame, die hatte, so wie ich, auch eine Invaliditätspension, bekam aber im Gegensatz zu mir die Kur bezahlt. Während ich alles Mögliche unternahm, um meine Schmerzen zu lindern, futterte sie alles in sich hinein und ließ sich komplett gehen, obwohl sie Diät hatte. Da habe ich mir gedacht: „Das lasse ich mir nicht gefallen!", und habe mithilfe meines Rechtsanwalts Beschwerde eingereicht. Und siehe da: Innerhalb kurzer Zeit wurde mir die Kur nach Bad Zell ebenfalls bewilligt.

In Bad Zell war ein junger Sportmediziner, er war zugleich der ärztliche Leiter der Kuranstalt. Er empfahl mir die Kältekabine. Die wirkte bei mir tatsächlich wahre Wunder. Nur nach einmal in der Kältekammer ließen die Schmerzen merklich nach und mir war auch nicht mehr so schrecklich kalt. Auch das ständige Jucken, vorwiegend in der Nacht, was mir schlaflose Nächte bereitet hatte, war wesentlich besser. Der Kurarzt sagte zu mir: „Endlich eine, die sich bewegt und merkt, dass man mit Bewegung weniger Schmerzen hat."

Nach einem Schlaganfall hatte ich große Probleme mit dem Gedächtnis. Ich habe fleißig gelernt, um dieses Manko einigermaßen in den Griff zu bekommen. So wie früher funktioniert mein Gedächtnis zwar nicht mehr, aber ich habe es halbwegs hinbekommen, so wie es mir Frau Dr. Martini geraten hat: viel lernen, damit das Gehirn ständig etwas zum Arbeiten hat.

Nach fünf Jahren bekam ich erneut eine Kur für Bad Zell bewilligt. Ich hatte den Arzt vom Ort als meinen zuständigen Arzt, der war auch sehr nett, vor allem habe ich von ihm sehr viel gelernt. Zum Beispiel hat er mir die progressive Muskelentspannung nach Jacobson geraten, das mache ich noch immer fast täglich und das tut mir sehr gut. Das Essen war dieses Mal ausgezeichnet, nur der liebe Koch hat mir stets viel zu viel auf den Teller geschöpft, ich tu mir da immer so schwer, etwas zurückgehen zu lassen. So viele gute Sachen sowie auch vitaminreiches Gemüse wurden da künstlerisch angerichtet. Auch dieses Mal hatte ich durch die Kältekammer sehr gute Erfolge. Mindestens drei Jahre lang hatte ich kein Jucken mehr und wenig Schmerzen.

Wir waren bei einer Geistheilerin. Ich hatte gerade zusätzlich den Ischiasnerv eingeklemmt. Unser Magnetfeldberater hat uns erzählt, dass diese Frau schon sehr vielen Personen geholfen hat. Es war unglaublich, obwohl sie uns körperlich nicht berührt hat, waren meine Schmerzen zu 90 Prozent besser und mein kürzerer Fuß war gleich lang. Nur muss ich mich an die Regeln halten. Darf nichts schweres Heben, und fleißig meine vorgeschriebenen Turnübungen machen, auch im Wald regelmäßig walken. Mein Mann hatte schiefe Schultern und ein schiefes Becken – nach der Behandlung waren sie gerade. Diese Behandlung kostete im Verhältnis zur großen Wirkung gar nicht viel.

Hatte sehr starke Schmerzen in der rechten Schulter. Es wurde ein MR gemacht. Ich hatte starke Verkalkungen. Im Krankenhaus haben sie mir zu einer Ultraschallbehandlung geraten. Ich bekam den Termin in 4 Wochen. Der Arzt hat mir geraten vorher unbedingt eine Therapie zu machen, weil es sonst zu schmerzhaft sei. Doch eine Therapie hätte ich erst in 2 Monaten bekommen. Deshalb kaufte ich mich ein Ohrenreflexmassagebuch. Doch anfangs habe ich es falsch angewandt. Denn da ist im Ohr ein Knorpel, diesen muss man so lange massieren, bis er nicht mehr spitz ist. Erst dann wirkt die Massage. Zusätzlich bin ich walken gegangen, trotz heftiger Schmerzen. Die Tränen sind an meinen Wangen hinuntergeronnen. Aber ich habe durchgehalten. Ferner habe ich Fuß und Handbäder mit Natron gemacht, zum Entgiften. Ernährung ohne tierisches Eiweiß und einiges mehr. Als ich nach 4 Wochen zum Ultraschall bestellt war, sagte der zuständige Arzt zu mir. „ Frau Pfeifenberger heben sie die Hände hoch, soweit sie können." Ich streckte beide Arme gerade in die Höhe. Der Arzt sagte: „So etwas habe ich noch nie erlebt, sie hatten doch so arge Schmerzen, was haben sie gemacht?" Ich erzählte einige Sachen, die ich gemacht habe. Darauf sagte er." Frau Pfeifenberger machen sie so weiter, denn eine Sprengung mit Ultraschall ist sehr schmerzhaft. Außerdem brauchen sie mindestens drei Sprengungen, zusätzlich jedes Mal eine Narkose." Seitdem ich regelmäßig Walken, Turnen, Ohren massieren anwende, jedenfalls habe ich nie mehr wieder solche arge Schmerzen in der Schulter gehabt. Zusätzlich ernähren wir uns sehr viel Basisch.

Vor fünf Jahren war ich zur Stärkung meiner Abwehrkräfte in Bad Hofgastein auf Kur, denn seit der Lungenentzündung habe ich mir immer alle möglichen Krankheiten zugezogen, wenn ich beim Arzt oder sonst wo war. Schon allein deswegen gehe ich kaum zum Arzt. Marlies Raich hatte eine Sendung in Gastein, da wurde erzählt, dass im Wald dort bestimmte Kräfte seien, die das Immunsystem enorm stärken würden. Ich habe einige Therapeuten gefragt, wo genau dieser Wald sei, doch niemand hat es gewusst. Ich bin dann einfach den Höhenweg und sehr viel in den Wald gegangen.

Vor der Kur hatte ich noch einige Präparate für das Immunsystem genommen, wie zum Beispiel Hanftropfen und ähnliche Naturheilmittel. Das alles hat mir so gutgetan, dass ich eigentlich gar keine Kur mehr gebraucht hätte. Doch kurzfristig war es mir schon öfter gut gegangen. Ich trat die Kur mit 50 Kilo Körpergewicht und vollkommen schmerzfrei an, aber um einiges leichter und mit starkem Juckreiz kam ich wieder nach Hause, und das, obwohl ich eine Liste mit allen meinen Unverträglichkeiten mithatte.

Der Kurarztleiter bewunderte mich, dass ich auf so viel zu verzichten vermochte. Ich sagte zu ihm: „Damit komme ich ganz gut zurecht; viel wichtiger ist mir, dass ich gut schlafen und mich uneingeschränkt bewegen kann."

Aber die Diätassistentin war mir ein Rätsel. Ich sagte zu ihr, dass ich nicht wählerisch bin und mit Salat und Gemüse zufrieden bin, um keine Umstände zu machen. Sie hat aber genau das Gegenteil auf meinen Speiseplan geschrieben. Das Resultat: Ich bekam bald wieder Juckanfälle und hatte in der Folge auch wieder Schlafstörungen und Bauchschmerzen. Die Mehlspeisen gab ich immer meinem Mann, weil ich mir nicht vorstellen konnte, dass diese Kuchen etwas für mich waren. Ich habe mir dann in der Apotheke verschiedene natürliche Präparate geholt, aber in erster Linie war die Ernährungsweise wichtig. Zuerst habe ich gedacht, es wären Kurreaktionen. Einige Tage zwischendurch konnte ich sogar einige Therapien nicht mitmachen, weil mir so elend war. Sogar mit einer Köchin habe ich gesprochen.

Ich bin insgesamt drei Mal bei der Diätassistentin gewesen, jedoch mit wenig Erfolg. Dann habe ich im Büro meinen Diätplan abgeholt. Ich dachte, ich träume! Sie hatte genau das Gegenteil draufgeschrieben. Beim Zucker hat sie ein Smiley angekreuzt, was „erlaubt" bedeutete. Dann hat sie geschrieben: „kein Fett". Ich hatte zwar geschrieben „keine erhitzten Fette", aber dass ich viel kalt gepresste Öle brauche. Beim Salatbüfett standen viele gute Öle, die ich verwendete. Bei der Schlussuntersuchung hatte ich einige Kilos abgenommen und zu Hause dann noch ein paar. Jedenfalls habe ich nie mehr die 50 Kilo erreicht. 45 Kilo sind das Maximum. Aber das stört mich nicht; wichtig ist, dass es mir gut geht. Am Freitag hatte ich die Schlussuntersuchung, am Samstag stand dann die Servierkraft da und hat gesagt: „Frau Pfeifenberger, Sie bekommen eine andere Suppe." Höchstwahrscheinlich war die gute Gemüsesuppe, die ich meistens gegessen habe, mit Fett und Zwiebeln angeröstet, was ich leider gar nicht vertrage. Nun, die letzten drei Tage richtige Diät konnten den Schaden auch nicht mehr gutmachen.

Ich verwende viele Wildkräuter, das hatte ich schon beim Servieren von einem Schweizer Ernährungsberater gelernt, der oft mit krebskranken und anderen kranken Menschen im Sporthotel war.

Ich habe den Zettel mit dem Smiley bei „Zucker" und den anderen falschen Angaben mitgenommen und ihn zusammen mit meinem Zettel, wo draufstand „kein Zucker", „keine zuckerhaltigen Nahrungsmittel" et cetera, der Pensionsversicherung gesendet. Leider habe ich bis heute keine Reaktion darauf erhalten.

Im September 2021 hatte ich einen Unfall mit dem E Bike. Damals habe ich mir das Hinterhorn gebrochen. Überdies waren mein Meniskus und die Sehne beim Knie gerissen. Leider wurde mir keine Therapie bewilligt. Erst am 10. Dezember bekam ich einen Termin im Krankenhaus. Ausgerechnet dort, wo ich vor Jahren bei meiner Knie-OP einst so gut betreut worden war, wurde ich jetzt als Ungeimpfte wie eine Aussätzige behandelt. Trotz Termins musste ich über vier Stunden warten. Als ich endlich aufgerufen wurde, wollte mich der Arzt nicht mehr behandeln. Er sagte zu mir: „Ich habe Sie drei Mal aufgerufen, aber Sie waren leider nicht da." Dabei hatte ich die Schwester extra gefragt, wo ich Platz nehmen soll. Doch zu diesem Arzt war es ein weiter Weg. Als ich mich rechtfertigte, hat er mich dann doch zum Filtrieren weitergeschickt und mir einen weiteren Termin in einer Woche gegeben. Das Filtrieren hat mir sehr gutgetan. Als ich nach einer Woche wiederkam, musste ich wieder vier Stunden warten. Als ich drankam, sagte der Arzt zu mir: „Jetzt sind Sie um zwei Tage zu früh, da kann man nicht wieder filtrieren." Wie sollte ich das bitte schön wissen?! Schließlich hatte der Arzt mir den Termin gegeben. Geröntgt haben sie mich, sonst nichts, obwohl sie das MRT hatten. Der Arzt wollte mir noch einen Termin geben, doch ich lehnte ab. Sollte ich etwa wieder umsonst so weit in die Stadt fahren? Leider habe ich durch diese unglückselige Geschichte noch immer Probleme. Trotz verschiedenster Therapien, plus Stoßwellentherapie leider nicht den vorhergesagten Erfolg, leider musste ich vieles selbst bezahlen.

Dr. Loibner war ein sehr gewissenhafter Arzt. Er hat eine langjährige Studie über Impfschäden durchgeführt, weil er in seiner Praxis eine junge Patientin hatte, die nach einer Impfung einen schweren Schaden erlitten hat. Er sagte, dass die Impfungen mehr Schaden anrichten als nutzen. Auch auf „Servus TV" haben wir gehört, dass diese Coronaimpfungen nicht zu empfehlen sind. Deshalb haben wir unsere Kinder gewarnt. Leider hat es dadurch Meinungsverschiedenheiten gegeben.

Jedenfalls hat mir das alles heftig auf den Magen geschlagen. Ich bekam vom Arzt Pantip 40 mg verschrieben. Damit haben sich meine Probleme nur noch verschlimmert. Ich nahm diese Tabletten nur zwei Tage lang, jeweils eine Tablette morgens. Schon am zweiten Tag bekam ich einen weißen, schaumigen Durchfall und Bauchweh. Leider habe ich von dem Zeitpunkt an nicht mehr auf die Toilette gehen können, um meine Notdurft zu verrichten, obwohl ich einen enormen Druck verspürte. Deswegen habe ich mit der Darmspülung angefangen. Früher hatte ich nie solche Schmerzen bei der Darmspülung; ich habe wohl manches Mal ein stärkeres Druckgefühl gehabt, aber keine argen Schmerzen. Ich habe daraufhin den Berater angerufen bei den ich das Darmspülgerät gekauft habe, und ihn um Rat gefragt. Er sagte mir, Schmerzen habe man nur, wenn Medikamente den Darm verkleben würden. Normalerweise reagiere ich bei Darmbeschwerden eher mit Durchfall, aber hier war ganz klar ersichtlich, dass meine Verstopfung von diesem Medikament herrührte. Es dauerte sehr lange, bis ich endlich wieder ohne Darmspülung Stuhl hatte, es war ein schwerer Weg, wobei mein Mann mehr gelitten hat als ich. Wir haben nur mehr gestritten. Doch ich möchte nicht unerwähnt lassen, dass ich bei dieser leidigen Angelegenheit einen Fehler gemacht habe: Anstatt die Darmspülung in der Früh durchzuführen, habe ich sie oft abends gemacht. Wenn es einem nicht gut geht, macht man eben Fehler, die man nachher bei logischer Überlegung nicht machen würde. Aber ich bin nach wie vor überzeugt davon, dass ich mit der Darmspülung das Richtige gemacht habe. Schon Hippokrates hat es bei Kaisern und Königen angewendet. Außerdem habe ich danach in den Medien gehört, dass 3 relativ junge prominente Frauen wegen der gleichen Sache in den Spitälern verstorben sind.

Zusätzlich gab es immer wieder Stänkereien vonseiten des Cousins meines Mannes. Die gab es schon jahrelang: in Bezug auf das Kochen, das Zusammenräumen, das Parken bei uns oder auf dem Gehsteig beim Arzt oder bei der Siedlung. Im Blödreden ist er Meister. Ich lüfte mein Bett halt ordentlich aus. Seine

Lady macht halt das Bett sofort, damit das Ungeziefer, dass der Hund im Bett hinterlässt nicht entweichen kann.

Ich hatte in der Früh beobachtet, dass ein kleiner Junge auf seinem Schulweg nicht weiterkam, weil der Gehsteig komplett vollgeparkt war, aber niemand kümmerte sich um den kleinen Jungen. Deswegen ging ich zur Gemeinde und habe dort gefragt, was man machen könne, damit der Gehsteig frei bliebe. Bei der Gemeinde haben sie gesagt, fotografieren und anzeigen. Doch das fand ich zu radikal. Ich habe dann auf die parkenden Autos Zettel unter die Scheibenwischer geklemmt und die Fahrer darauf aufmerksam gemacht, dass sie angezeigt würden, wenn sie weiterhin auf dem Gehsteig parkten. Aber nur wenige haben es befolgt, obwohl in der Zwischenzeit ein Ehepaar fast zusammengefahren worden wäre, wenn sie sich nicht im letzten Moment über ein parkendes Auto geworfen hätten.

Vor der Arztpraxis das gleiche Trauerspiel: der Parkplatz war leer, der Gehsteig voll mit parkenden Fahrzeugen. Ich habe die Leute immer wieder direkt darauf angesprochen, doch zu 80 Prozent bekam ich nur beleidigende Antworten. Zusätzlich ist diese Straße auch noch sehr schmal, laut Vorschrift müssen zwei Fahrspuren frei sein, was aber nicht der Fall war, obwohl Kinder dort mit dem Rad zur Schule fahren und gehen. Ich habe schon oft gesagt: „Alle, die dort parken, müssen ihren Führerschein bei der Lotterie gewonnen haben!"

Auch Leos Schwägerin schenkte meinen Hinweisen keine Beachtung. Als sie zur Kasse gebeten wurde, hat sie Einspruch erhoben. Ich musste dann zum Gericht, um meine Beweise vorzulegen. Alle, die Einspruch erhoben haben, mussten sogar das Doppelte bezahlen. Der Arzt war froh, dass ich diese Sache durchgezogen hatte. In seiner Praxis hang ein Plakat mit einem großen „Danke!" darauf für mich. Heute sind die Gehsteige frei.

Auch mich hatte es ein Mal getroffen: Ich bin damals mit dem Rad beim Arzt vorbeigefahren, der ganze Gehsteig war vollgeparkt, da kam ein Autofahrer von der unübersichtlichen Kurve, er hat mich bei den Satteltaschen gestreift, wodurch ich fast gestürzt wäre; zum Glück war ich langsam unterwegs gewesen.

Durch diesen Rempler hat es mich auf die angrenzende Wiese befördert, dort konnte ich das Rad anhalten, aber ein kleiner Schock war es für mich schon. Der Autofahrer hat es anscheinend gar nicht bemerkt. Eigentlich gilt dort eine Geschwindigkeitsbegrenzung von 30 km/h, aber kaum jemand hält sich dran.

Einmal fand von der Polizei ein Infoabend über Sicherheit statt. Da sind wir hingegangen. Bei dieser Gelegenheit habe ich das Problem mit dem Gehsteigparken angesprochen. Ein Gemeinderat als Vertretung für den Bürgermeister war ebenfalls präsent. Ich habe gesagt, dass es besonders im Winter dort sehr gefährlich ist, wenn der ganze Gehsteig vollgeparkt ist, während der angrenzende Parkplatz leer ist. Da sagte der Gemeinderat: „Ich kann im Winter dort nicht mit 30 km/h fahren, da komm ich ja nicht den Berg hoch." Das sagte er vor zwei Polizisten! Ich war perplex. Aber wenn ein Fußgänger zusammengefahren wird, ist das anscheinend egal. Außerdem ist dort bei Schneefahrbahn Kettenpflicht, jedenfalls steht dort eine Tafel, die darauf hinweist.

Die Polizei unserer Bezirkshauptstadt war jetzt für diese Angelegenheit zuständig. Dadurch wurden die parkenden Autos dann doch immer weniger. Bei Corona war es praktisch: Wenn auf dem Gehsteig ein Auto stand, habe ich gleich zu der Warteschlange vor der Arztpraxis hinübergerufen, dass ich alle darüber informieren möchte, dass jedes Auto auf dem Gehsteig fotografiert wird und bei der Polizei zur Anzeige gebracht wird.

Menschen mit dem Rollator können jetzt wieder selbst zum Arzt laufen. Kinder von der Siedlung können dort Rad fahren und man kann ungehindert zu Fuß gehen, ohne Angst zu haben.

Als Leo Bäume fällte, musste mein Mann am Weg stehen, damit niemand dort hinunterging. Als ob es kein Warndreieck gäbe! Ich war zu Hause mit der schweren Gartenarbeit allein. Ich hatte immer das Gefühl, dass Leo meinen Mann gegen mich aufhetzt. Er hätte seine Gattin dort hinstellen können, wir haben da eine Bank hingestellt, auch ein überdachter Platz ist dort. Aber die Lady mag halt tanzen und bei Rauchern sitzen, obwohl sie sagt, dass sie so schwer Luft bekommt.

Dann kam Leo mit seiner Frau zu uns, weil er etwas von meinem Mann wollte. Als er geläutet hat, zeigte ich ihm am Fenster mit einer Daumenbewegung, dass Franz unten ist, eigentlich weiß Leo, wo Franz seine Werkstatt hat, und ich hatte ihm schon öfter auf diese Weise signalisiert, dass Franz in der Werkstatt war. Er ist dann auch jedes Mal hinuntergegangen, aber dieses Mal bewegten Leo und seine Frau sich nicht hinunter. Leo ist generell ein Pantoffelheld, er muss alles machen, was seine Lady sagt. Einmal wollte er einen Raum besser isolieren, weil ihm so kalt war. Er hatte schon das ganze Material zu Hause. Aber seiner Lady passte das nicht. Da hat er das ganze Material wieder zurückgegeben. Sie ist nämlich Meisterin darin, sich vor der Arbeit zu drücken. Das war sie nach den Erzählungen ihrer Schwägerin schon immer. Selber nichts machen, aber immer alles besser wissen. Ich habe es persönlich beim Fichtensetzen in ihrem Wald auch erlebt. Sie ist verschwunden, obwohl sie wusste von meinem Wirbelschaden und Franz seiner Schaufensterkrankheit, anstatt gleich ihren Neffen einzuteilen, damit er hilft, die Setzlinge auf den Hang zu tragen. Stattdessen habe ich Trottel es dann gemacht, weil mein Mann damals immer stehen bleiben musste, weil er wegen des Krampfes nicht weiter konnte, dafür konnte ich nachher nächtelang nicht schlafen vor Schmerzen.

Ich legte mich wieder nieder, denn ich war müde, ich hatte damals Mühe, die Treppe wieder hochzukommen, da läuteten sie Sturm, lang und mehrmals hintereinander, dass ich mich sehr geärgert habe über diese Frechheit. Mein Mann sagte in dieser Zeit öfter, dass er es nicht mehr aushält und fortgeht. Ich habe darauf gesagt: „Und was soll ich allein mit dem Haus?" Ich wollte nur ein kleines Haus – weit fort. Am besten in Burgenland, wo mich niemand kennen würde, denn ich bin früher immer mit allen sehr gut ausgekommen. Ich wollte endlich in Frieden leben. Ich dachte, mein Mann ist ohne mich besser dran, deswegen wollte ich mich scheiden lassen, obwohl wir uns vorher immer sehr gut vertragen haben.

Am nächsten Tag in der Früh hat mein Mann gesagt: „Sind wir wieder gut miteinander?" Doch ich wollte nicht mehr, zu oft hatten wir in letzter Zeit gestritten. Da ging mein Mann fort. Er war an diesem Tag so deprimiert und auch sehr überarbeitet, dass er sich das Leben nehmen wollte. Niemand hätte das je gedacht, ich schon gar nicht, denn ich war der festen Überzeugung gewesen, dass er jetzt zu der Frau gehen würde, derentwegen Leos Frau so eifersüchtig war. Leo hätte sein Problem damit gelöst.

Dann kam die Polizei, sie sagten, dass mein Mann selbstmordgefährdet sei, weil er zu unserer Tochter Lore gesagt hatte: „Mir ist alles wurscht, wir sehen uns nimmer." Lore hat daraufhin die Polizei verständigt. Die Polizei, Lore und Verwandte suchten ihn. Erst spät am Abend bekam ich die Nachricht, dass mein Mann wohlbehalten im Krankenhaus war. Und ich Dummkopf hatte gedacht, mein Mann würde mich austauschen wollen.

Am nächsten Tag um 5.00 Uhr in der Früh hat mich mein Mann angerufen. Wir haben normal miteinander geredet. Er hat gesagt, dass er am Vortag neben sich stand. Ich habe ihm gesagt, dass ich furchtbare Angst hatte, dass er sich etwas antut.

Ich konnte diese Nacht kaum schlafen. Da kam Lore schon in aller Frühe und sagte: „Du musst mit zum Arzt!" Ich hatte eine alte Platzwunde an der Stirn. Ich habe ihr versucht zu erklären, dass ich ein Bad genommen hatte mit Oregano, aber zu schnell aus der Badewanne herausgegangen bin. Leider hatte ich im Bad nichts zum Hinsetzen, deswegen hat es mich umgehauen. Natürlich wurde mir auch wegen meines niedrigen Blutdrucks schwindlig. Ich war so schrecklich müde. Ich wollte nur schlafen. Aber ich musste mit zum Arzt. Lore hastete voraus und schaute sich gar nicht um, ob ich hinten nachkomme. Es war unglaublich, dass ich überhaupt so laufen konnte, denn ich war die Tage davor ziemlich schlecht beisammen gewesen.

Der Arzt sagte zu mir, ich müsse in die Klinik, um zusammen mit einem Psychotherapeuten ein Gespräch mit meinem Mann zu führen. Ich habe dem Arzt gesagt, dass ich schon um 5.00 Uhr in der Früh ein gutes, klärendes Gespräch mit meinem Mann hatte, doch er bestand darauf, dass ich in die Klinik fuhr.

Dort bin ich auf einen Psychologen gestoßen, der hätte wohl ganz dringend selbst einen Psychologen gebraucht. Ich habe ihm gesagt, dass mein Arzt gesagt habe, dass ich mit meinem Mann ein Gespräch mit einem Psychologen führen solle. Da fing er an zu lachen und sagte: „Jetzt ist diese Frau 75 Jahre und weiß bis heute nicht, wie sie mit ihrem Mann sprechen soll." Dann sagte er zu mir, ich solle mich ausziehen. Ich hatte damals nur circa 38 Kilo. Da sagte er: „Ziehen Sie sich sofort wieder an, Sie sehen ja furchtbar aus!" Dann hat er mich angeschrien und zu mir gesagt: „Wissen Sie überhaupt, was Sie Ihrem Mann mit der Forderung einer Scheidung angetan haben? Sie hätten ihm sein Zuhause genommen." Ein Psychologe müsste zuerst einmal nach den Zusammenhängen fragen, bevor er mit einem so schreit. Ein klasse Zimmer hat er mir dann zugewiesen und ist dann endlich hinausgegangen. Der junge Arzt im Zimmer hat gelächelt und gesagt: „Gell, Frau Pfeifenberger, wir zwei verstehen uns." Ich habe zurückgelächelt und mich über sein Verständnis gefreut. Eigentlich war ausgemacht gewesen, nur ein Gespräch mit einem Psychologen und meinem Mann zu führen. Doch dann willigte ich ein zubleiben, wegen meinen Mann.

Zuerst dachte ich, ich wäre in einem superruhigen Zimmer mit einer lieben alten Dame, doch schon beim Mittagessen musste ich mich von der lieben Dame zurückziehen, denn sie redete ununterbrochen. Ich sagte ihr, sie solle essen und fleißig kauen. Doch das half alles nichts.

In der Nacht war es ein Horror; obwohl ich sehr müde war, konnte ich kein Auge zu tun. Sie redete und redete, zwischendurch schrie sie laut allerhand Namen. Ich sagte das der Ärztin. Ich wollte nach Hause, damit ich schlafen konnte. Lore kam am nächsten Tag mit meinen Sachen. Ich bat sie, mich mit nach Hause zu nehmen, sonst würde ich durchdrehen, wenn ich nicht schlafen konnte. Doch weder Lore noch die Ärztin hatten Verständnis dafür. Ich beschimpfte Lore mit dem Schimpfwort „Haspel". Ich sagte: „Schlafentzug ist eine arge Strafe. Das haben sie früher als Folterwerkzeug verwendet, um Gefangenen ein Geständnis zu entlocken." Meine Tochter fuhr heim. Ich sagte zur Ärztin: „Das lasse ich mir nicht gefallen! Ich werde nicht bleiben! Ich werde mir ein Taxi nehmen. Und zur Zeitung werde ich auch gehen." Schließlich hat mir die Ärztin ein Einzelzimmer versprochen und sie sind mit der alten, verwirrten Dame aus dem Zimmer gegangen. Ich habe um Lavendelkapseln gebeten und die Vorhänge zugemacht, danach habe ich von 17.00 Uhr abends bis 5.00 Uhr morgens tief und fest geschlafen. Ich entschuldigte mich bei Lore wegen des Schimpfwortes. Aber im Nachhinein habe ich mir gedacht, so unrecht habe ich damit gar nicht gehabt. Denn ich hatte sie angefleht, mich mit nach Hause zu nehmen.

Am nächsten Tag bekam ich eine sehr liebe alte Dame als Bettnachbarin. Sie war etwa zehn Jahre älter als ich, wir haben uns auf Anhieb sehr gut verstanden. Sie war äußerst rücksichtsvoll und ist nachts auf leisen Sohlen aufs WC geschlichen, gleich wie ich es tat.

Die Ärztin hat mir einen Therapiegarten empfohlen. Doch ich habe gesagt: „Ich habe zu Hause selbst einen Garten. Mein Garten ruft nach mir." Eine sehr verständnisvolle Ärztin kam zu mir. Sie hat gemerkt, dass ich nicht lockerließ, und so konnte ich bald nach Hause.

Das gemeinsame Gespräch mit dem Psychologen hätte nie stattgefunden, wenn wir es nicht herbeigeführt hätten. Es war eine sehr nette Psychologin und wir hatten ein aufschlussreiches Gespräch. Sie sagte zum Schluss: „Da habt ihr jetzt eine Lebenserfahrung gemacht." Zu jenem Arzt, der zu mir gesagt hatte, ich solle zu einem Gespräch mit dem Psychologen ins Krankenhaus, werde ich nie mehr gehen. Er hatte kein Recht, mich einfach zu entmündigen und einzuweisen. Mein Hausarzt hat später auch gefragt: „Wer hat dich denn dorthin überwiesen?"

Lore holte mich ab. Auf der Heimfahrt hat sie behauptet, ich hätte sie als Kind immer wieder links und rechts geohrfeigt. Aber das stimmt nicht. Ich habe ihr wohl öfter eine leichte Datsche gegeben, weil ich dachte, sie schreibt mit Absicht unter und über der Zeile. Sie hat gesagt, wenn man so mit einem Kind umgeht, soll man besser keine Kinder in die Welt setzen.

Lore war ein schwieriges Kind. Erst als ich im Krankenhaus einen Aufstand machte, weil man sie trotz Termins überhaupt nicht untersuchte, wurde ich aufgeklärt. Von diesem Zeitpunkt an habe ich immer mit dem Oberarzt und Lore einen Gesprächstermin gehabt. Ich zeigte dem Arzt Lores Hefte. Da hat mir der Arzt erklärt, dass es ihrer krankheitsbedingten Motorik geschuldet sei, dass sie oberhalb und unterhalb der Zeile schreibe. Die Handarbeitslehrerin hat dann auch gemeint: „Warum hast du mir das nicht früher gesagt?", doch ich hatte es ja auch erst später erfahren. Aber für viele Dinge, wo sie ungehorsam war, und ihre Gesundheit gefährdet hat, war Lore selbst verantwortlich. Ich wurde jahrelang mit falschen Medikamenten behandelt. Damals habe ich der Ärztin vertraut. Durch die jahrelangen Fehlbehandlungen war ich sehr müde und konnte wegen starker Schmerzen sehr schlecht schlafen, aber misshandelt habe ich meine Kinder nie. Wir haben immer das Beste für unsere Kinder im Sinne gehabt. Lore raucht heute noch, obwohl sie es ja sehr oft vom Oberarzt gehört hat, was für Folgen, das haben kann. Ihre zwei Mädels sind vernünftiger als sie. Beide möchten gerne, dass die Mama aufhört zu rauchen.

Lore hatte eine Freundin, die hat von ihrer Großmutter oft sehr viel Geld zur freien Verfügung bekommen. Lore sollte nicht rauchen wegen ihrer Krankheit. Doch schon mit zwölf Jahren hat sie mit dem Rauchen angefangen. Natürlich hat ihre angebliche Freundin die Zigaretten gekauft und somit das Rauchen finanziert. Dass der Arzt gesagt hat, Rauchen und Alkohol sind Gift für sie, hat Lore ignoriert. Der Arzt warnte sie, dass sie einen Anfall bekommen könnte, bei dem ihr ganzes Gehirn abgetötet würde. Lore wusste das alles, aber das hat sie trotzdem nicht daran gehindert, zu trinken und zu rauchen. Aber mir Vorwürfe machen. Ich hatte oft fürchterliche Angstzustände deswegen.

Einmal hat sie, nachdem sie sich wieder die Kante gegeben hatte, das Schlüsselloch nicht gefunden und hat dann im Baumhaus übernachtet. Ein anderes Mal hat sie gefragt, ob sie mit ihrer Freundin bei uns auf dem Grund zelten dürfe. Wir erlaubten es. Doch weil es so ruhig war, haben wir nachgesehen. Sie war verschwunden. Wir haben sie gesucht und Gott sei Dank gefunden. Es war sicher nicht einfach für Lore, sie wollte halt auch Freunde. Nur hätte sie eben echte Freunde gebraucht. Deswegen waren wir sehr erleichtert, als sie Jakob, den Vater ihrer beiden sehr netten Mädels, kennengelernt hat. Seine Mutter hat Lore immer sehr gut unterstützt. Ich war sehr froh, dass sie sich mit Jakobs Mama so gut verstand, weit besser als mit mir. Ich konnte nie mit meinen Kindern reden, ich wurde immer gleich verurteilt und man ließ mich den Sachverhalt nie richtig darstellen. Mein Mann hätte bei ihr oft bald die Nerven verloren. Obwohl er sonst sehr gutmütig ist. Manchmal sagte er, er werde ihr ein Paar Ohrfeigen geben. Doch ich habe immer wieder gesagt: „Bitte nicht, du hast zu viel Kraft."

Hatte Lore dieses Mal einen Schock erlitten? Es muss doch eine große Belastung für sie gewesen sein, die Angst um ihren Papa. Oder war es etwas anderes? Warum behauptete sie so etwas? Sie hat mich nie nach den Hintergründen gefragt, die zu den Suizidgedanken ihres Papas führten. Es ist bei meinen Kindern generell schwer, ein vernünftiges Gespräch zu führen, denn sie blocken alle ab. Eigentlich müsste gerade Lore dafür Verständnis haben, denn schließlich hat sie sich auch von dem Vater ihrer Kinder getrennt. Jakob ist es damals auch schlecht gegangen, er hat mit mir telefoniert. Lore war kurz davor bei Margit gewesen. Die Geschwister sprechen untereinander sehr wohl über uns, dass bekommen wir mit. Eine Zeit lang hatten Lores Geschwister sie ausgeschlossen. Wir werden es nie vergessen. Zuerst hat Marvin so geweint, weil er von uns wegmusste. Aber dann hat seine andere Oma vermittelt, dass wir zu Marvin gehen können. Da sagte Marvin. Was tun denn die da? Das hat uns das Herz gebrochen, Doch später kam er doch öfter zu uns, wir sind zusammen Schigefahren, sogar Urlaub haben wir zusammen gemacht.

Für mich war das alles zu viel. Ich bekam geschwollene Beine und alles spielte verrückt, auch mein Herz. Mein Arzt wollte unbedingt, dass ich ins Krankenhaus gehe, aber das lehnte ich entschieden ab. Erstens konnte ich dort nicht schlafen und zwei-

tens habe ich vorwiegend schlechte Erfahrungen in Kranken-
häusern gemacht. Also ging ich nur stationär zur Untersuchung.
Ich bekam Tabletten zum Entwässern verschrieben, doch von
denen bekam ich eine so starke Allergie, dass ich kaum schlafen
konnte, solche Juckattacken hatte ich. Außerdem halfen die Tabletten null, ganz im Gegenteil, es wurde sogar noch ärger. Da
mein Hausarzt auf Urlaub war, ging ich zur Vertretung. Da bekam ich andere Tabletten. Die habe ich zwei Tage lang genommen, dann bekam ich wieder dieses arge Jucken.

Da habe ich dann auf Facebook an die Naturheilgruppe geschrieben, doch da bekam ich die Antwort, dass sie erst prüfen müssten, ob sie das veröffentlichen könnten. Beim Fersensporn hatte ich einige Zeit davor um Hilfe gebeten, am
nächsten Tag hatte ich 24 sehr brauchbare Antworten; solche
Dinge erfährt man selten von einem Arzt. An diese Anwei-
sungen hatte ich mich gehalten. Der Fersensporn hat sich in
Luft aufgelöst. Natürlich war ich zuvor auch beim Arzt gewesen und hatte Einlagen bekommen. Das Problem ist nur, mit
diesen Einlagen kann ich in keinen richtigen Schuhen gehen
(nur in Pantoffeln), weil sie beim linken Sprunggelenk drücken
(denn dort habe ich eine alten Trümmerbruch, das wurde zeit-
gleich mit dem Fersensporn festgestellt), obwohl ich alle Schuhe mit zum Orthopäden genommen hatte. Viel besser sind die
Barfußschuhe, da komme ich wenigstens hinein, aber auch der
Rist ist nicht hoch genug, für meine Füße sind alle falsch geschnitten. Der natürliche Fuß hat eben doch eine andere Form,
als die meisten Schuhe gemacht werden. Ich finde es idiotisch,
dass im Fernsehen die ganzen Moderatoren mit spitzen Stöckelschuhen herumlaufen. Ich weiß aus meinen paar Jahren
als Heimhilfe, was für Schmerzen überwiegend die Frauen hatten wegen falscher Schuhe. Vitamin B, Fußbäder, Turnübungen und anderes mehr helfen wesentlich besser als irgendwelche Medikamente.

Ich habe in meinen ganzen Büchern nachgesehen, da bin ich
auf einen Zettel gestoßen. Die Kohletabletten hatten schon bei
den Kaninchen beste Ergebnisse gebracht. Ich bin gleich zur Apo-

theke, habe aber vorsichtshalber die Apothekerin gefragt. Sie sagte, Kohletabletten binden die Gifte im Körper und scheiden sie aus. Ich habe am ersten Tag nur zwei Tabletten genommen und am zweiten eine. Ich habe damals meine Füße auf Facebook gepostet, weil ich so überwältigt war von diesem fulminanten Erfolg mit den Kohletabletten. Auch Brennnesseltee habe ich fleißig getrunken, das hatte mir noch der Hausarzt geraten, bevor er auf Urlaub gefahren ist. Doch ganz sind die Füße noch nicht in Ordnung. Mit meinem verletzten Knie habe ich immer noch Probleme. Aber wir versuchen, nach vorn zu schauen und unser gemeinsames Leben so schön wie möglich zu gestalten. Ich hoffe, dass sich auch die verschiedenen Schmerzen bei meinem Mann bessern,. Es ist mir in den letzten Tagen wieder bewusst geworden, wieviel mir das Punktieren mit den Gerät vom Forschungsinstitut Rayforce schon geholfen hat. Da werde ich in Zukunft intensiv weiterarbeiten.

Über meinen Bruder und die darauffolgenden Kettenreaktionen

1977 hat mein Bruder Peter angefangen zu bauen. Mein Bruder Tom machte den Plan und organisierte alles, denn Peter wohnte und arbeitete im Land Salzburg. Mein Bruder und mein Mann stellten den Rohbau auf und halfen auch beim Dachstuhl und beim Dachdecken. Peter versprach uns im Gegenzug, dass wir mit Margit und Bernd zu Weihnachten zu ihnen kommen konnten. Auf unserer Alm waren sehr kurze Schlepplifte; die Tageskarte kostete 80 Schilling für ein Kind und 120 Schilling für einen Erwachsenen und dann musste man oft sehr lange warten für das kurze Stück. Draußen in Wildbach war ein Einzelsessellift und dazu musste man dort nicht warten; höchstens gegen Mittag gab es kurze Wartezeiten von maximal fünf Minuten. Dort kostete die Tageskarte für Erwachsene 80 Schilling und für Kinder 40 Schilling.

Doch dann kam ein Onkel von Mandy, meiner Schwägerin, und half einen Tag. Da hat sie uns abgesagt, denn der Onkel ging vor, obwohl Franz schon sehr viel gearbeitet hatte, und dass ohne einen Schilling. Die Kinder waren sehr enttäuscht. Nach einer Woche konnten wir dann doch noch hinausfahren. Die drei Buben vom Bruder und meine zwei waren circa im gleichen Alter. Margit konnte schon zuvor sehr gut Ski fahren, aber Bernd lernte es erst richtig in Wildbach. Den ganzen Tag waren beide nicht zu sehen. Ich war noch eine blutige Anfängerin. Bei uns auf der Alm war es dagegen flach. Damals gab es in Wildbach nur zwei Lifte. Meine Schwägerin fuhr für mich viel zu langsam, auch wenn sie den Pflug sehr gut konnte.

Da lernte ich eine sehr sportliche Dame kennen. Sie war bereits in Pension. Sie konnte zwar sehr gut eislaufen und beherrschte viele andere Sportarten, beim Skifahren war sie jedoch wie ich eine blutige Anfängerin. Aber wir hatten beide das gleiche Temperament. Wir flogen in den ersten beiden Tagen mehr durch die Luft, als dass wir gefahren sind, aber wir machten enorme Fortschritte. Am ersten Tag fuhren wir vier Mal den Berg hinunter und nach ein paar Tagen bezwangen wir den Berg 16 Mal. Ich bewunderte diese Frau enorm, ich war ja nur halb so alt wie sie, und doch konnte sie mit mir mithalten. Wir wollten unsere Adressen austauschen, doch irgendwie haben wir uns aus den Augen verloren und nie mehr gesehen. Ich war damals schon mit Constanze schwanger, aber der Arzt sagte, dass ich deswegen überhaupt keine Bedenken zu haben bräuchte. Die Luft und die Bewegung taten mir unglaublich gut.

Später, als Bernd schon in die Hauptschule ging, durfte er mit meinem Bruder mit nach Jugoslawien fahren. Ich habe für ihn genug Geld mitgegeben, sodass alle Ausgaben für ihn reichlich gedeckt waren. Aber als meine Schwägerin ein Erlebnis mit Bernd erzählte, war ich ganz schön entrüstet. Peter und Mandy waren mit den Buben Fisch essen. Bernd mochte diese kleinen Fische nicht, aber er hat stattdessen nichts anderes zum Essen bekommen. Da hat er so viele Gläser Wein getrunken, wie die Buben diese Fische gegessen haben. Sie haben damit geprahlt, wie arg betrunken er danach war, und dann haben sie ihn auch noch allein ins Meer hinausgehen lassen und haben sich darüber lustig gemacht, wie schlimm es Bernd ging. Dabei ist gerade bei den Zeugen Jehovas Alkohol nur in Maßen erlaubt. Mandys Bruder war Alkoholiker und da sie den Zeugen Jehovas angehören, haben sie ihn von der Familie ausgeschlossen, anstatt ihm beizustehen. Aber was noch schlimmer ist: Bernd war damals noch ein Kind und sie haben tatenlos dabei zugesehen, wie er sich maßlos betrunken hat, und das auf leeren Magen!

Ich habe meinen Bruder Peter viele Jahre lieber gehabt als Tom und mein Mann und ich haben ihm immer gerne unentgeltlich geholfen. Ich habe für die Arbeiter am Bau gekocht und die Jause gerichtet. Aber als es mir dann gesundheitlich schlecht ging, habe ich seinen wahren Charakter erst richtig zu spüren bekommen. Obwohl, wenn ich mich zurückerinnere, gab es da früher schon einige Dinge, die man einfach nicht tut. Dann noch dazu seine Frau. Nach außen hin war sie sehr freundlich, aber in Wirklichkeit war sie berechnend.

Im Frühjahr 1979 kam Herr Martini mich fragen, ob ich erst einmal aushilfsweise arbeiten kommen würde. Ich ging sehr gerne, nachmittags schauten Margit und Bernd auf die kleine Constanze und vormittags entweder meine Schwester oder meine Schwägerin. Als ich Verena etwas Geld geben wollte, dafür, dass sie Constanze betreute, sagte mein Schwager Gerd: „Spinnst du? Du brauchst doch nichts zu bezahlen, Franz hat doch so viel bei uns umsonst gearbeitet!" Na ja, wie ich erst kürzlich erfahren habe, hat ja mein Vater sämtliche Getränke, die ich eingekauft hatte, von mir geholt. Da hat sich Verena vor Kurzem verplappert. Ob sie der Meinung waren, dass Vater die Getränke bezahlt hat?

Bei meiner Schwägerin war es aber anders. Das Geld, das ich ihr gab, reichte ihr nicht. Sie sagte: „Zu essen habe ich ihr auch gegeben." Da musste ich noch etwas mehr Geld herausrücken, und ich war tatsächlich so dumm und habe ihr noch mehr gegeben, denn ich hatte das Gefühl, dass sie mich sonst hängen lässt, wenn ich sie brauche. Dabei hat Franz bei ihnen genauso wie beim Schwager umsonst gearbeitet, während ich zu Hause alle Mäh- und Gartenarbeiten allein gemacht habe, damit Franz für sie Zeit hatte. Und dann habe ich, als sie noch in Salzburg war, für die ganzen Arbeiter gekocht und ihnen oft noch zusätzlich eine Jause gegeben, und das alles aus unserer Kasse. Sie hat zwar meistens eingefrorene Rindsrouladen mitgegeben, aber die haben den Arbeitern nicht besonders geschmeckt, viel gescheiter wäre ein frischer Schweinsbraten gewesen, und da hätten sie auch noch eine gescheite Jause gehabt. Abends hat kein Arbeiter diese Rouladen mehr angelangt, nicht einmal mein Bruder. Ich habe den Arbeitern dann meistens eine ordentliche Jause gemacht mit Speck, Käse und kaltem Schweinsbraten. Die Rouladen gab ich den Katzen, doch die haben diese komischen Dinger auch nicht angerührt. Omas Hühner haben sie dann schließlich gefressen.

Als Constanze ein Jahr alt war, bekam ich kein Karenzgeld mehr, und ich merkte jetzt doch wieder, wenn ich länger arbeitete, konnte ich in der Nacht nicht schlafen, weil meine Hände und Füße so schmerzten. Immer wieder ging ich zum Arzt, doch sie fanden nichts. So habe ich selbst in meine Versicherung einbezahlt und bin weiterhin aushelfen gegangen.

Bei meiner Schwester haben wir es öfter sehr lustig gehabt, da war oft eine ganze Horde Leute beisammen und dann haben wir Rummy gespielt. Meine Schwester hatte die Elfi (vier Jahre) und Zwillinge, die waren etwas jünger als Constanze. Da ist Verena oft mit allen dreien spazieren gefahren. Meine Schwester wohnte zu dieser Zeit schon in ihrem neu gebauten Haus und mein Bruder Peter im alten Haus.

Mein Bruder Tom und mein Mann haben gemeinsam sämtliche Maurerarbeiten bei Peter und Verena gemacht. Für den Estrich war mein Mann Spezialist. Allerdings hatte er damals noch keine Klettmaschine zum Estrichmachen. Also sind wir in die Oststeiermark gefahren zu einem ehemaligen Arbeitskollegen von Franz. Er hatte uns schon für Gerd und für uns seine Maschine geborgt. So haben wir ihn nun auch gefragt, ob er uns die Maschine für meinen Bruder borgen würde. Wir haben dann die

Maschine geholt und Franz hat den Estrich in dem sehr großen Haus gemacht und die Maschine dann wieder zurückgebracht. Als kleines Dankeschön hat Franz seinen Kollegen samt Gattin zum Essen eingeladen. Mein Bruder hat nicht einmal gefragt, was er dafür schuldig sei. Mein Bruder war in dieser Hinsicht genauso wie Gerd, Franz' Bruder. Sie kamen beide immer betteln und wir Trottel taten und machten und gaben.

Ebenso hat Peter Tom ausgenutzt. Einmal hatte ich ein Gespräch mit Peter über Tom. Peter hat gemeint, dass Tom viel Geld hätte. Ich habe darauf geantwortet: „Ich glaube nicht, dass Tom viel Geld hat; er war zwar immer sehr fleißig, aber er ist einfach zu gut für diese Welt. Ich glaube, dass er sich von seinen Frauen hat ausnehmen lassen. Tom hat uns erzählt, dass die Schwägerin ihn die Tür vor der Nase zugesperrt hat.

Als ich wissen wollte, seit wann das so gewesen sei, hat das genau mit dem Zeitpunkt übereingestimmt, als ich mit Peter dieses Gespräch hatte. Eine Bekannte, die mit meinem Neffen und seiner Familie im gleichen Haus wohnt, hat uns eine interessante Geschichte erzählt, die bestätigte, dass sie nur an Toms Geld interessiert, waren:

Weil in dem Wohnhaus so viele Zeugen Jehovas ein und aus gingen, war das Stiegenhaus immer sehr stark verschmutzt, deswegen haben die anderen Bewohner sie aufgefordert, das Stiegenhaus öfter zu putzen. Da gab die Frau meines Neffen zur Antwort: „Wir sind ohnedies nicht mehr lange da, denn wir bauen uns ein Haus mit Swimmingpool." Inzwischen hatte die Schwägerin den Kontakt zu Tom abgebrochen, weil sie nach meinem Gespräch mit meinem Bruder über Toms Bankguthaben davon ausging, dass er kein Geld hätte. Aber vielleicht stimmte das ja gar nicht und Tom hatte trotz allem einen Batzen Geld, denn er war sehr fleißig und hat immer viel gearbeitet. Tom konnte viel. Er hat auch sehr viel in seinem Gasthof bewerkstelligt. Er hat sehr gute Würstel gemacht und den Speck selbst geräuchert, Hendl gegrillt und vieles anderes mehr, obwohl er hauptberuflich Maurerpolier war. Zusätzlich hat er auch noch bei Bekannten einige Arbeiten verrichtet.

Als es mir gesundheitlich sehr schlecht ging, haben sich die Ungerechtigkeiten ausgebreitet wie eine Epidemie. Wahrscheinlich habe ich auch nicht immer richtig reagiert, aber wenn man vor Schmerzen kaum mehr Schlaf findet, dann kann man womöglich gar nicht anders.

In dieser Zeit hat uns unser Nachbar gefragt, ob wir ihm unsere Motorspritze borgen würden, weil er seine Thujen spritzen möchte. Wir sagten zu ihm, da müsse er meinen Bruder Peter fragen, denn die Motorspritze gehörte zur Hälfte ihm, und außerdem war sie bei ihm oben.

Der Nachbar holte die Motorspritze und spritzte nur kurz, dann war sie auch schon kaputt, denn der Nachbar hatte versehentlich reines Benzin getankt. Daraufhin haben die Nachbarn beim Lagerhaus eine größere Motorspritze ausgeborgt und zu uns gesagt: „Die geht halt gut." Wir haben diese alte, reparierte Motorspritze inzwischen schon fast 30 Jahre bei uns und sie geht noch immer tadellos, obwohl wir damit Kräuterjauche, Bachblüten und anderes mehr spritzen.

Mein Bruder wollte, dass wir uns an den Reparaturkosten beteiligen. Doch wir sagten ihm, dass wir die Motorspritze ein Jahr lang nicht mehr bei uns gehabt hatten, obwohl ich meinen Bruder einmal gefragt hatte, ob er unsere Bäume mitspritzen könnte, weil er beim anderen Nachbarn die Bäume spritzte, aber zu mir hat er gesagt, er hätte keine Zeit. Da hat er dann behauptet, es hätte der Spritze nicht gutgetan, dass wir damit Jauche gespritzt hatten, aber das war ein Jahr zuvor gewesen. Er hatte das ganze Jahr in regelmäßigen Abständen bei ihm und beim Nachbarn gespritzt. Außerdem habe ich beim Lagerhaus nachgefragt, was denn die Ursache gewesen sei, dass der Motor kaputtging. Der Lagerhausmechaniker hat uns erklärt: „Wenn man anstatt eines Gemischs reines Benzin tankt, dann ist der Motor innerhalb kurzer Zeit kaputt." Der Nachbar hat auch für sein Moped versehentlich das Falsche getankt, aber gesagt hat er uns das nicht. Seine Mutter hat es mir erst Jahre später mitgeteilt: „Er hat es ja nicht absichtlich gemacht, denn das Moped war schließlich auch kaputt." Die Mutter des Nachbarn habe ich sehr gerne gemocht, sie war nämlich eine ehrliche Person und wir haben uns immer prima verstanden. Möglicherweise weiß mein Bruder bis heute nicht, dass der Nachbar reines Benzin getankt hat.

Weil mein Bruder aber unbedingt wollte, dass wir einen Teil der Reparaturkosten übernahmen, habe ich zu ihm gesagt: „Wie kannst du nur so sein uns gegenüber, wo wir so viel für euch gemacht haben!" Darauf sagte er: „Was habt ihr denn schon für uns gemacht?" Ich habe angefangen aufzuzählen: „Als du zu Weihnachten da warst, habe ich gekocht und eingekauft, und bevor du gefahren bist, hast du mich gefragt, ob ich dir die Alimente für Karl für drei Monate borge, denn du wolltest bei Mandy und Karli vorbeischauen. Aber zurückbekommen habe ich nie etwas. Dann habe ich das Zimmer ausgebaut und das Haus hergerichtet, den Brunnen und die Wasserleitung finanziert und zu Hause viele Schulden beglichen, sonst hättest du weder im alten Haus wohnen können noch einen Bauplatz gehabt. Und das ist noch nicht mal alles!" Da hat mein Bruder zu mir gesagt: „Weißt du was? Du bist ein altes, geiziges und geldgieriges Weib."

Ich glaube, dass sehr vieles auf meinen Vater zurückzuführen ist, denn eine Nachbarin aus der Heimat meines Mannes erzählt auch immer wieder mit Wonne, dass mein Vater gesagt habe: „So viel geizig ist Tina." Vater hat mich überall schlechtgemacht; auf der Straße wurde ich angesprochen, ob ich mich nicht schämen würde.

Kurze Zeit danach haben wir unsere Böschungsmauer gemacht. Die Nachbarn haben dort irgendwo ihre Wasserleitung herauf eingezogen, aber sie hatten keine Ahnung, wo. Ich war damals arbeiten, als sie die Leitung verlegt haben, und meinen Mann kannte ich damals noch nicht. Sie dachten, es wäre viel weiter oben, der Pager stand und konnte nicht arbeiten. Da sagte der Pager-Führer: „Wenn die Leitung ohnedies weiter oben kreuzt, dann werde ich hier unten anfangen", aber kaum war er mit der Schaufel hineingefahren, schoss das Wasser nur so her. Mein Mann und sein Arbeitskollege reparierten die Leitung später notdürftig und ich Dumme fuhr zum Baumarkt Sachen besorgen, damit alles ordentlich repariert würde.

Inzwischen standen die jungen Nachbarn zusammen und haben über mich gelästert. Constanze hörte das und hat es mir gesagt. Ich stellte die Nachbarn zur Rede. Denn so, wie sie die Leitung verlegt hatten, war es höchst fahrlässig. Herr Dorn arbeitete einige Zeit bei der Freileitung und auch mein Mann war vier Jahre bei der Freileitung in Oberösterreich beschäftigt. Sie hatten die Leitung teilweise nur 30 Zentimeter unter der Erde verlegt. Aber normalerweise gehört sie viel tiefer verlegt. Denn über der Leitung muss ein Warnband gelegt werden mit circa 30 Zentimeter Abstand über dem Starkstromkabel. Deshalb hätten sie das Starkstromkabel mindestens 80 Zentimeter tief eingraben müssen. Ich hatte dort Jahre zuvor einige Sträucher wie Flieder und anderes mehr angesetzt, dabei hätte ich leicht das Starkstromkabel anstechen können. Ich habe den Nachbarn ordentlich die Meinung gesagt. Ich war zu diesem Zeitpunkt körperlich und seelisch ohnedies am Tiefpunkt.

Ich war so fertig. Das hat man davon, wenn man so dumm ist und hilft. Ich hatte das Gefühl, ich brauche professionelle Hilfe. Ich ging zur Nervenärztin. Ich habe der Ärztin alles erzählt. Die Ärztin hat mir den Rat gegeben, dass ich mich bei den Nachbarn entschuldigen gehen sollte. Doch ich sagte zu ihr: „Warum soll ich mich entschuldigen? Die haben zuvor schon die Spritze kaputt gemacht und der Mechaniker hat ja eindeutig gesagt, dass der Motor innerhalb weniger Minuten kaputt ist, wenn man kein Gemisch nimmt, sondern reines Benzin. Und jetzt noch das mit der Wasserleitung! Es wäre doch ihre Aufgabe gewesen, die zu reparieren und überhaupt von vornherein alles ordnungsgemäß zu verlegen." Doch die Ärztin sagte: „Gehen Sie hin und entschuldigen Sie sich, denn es ist nicht gut für Ihre Nerven, wenn Sie Streit haben."

So ging ich also zum Nachbarn, doch nur der Senior war zu Hause. Ich entschuldigte mich. Da hat der Nachbar mit mir angefangen zu schreien: „Verschwind, du Luder, schämen solltest dich, auch wie du zu deinem Vater bist." Plötzlich hat sich alles um mich gedreht und ich habe gar nicht mehr wahrgenommen, was er sonst noch alles geschrien hat.

Da bin ich nach Hause gegangen. Ich war so verzweifelt. Ich bin in den Heizkeller und habe sämtliche Kanister mit brennbarem Inhalt zusammengetragen und geöffnet und mich in die Mitte gestellt, und wie ich gerade alles entzünden wollte, ist mein Mann in den Keller gekommen und hat mich vor dieser Dummheit bewahrt. Er hat mich getröstet und mit in die Wohnung genommen. Erst im Nachhinein wurde mir klar, dass ich da ja auch meine Familie gefährdet hätte, aber in solchen Ausnahmesituationen blendet man alles aus, man will einfach nur Schluss machen.

Später ist dann Karl, der Sohn meines Bruders, zu mir heruntergekommen und hat geschrien mit mir, wie ich solche Lügen verbreiten könne wegen seiner Alimente. Ich war ruhig und habe ihm sachlich erklärt, dass wenn es nicht so gewesen wäre, ich es ja nicht wissen könnte. Karl fragte bei seiner Mutter und Opa nach und kam sich nachher entschuldigen.

Wir waren danach einige Jahre wieder gut miteinander. Karl sagte: „Ich wünsche mir, dass ihr nie wieder streitet." Karl ist dann kurz vor seiner Hochzeit tödlich verunglückt. Er wollte sich taufen lassen und kirchlich heiraten, weil seine zukünftige Frau römisch-katholisch war. Der andere Sohn hatte zuvor seine Tochter römisch-katholisch taufen lassen und sie wollten auch kirchlich heiraten. Aber daraus wurde nichts.

Von da an sind sie fanatische Zeugen Jehovas geworden, auch mein Bruder. Er hat früher nie etwas von den Zeugen Jehovas gehalten, sondern hat sich oft darüber lustig gemacht, wie in der Heimatgemeinde die ganze Familie auf die Bäume geklettert ist, weil angeblich eine Sintflut kommen sollte. Er ist später angeblich Bischof geworden.

Ich war auch bei den Hochzeiten von den Neffen eingeladen, doch inzwischen waren so viele Dinge passiert, dass ich Peters Familie wieder mehr aus dem Weg gegangen bin. Mir ist aufgefallen, dass sogar eine Schwiegertochter oftmals ausgeschlossen wurde, bis sie selbst mit den Zeugen Jehovas von Haus zu Haus ging.

Meine Mutter hatte Diabetes. Mutter kam oft zu Besuch zu uns. Ich habe ihr immer nur Sachen zum Essen gegeben, die für Zuckerkranke geeignet waren. Ich hatte es bei der Heimhilfe-Ausbildung gelernt, für Zuckerkranke zu kochen und zu backen. Außerdem hatte ich bei der „Pension Klug" immer mit Zuckerkranken zu tun und in der Zwischensaison kochte ich ja auch für die Gäste. Meine Mutter aß sehr gerne. Aber Mutter war schon etwas verkalkt und da hat sie beim Bäcker, der von Haus zu Haus fuhr, Kokosbusserl gekauft und verzehrt. Folglich haben ihre Zuckerwerte nicht gestimmt. Da hat die Schwägerin zum Arzt gesagt: „Tina gibt ihr immer alles Mögliche zum Essen." Als mich der Arzt darauf ansprach, war ich ganz schön wütend auf die Schwägerin. Ich sagte dem Arzt, dass das überhaupt nicht stimmte. Anscheinend hat sie dann von ihm einiges zu hören bekommen, denn der Arzt glaubte mir. Kurz darauf hat sie den Arzt gewechselt.

Mutter kam auch immer zu mir, wenn sie was zum Nähen hatte. Obwohl ihre Mutter Schneiderin gewesen war, konnte sie nicht einmal einen Knopf ordentlich annähen, oder sie war einfach zu faul dazu, denn mit Fleiß war sie ganz sicher nicht gesegnet. Wenn der Vater der Schwägerin bei uns vorbeikam und sah, was ich alles im Garten hatte, sagte er: „Macht man so etwas heutzutage noch? Man bekommt alles im Geschäft." Da fragte ich mich dann schon, warum sie dann immer unbedingt so viel wie möglich vom Grund haben wollten.

Dann verstarb mein Vater. Er hatte Krebs und starb kurz vor seinem Achtzigsten. Ich habe mich noch kurz vor seinem Ableben mit ihm versöhnt, was gerade mal darin bestand, dass ich ihn kurz grüßte, mehr war bei mir nicht drin. Vater hat, bevor er entschlief, gesagt, dass er 50.000 Schilling erspart, habe für das Begräbnis, und was übrigbliebe, solle Mutter bekommen. Mutter war bewundernswert, sie hat ihm mit allem geholfen, als er selbst nicht mehr konnte.

Ich weiß von dem Vermieter, wo meine Schwester Verena jahrelang gewohnt hat, dass die ganze Miete immer Vater bezahlte. Als Vater starb, kam Verena und hat gesagt: „Wenn ich gewusst hätte, dass es so schnell zu Ende geht, wäre ich noch vorher gekommen das Geld holen." Vater hat zu Peter gesagt: „Er hat mich jahrelang unterstützt." Ja, unterstützt beim Geldabnehmen. Als ich jedoch vorgehabt habe, selbst zu bauen, da habe ich natürlich nur mehr das Notwendigste hergegeben, aber noch immer genug, damit die Mutter außer dem Essen auch noch etwas für die Kinder hatte, und auch die Alimente und die Kinderbeihilfe bekam sie automatisch.

Verena war die Nachzüglerin und hat auch bei uns immer sehr viel gegolten, und bei den Eltern natürlich noch mehr, aber ich kann doch nicht falsche Gerüchte in die Welt setzen! Ich habe Verenas Kindern das Geld gegönnt, denn sie hatten es nicht gut bei ihrem Stiefvater. Vater hat nebenbei viel bei Leuten als Taglöhner gearbeitet, als er schon in Pension war.

Nach dem Begräbnis wollte Peter mich und Tom zur Kasse bitten, um für die Begräbniskosten aufzukommen. Tom wäre gleich bereit dazu gewesen, doch ich erzählte ihm das von Vaters Sparbuch und Mutter hat bestätigt, dass es besagtes Sparbuch mit dieser Summe tatsächlich gab. Da hat mein Bruder das Geld gleich am ersten Tag abgehoben, und obwohl die Begräbniskosten nicht einmal die Hälfte des Betrages ausmachten, der sich auf Vaters Sparkonto befand, hat meine Mutter den Rest des Geldes nie zu Gesicht bekommen.

Meine Mutter hatte später Alzheimer. Sie kam aber trotzdem öfter zu uns herunter. Meinen Mann mochte sie immer besonders gerne und Franz kannte sie immer; meine Schwester Verena hingegen nicht. Es war lustig: Als wir umgebaut hatten, fand die Mutter unseren neuen Eingang, die Schwägerin hingegen fand ihn nicht. Mutter wollte immer zu ihrem Vater gehen, obwohl er schon lange tot war. Ich habe Mutter dann immer wieder zur Schwägerin hinaufgebracht.

Am Muttertag kam ich um 9.00 Uhr bei strahlend schönem Wetter hinauf zum Bruder, um der Mutter einen Blumenstrauß zu bringen. Alle standen schon vor dem Haus und genossen den Sonnenschein. Die Schwägerin hat gesagt: „Mutter schläft noch." Ich habe mich aber nicht abwimmeln lassen und habe erwidert: „Dann ist es jetzt aber Zeit zum Aufstehen!" Mutter war immer eine Frühaufsteherin. Dann bin ich gleich mit in ihr Zimmer gegangen. Mutter war sehr wohl schon wach, aber sie konnte nicht selbst aufstehen, denn die Schwägerin hatte sie zweimal niedergegurtet. Sie wollte mir weismachen, dass sie sonst zu viel Krach machen würde. Doch ich sah nicht ein, warum man einen Menschen niedergurten soll, der alleine aufstehen und auch noch selbstständig auf die Toilette gehen kann. Sie hatte im Keller ein kleines Zimmer mit einem WC und das konnte man ja auch abschließen.

Mein Bruder hat zwar eine sehr schöne Summe Darlehen bekommen zu nur einem Prozent Zinsen, und das aufgeteilt auf 50 Jahre für die Rückzahlung, weil es für beide Elternteile das Wohnrecht auf Lebenszeit inkludierte, aber mein Bruder hätte das alte Haus ja nicht abzureißen brauchen. Meinem Bruder ging es finanziell sowieso viel besser als uns, denn er hat auch von seinem Schwiegervater eine hübsche Summe bekommen. Außerdem hat er im Bergbau sehr gut verdient.

Als Peter das alte Haus abriss, hat er mir ein Schreiben geschickt, dass ich den Schutt vom Haus abholen soll. Ein Mädchen meines Neffen ist einmal zu uns gekommen, als sie schon erwachsen war, um zu erfahren, wie sich früher bei uns alles abgespielt habe. Sie sagte: „Was sie mir oben alles über euch erzählt haben, glaube ich nicht ganz, denn bestimmte Dinge passen nicht zusammen." Aber dieses junge Mädchen wohnte ja bei den Großeltern und kam nachher nicht mehr zu uns, obwohl sie gefragt hatte, ob sie wiederkommen dürfe. Ich kann mir gut vorstellen, wie sie das Mädchen unter Druck gesetzt haben. Am nächsten Tag ging die Schwägerin mit ihrer Enkelin eingehängt ein paar Mal bei uns vorbei.

Vater und mein Bruder Peter mitsamt der Schwägerin und einer Nachbarin haben die Nachbarn gegen uns aufgehetzt. Sogar unsere eigenen Kinder haben sie gegen uns aufgewiegelt und so haben wir so einige Attacken zu bewältigen gehabt. Constanze haben sie immer alle möglichen Bücher von den Zeugen Jehovas zum Lesen gegeben. Bei ihr haben wir es dann immer besonders gemerkt: Jedes Mal, wenn Constanze oben beim Bruder war, war sie gereizt.

Mein Schwager Gerd hatte mittlerweile das Haus neben uns zum Kauf angeboten. Er wollte das still und leise über die Bühne bringen, aber wir haben es doch irgendwie mitgekriegt. Wir sind zum Gericht und haben geschaut, dass wenigstens die Kinder ihren Anteil bekamen. Denn der Baugrund war von unseren Eltern und die Maurerarbeiten hatten Tom und mein Mann gemacht. Meine Schwester Verena ist schon vorher gegangen, denn sie glaubte, dass ihr Ex-Mann das Haus für die Kinder erhalten könnte. Sie ist nur einmal kurz zurückgekommen, da hat sie einige Zahlscheine herumliegen gesehen. Verena hat zu Gerd gesagt: „Begleiche doch die Zahlscheine." Er sagte, wenn er kein Geld eingesteckt habe, fühle er sich nicht gut. Am nächsten Tag war das ganze Geld, das er eingesteckt hatte, verspielt. Da ist die Schwester wieder fortgegangen. Es war ein Irrtum, bei einem Spieler zu glauben, dass er das Haus erhalten könnte. Er hatte eine sehr schöne Pension, mehr als Franz und ich zusammen verdienten, weil er im Arlbergtunnel einen Unfall hatte.

Der Käufer lebte und arbeitete irgendwo in Schweden und seine Mutter lebte allein im Haus. Da sagte sie eines Tages zu mir: „Euch zwei hat der Teufel mit der Fuatterkraxn zusammengetragen." Ich fragte sie, wie sie so etwas sagen könne, da erwiderte sie: „Ja, das hat die Frau Dorn gesagt", weil wir beide immer so viel arbeiteten. Die Frau war etwas komisch, sie hat bei uns die Äpfel geerntet und ihre eigenen hat sie verfaulen lassen. Dann saß sie auf dem Balkon, während sie tüchtig geheizt hat, aber das Heizmaterial hat sie nicht bezahlt. Das wussten wir deshalb, weil die Kaufmannsfrau, wo sie ihr Heizmaterial bezog, uns erzählt hat, dass sie das gelieferte Heizmaterial nicht bezahlte. Das Haus wurde bald darauf wieder verkauft.

Das Traurige an den ganzen Geschichten war eigentlich, dass die Kinder seither keinen Kontakt mehr zueinander hatten; vorher hatten wir zusammen Kinderfeste gefeiert und die Kinder haben gemeinsam gespielt und bei uns gebadet. Aber jetzt war rundherum nur mehr Feindschaft.

Dann wurden uns nach und nach insgesamt zehn frisch gesetzte Bäume zerstört. Zuerst wuchsen sie einige Monate, aber nach einem Regen haben sie dann immer alles hängen lassen und sind irgendwann komplett dürr geworden. Einen dürren Baum haben wir dann stehen gelassen und ein Schild darauf befestigt mit der Aufschrift: „Was Du im Geringsten Deinem Bruder getan hast, das hast Du mir getan." Der Baum stand gleich neben der Straße und da dachte ich mir, ich hänge da einen Bibelspruch hin für die fleißigen hinterhältigen Kirchengänger.

Wir haben uns ein kleines Schwimmbad gebaut. Unsere Kinder hatten eine Mordsspaß und die Nachbarkinder mussten zuschauen. Früher hatten wir ein aufblasbares Planschbecken, das hatten wir auf der Decke von unserem Gemüsekeller stehen. Als wir dann schon unseren Enkel Marvin hatten, war das Wasser von einem Tag auf den anderen Tag trüb und grün. Da hatte Marvin immer wieder eine Mittelohrentzündung, ebenso wie wir. Als wir Besuch hatten, haben wir alle beobachtet, wie die Nachbarn auf dem Balkon standen und uns beobachtet haben; kaum hatten sie es bemerkt, haben sie sich ruckartig abgewandt und sind schnell vom Balkon verschwunden. Wir haben dann ein Dach gemacht und nachts die Tür mit einem Vorhängeschloss abgeschlossen, sodass von außen niemand an das Wasser herankam. Seither hatten wir nie mehr Probleme mit dem Wasser und auch keine Mittelohrentzündung mehr, obwohl das Wasser jetzt oft viel wärmer war als vorher, als es immer wieder kippte. Zusätzlich haben wir Überwachungskameras installiert.

Vor circa zehn Jahren bekamen wir eine saftige Rechnung vom Rechtsanwalt unseres Nachbarn. Angeblich wäre das Stromkabel von uns beschädigt worden beim Betonieren der Böschungsmauer vor vielen Jahren. Wir gingen mit der Rechnung zu unserem Rechtsanwalt. Er sagte: „Diese Rechnung ist rechtswidrig, bezahlen Sie die auf keinen Fall."

Unsere ach so netten Nachbarn haben uns dann gefragt, ob sie etwas bei ihrer Leitung zum Brunnen machen dürften. Doch wir haben erwidert: „Aufgrund der ganzen Attacken lassen wir gar nichts mehr machen." Da hat die Nachbarin zu mir gesagt: „Dann müssen wir euch anzeigen." Ich sagte zu ihr: „Tu, was du nicht lassen kannst." Dann haben sie uns angezeigt, aber zu den Leuten gesagt, wir hätten sie angezeigt. Kurz haben wir mit beiden Nachbarn geredet.

Dann haben wir per Zufall von einem Versicherungsvertreter erfahren, dass der untere Nachbar alles Mögliche versucht, um uns noch einmal wegen der Wassergeschichte anzuzeigen. Unser Rechtsanwalt hat uns zwar gesagt, dass sie keine Chance hätten, aber es ist schlechtweg nicht angenehm, so jemanden als Nachbarn zu haben. Ich habe damals gerade heilgefastet, weil ich kaum irgendein Nahrungsmittel vertragen habe, und in so einer Situation dann auch noch zum Gericht gehen zu müssen, ist mitnichten einfach. Eines aber würde ich nie mehr machen: jemandem Wasser geben. Wir waren leider immer wieder viel zu gutmütig. Nun gut, man lernt daraus.

Der andere Nachbar war nach einer Dachlawine auf unsere Thujen so nett, dass er selbst gekommen ist und mit meinem Mann geredet hat. Mein Mann hat dann gesagt, er wolle die Thujen sowieso weggeben, und der Nachbar hat versprochen, bei der Arbeit zu helfen. Wir bewunderten ihn sehr dafür, mit wie viel Fleiß, Geschick und Verlässlichkeit er tagelang unentgeltlich geholfen hat. Währenddessen hat er von seiner Kindheit erzählt. Er hatte eine ähnliche Kindheit wie ich, teilweise war sein Vater sogar noch ärger als meiner. Seitdem haben wir eine gute Nachbarschaft. Der Senior ist vor Kurzem plötzlich verstorben. Daraufhin zog sein Sohn wieder nach Hause, sonst wäre seine liebe Frau ganz allein gewesen in dem großen Haus mit ein paar Tausend Quadratmeter Grund. Der Sohn ist ein ganz Netter.

Meinem Bruder gehe ich lieber aus dem Weg. Wenn sie mich grüßen, Grüße ich zurück. Wenn er etwas will, meldet er sich, aber wir sind absolut für nichts mehr zu haben. Ich möchte mit niemandem Streit, aber ich kann mir auch nicht alles gefallen lassen!

Schlusswort

Ich bin stolz auf meine vier Kinder und besonders auf meine acht Enkel. Aber doch haben meine Kinder eine Spur die Gene von meinem Vater geerbt. Aber Gott sei Dank anscheinend nur mir gegenüber. Sie sind alle sehr tüchtig. Wie es scheint, haben wir wohl doch nicht so viel falsch gemacht. Nur die Kinder können nicht mit mir reden. Sie behaupten teilweise Dinge, die einfach nicht stimmen, aber wenn ich es richtigstellen möchte, blocken sie ab.

Angefangen hat alles mit Margit. Seit sie ihren Vater in Tirol besucht hat, war sie anders. Zwischenzeitlich hatten sich die Wogen wieder geglättet. Aber seit sie erfahren hat, dass ich ein Buch über mein Leben schreibe, hat sich alles wieder verschlechtert. Jetzt sind es schon über 25 Jahre, dass sie nicht mit mir spricht, obwohl ich vor circa 15 Jahren auf sie zugegangen bin und mich mit ihr versöhnen wollte. Schon wegen der Enkel.

Leider hat es sich so entwickelt, dass sich ihre Geschwister von ihr haben beeinflussen lassen, dadurch hat es immer wieder mit allen vier Kindern Probleme gegeben. Aber nachgefragt wurde nie. Ich habe vor über 20 Jahren Margit angerufen und zu ihr gesagt: „Komm her und wir sprechen über alles." Ihre Antwort darauf war: „Ich habe keine Zeit."

Ich konnte auch viele Jahre lang nicht über meine Probleme reden, bis ich Schwester Ilse traf. Mit ihr konnte ich über alles reden. Sie hat mich verstanden und mir Mut und Zuversicht geschenkt. Sie war es auch, die gesagt hat, ich solle meine Lebensgeschichte niederschreiben. Denn je länger man schweigt, desto mehr quält es einen.

Wir haben nach bestem Wissen und Gewissen immer unser Bestes gegeben, damit es unsere Kinder besser haben als wir. Jedes meiner Kinder kann auf uns zukommen und mit uns sprechen. Aber bestimmte Dinge können wir nun mal nicht so stehen lassen, die müssen besprochen und richtiggestellt werden!

Jetzt habe ich über 30 Jahre lang an diesem Buch geschrieben, obwohl unsere Jüngste gesagt hat, wenn ich das Buch veröffentliche, redet sie kein Wort mehr mit mir. Aber sie redet ohnehin nicht mit mir. Ich denke mir, vielleicht kann ja gerade durch das Buch alles aufgeklärt werden.

Generell plädiere ich dafür, an das Gute im Menschen zu glauben, aber in dem Fall habe ich den Verdacht, dass Margit die Schuld auf Franz abwälzen will. Denn als ihre Schwiegermutter zu mir auf Besuch kam, hat sie es so herausgebracht, als ob Franz an allem schuld wäre, auch an ihrer Erblindung. Doch damals hat es Franz noch gar nicht in ihrem Leben gegeben.

Außerdem hatte Vater nicht das Recht, meine Mutter und mich körperlich und seelisch zu misshandeln, nur weil er im Krieg war, womit Margit ihn immer entschuldigt. Meine zwei liebsten Onkel Sepp und Heinz waren auch im Krieg, sogar in Gefangenschaft, Onkel Heinz hat ein Auge verloren. Trotzdem waren Beide sehr nette und fröhliche Menschen.

FÜR AUTOREN A HEART FOR AUTHORS À L'ÉCOUTE DES AUTEURS MIA KAPΔIA ΓΙΑ ΣΥΓΓΡΑ
FÖR FÖRFATTARE UN CORAZÓN POR LOS AUTORES YAZARLARIMIZA GÖNÜL VERELIM SZÍV
PER AUTORI ET HJERTE FOR FORFATTERE EEN HART VOOR SCHRIJVERS TEMOS OS AUTOR
INKERT SERCE DLA AUTORÓW EIN HERZ FÜR AUTOREN A HEART FOR AUTHORS À L'ÉCOUT
AO BCEЙ ДУШОЙ K ABTOPAM ETT HJÄRTA FÖR FÖRFATTARE À LA ESCUCHA DE LOS AUTORI
MIA KAPΔIA ΓΙΑ ΣΥΓΓΡΑΦΕΙΣ UN CUORE PER AUTORI ET HJERTE FOR FORFATTERE EEN H
ÖINKÉRT SERCE DLA AUTORÓW EIN HERZ FÜR
AO BCEЙ ДУШОЙ K ABTOPAM ETT HJÄRTA FÖR

Die Autorin

Tina Pfeifenberger wurde 1946 in Österreich geboren. Nach dem Besuch der Volks- und Hauptschule
arbeitete sie in sämtlichen Sparten im Gastgewerbe, überwiegend als Kellnerin. Diese Tätigkeit war
für sie nicht nur Beruf, sondern Berufung, der sie
mit großer Leidenschaft nachkam und in der sie
vollkommen aufblühte. Erst als sie gesundheitliche
Probleme dazu zwangen, beendete sie schweren
Herzens ihre Karriere als Kellnerin und arbeitete
fortan als angelernte Heimhilfe, wo sie von Haus
zu Haus zu den betreuungsbedürftigen Menschen
fuhr, die sie ebenso lieb gewonnen hat wie ihre
zahlreichen Gäste davor. Tina Pfeifenberger ist verheiratet und hat vier Kinder sowie acht Enkelkinder. In ihrer Freizeit malt sie gern, geht Rad fahren,
schwimmen, wandern und widmet sich ihrem
geliebten Garten. Ihre Autobiografie mit dem Titel
„Ich bin glücklich, ich lebe, obwohl ich nicht hätte
sein sollen" ist ihr Erstlingswerk.

Der Verlag

„Wer aufhört besser zu werden, hat aufgehört gut zu sein!

Basierend auf diesem Motto ist es dem novum Verlag ein Anliegen, neue Manuskripte aufzuspüren, zu veröffentlichen und deren Autoren langfristig zu fördern. Mittlerweile gilt der 1997 gegründete und mehrfach prämierte Verlag als Spezialist für Neuautoren in Deutschland, Österreich und der Schweiz.

Für jedes neue Manuskript wird innerhalb weniger Wochen eine kostenfreie, unverbindliche Lektorats-Prüfung erstellt.

Weitere Informationen zum Verlag und seinen Büchern finden Sie im Internet unter:

www.novumverlag.com